축제와
문화 거버넌스

축제와
문화 거버넌스

Cultural Governance

김흥수

한국학술정보[주]

서 문

　최근의 우리 사회에서는 감성과 문화가 국민의 삶에 중요한 요인으로 작용하면서 문화정책의 향후 방향성에 대한 논의와 문화 영역에서 제기되고 있는 문화담론들에 대한 사회적 관심이 확산되어 문화 거버넌스라는 연구주제가 학문적 관심사로 등장하고 있다. 즉 세계화, 정보화, 지식기반사회의 도래 등 세계사적 변화와 우리사회의 민주주의가 향상되고 시민사회의 영역이 확장되면서 그동안 전통적으로 믿어오던 정부 역할에 대한 기대와 믿음이 부정적으로 바뀌어 가면서 거버넌스 전반에 대한 문제가 제기되고 있는데, 문화영역에서도 전통적으로 행해져 왔던 정부역할이 변화되면서 문화조정 체제에 문제가 제기되고 있는 것이다. 따라서 종전의 문화조정 체제를 개선하고 시민의 요구를 체계적으로 조정·통합하는 역할을 담당할 새로운 문화조정 시스템과 이에 대한 체계적인 연구가 필요하다는 판단에서 이 연구를 시작하였다.

　이 책은 기존 문화 거버넌스의 평가와 새로운 문화 거버넌스의 모형을 개발하여 한국 문화정책의 대안을 제시하려는 데 목적을 두었다. 즉 문화영역에서 정부, 시장, 시민사회가 협동하여 새롭고 합리적인 문화정책을 개발하여 정부실패나 문화실패를 극복할 새로운 개념과 이론적 틀을 마련하기 위함이다. 한편으로 변화의 중요한 축인 시민사회의 역할도 새롭게 정립하였다. 이와 더불어 우리 사회의 각 분야에서 공존의 틀을 마련하고 문화영역의 패러다임 전환과 여러 학문 분야에서 학제 간의 조화를 이루는 새로운 대안도 정책사례분석을 통하여 제시하였다. 이러한 대안적인 논의 중의 하나가 네트워크 거버넌스(Network governance) 개념인데, 문화영역에 있어 국가와 민간영역이 상호 신뢰와 협조 속에 이루어지는 시민사회중심의 문화 거버넌스 모형은 지금까지 정부의 문화조정 양식과는 다른 차원에서 논의를 출발한다는 데 의미를 가지고 있는 것이다.

이 책은 상기의 모델을 통하여 한국문화의 미래를 마련하고자 한다. 또한 문화영역의 시민참여 확대와 이미 한류 등 크게 성장해 버린 우리사회의 문화산업이 세계 속의 경쟁체제에서 살아남기 위한 방법의 일환으로 문화의 자본화와 문화 클러스터 구축도 함께 검토하였다.

연구의 진행은 첫째, 문화영역 거버넌스 이론과 한국의 문화정책 및 해외의 문화 거버넌스 이론을 살펴보고 둘째, 문화적 담론들의 내용을 유형화하고 셋째, 현행 우리나라 문화정책 모형을 평가하고 대표적 축제를 표본으로 선정하여 문화 축제사례를 분석하였다.

연구의 범위는 크게 정책사례 분석과 담론의 실증적 분석으로 통계기법을 사용하여 검증하는 두 가지 연구방법으로 진행하였다. 이 연구를 통해 문화영역의 거버넌스가 사회 전반의 거버넌스와 상호작용을 하여 우리사회의 문화정책이 다른 영역과 함께 균등하게 성장할 가능성이 있다면 이는 매우 유의미한 논의라고 할 수 있다. 또한 이 연구가 다른 학문 분야에서도 새로운 거버넌스 이론을 연구하는 데 동기유발이 될 뿐만 아니라 연구결과가 21세기 문화시대를 맞이하여 우리나라 문화국가 건설에도 유익하리라고 판단된다. 그리고 현재 회자되는 문화담론의 정리는 우리사회의 문화적 갈등을 해결하는 데도 공헌하는 바가 있으리라 생각하며 문화 거버넌스에 대한 또 다른 함의가 생길 것이라고 생각한다.

보잘 것 없는 박사논문을 책으로 만들어 주신 한국학술정보(주) 사장님과 이 연구에 직간접으로 도움을 주신 김영식 지도교수님외 여러 교수님과 동료들에게도 머리 숙여 깊은 감사의 마음을 전한다.

그리고 이 책을 부모님과 사랑하는 아내 그리고 논문작성에 많은 도움을 준 아들과 딸에게 바친다. 그 분들의 한없는 사랑과 간절한 기도는 언제나 그러하듯이 내가 힘든 시기를 이길 수 있는 큰 힘이 되었다.

2007년 5월 명륜동 私家에서
저자 김 홍 수

❧ 추천사 ❧

한국디지털대학교 정보행정학과 교수
오 수 길

　최근의 정부혁신이나 전체로서의 국가와 사회관계를 이해하고 분석하기 위한 하나의 틀로서 '거버넌스' 개념에 주목해왔지만, '문화 거버넌스'야말로 문화담론, 문화환경, 문화정책, 문화전략 등을 종합적으로 이해할 수 있는 포괄적인 개념틀이 될 수 있다. Kooiman이 지적하는 '복잡성, 다양성, 역동성' 등 현대 사회문제의 특징은 문화와 문화 거버넌스를 이해하는 데서 가장 극명하게 드러난다고 할 수 있다. 문화의 정체성, 문화의 다양성, 그리고 문화 환경을 둘러싼 제도나 정책 등 기타 여건들을 설명하는 것이 그만큼 어렵고 복잡해졌다는 말이 될 수도 있다. 문화의 개념 자체가 그렇게 확대되고 발전되어오지 않았는가?

　김홍수 박사 역시 문화의 세계화, 문화시장의 개방, 문화정책의 발전과 실패 혹은 적실성, 전통문화와 근대적 문화접변, 시민사회의 확대, 문화권력의 집중과 이동, 문화 공무원들의 문화 전문성, 지역간 문화교류, 문화산업의 육성, 문화에 대한 정부의 지원, 청년문화의 발전과 전통문화의 계승, 문화의 자본화 등 그간의 여러 문제와 담론들을 종합적으로 이해하고 분석적 대안을 마련하기 위해 거버넌스 개념에 초점을 두고 있다. 그러나 결코 백화점식 나열에 그치거나 여러 거버넌스 중에서 하나의 거버넌스를 소개하는 차원으로 끝내지 않는다. 지방자치제도의 활성화와 더불어 각 지방자치단체들이 문화마케팅의 일환으로 앞 다투어 추진해온 문화축제들을 분석하는 데 적절하고 적실성 있는 틀을 적용하고 있는 것이다.

　문화 거버넌스는 지역내 문화전통, 제도로서의 문화, 시민들의 참여와 관심, 지역경제의 인프라 등에 따라 다양한 양식을 보이게 될 것이다. 저자는 이런 점들을 유념하면서 선진문화사회를 이루기 위해서는 더 이상 정부가 문화통치의 유일한 주역은 될 수 없다는 점과 시민사회의 문화적 필요를 체계적으로 조정하고 통합할 문화조정시스템이 요구된다는 점을 전제로 하고 있다. 특히 문화정책과 문화영역에 대한 지원과 육성은 뒷전에 두고 중앙집권적인 문화정책 위주였던 중앙정부의 역사를 지방정부가 반복해서는 안 되며, 시민사회의 적절한 역할을 바탕으로 하지 않고는 문화정책의 궁극적인 의의조차도 상실하게 될 수 있는 상황을 놓치지 않고 있다.

저자는 정부주관형과 민간주관형의 문화축제들을 비교하지만, 어느 한 모형의 문제점을 지적하고 다른 한 모형을 채택하는 방식에 머무르지 않는다. 각 문화 거버넌스의 모형들을 분석·평가하고, 문제점을 제기할 뿐만 아니라 새로운 시도의 불완전성을 지적한다. 새로운 문화 거버넌스의 모형을 제시하는 것은 철저하게 분석적인 바탕을 두고 있다. 분석은 세 가지 차원에서 접근되고 있다. 첫째는 문화축제의 세 가지 유형들을 비교하는 것이다. 둘째는 문화 거버넌스를 둘러싼 담론군들을 도출하기 위해 주관성 연구기법인 Q-방법론을 적용한 것이다. 그리고 마지막으로 문화정책과 관련한 제도적 여건을 파악하기 위해 관련자들에 대한 설문조사를 담고 있다. 특히 이 세 가지 접근은 각각 독립적인 연구들로 따로 떼어놓더라도 손색이 없지만, 문화 거버넌스를 분석하고 새로운 문화 거버넌스의 틀을 지어보려는 저자의 문제의식 속에서 유기적으로 연결되고 있다.

우리나라의 찬란한 문화전통이나 문화에 대한 관심에도 불구하고, 문화행정이나 문화정책의 전문 연구자가 드물고 관련 연구 역시 초보적인 단계라는 지적이 많다. 김흥수 박사의 연구는 이러한 관심과 연구자, 전문가, 문화 현장의 실무자들을 새로운 문화 거버넌스의 모형으로 엮어내는 초석이 될 수 있을 것으로 기대된다. 나아가 지방정부는 물론 중앙정부의 문화정책이 더욱 장기적이고 포괄적인 시각으로 재편될 수 있는 촉발점이 될 뿐만 아니라 환경이나 생태, 지역과 삶의 질, 지식과 생활양식 등을 더욱 풍부하게 만들기 위한 논의의 출발점이 될 수 있기를 기대한다.

❧ 목 차 ❧

표목차

그림목차

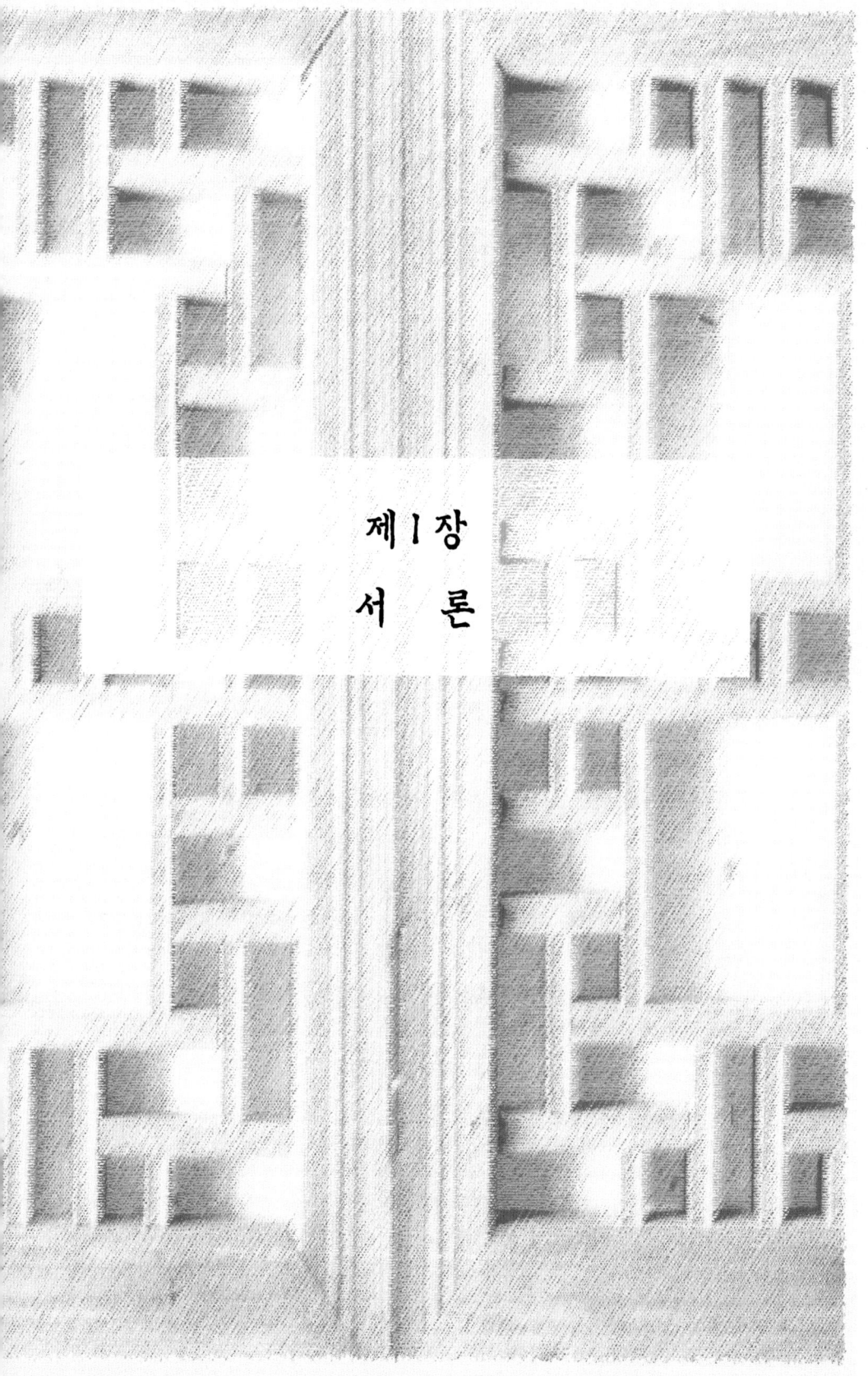

제1장
서 론

제1절 문제제기 및 연구목적

1. 문제제기

오늘날 우리사회는 문화의 세계화 현상, 지식기반 사회의 도래, 과학기술의 혁명과 함께 감성과 창의력 상상력 등의 무형재산이 국력이 되고 문화를 통한 품격 높은 삶을 추구하는 기술과 감성 융합의 시대에 접어들었다. 기술과 감성의 융합시대의 특징은, 제품의 높은 기술력과 함께 감성적인 감동이 있어야 하며, 제품과 기술과 같은 유형가치보다는 디자인, 서비스, 친절 등과 같은 무형가치가 더 중요하게 논의된다. 이러한 시대적 변화에 부응하기 위해 삶의 질적 제고와 관련된 전략으로의 논의되고 있는 문화영역(culture area)에서의 중요한 담론[1]들을 보면, 문화교류에 대한 총체적 논의와 국제 문화시장의 개방 문제, 문화의 정체성, 문화운동 실천방안, 문화연구, 감성과 문화 등이다. 또한 문화영역에서의 담론과 관련한 논의가 제기되면서 새로운 방향과 지침의 설정을 주제로 하는 문화 거버넌스에 대한 사회적 인식이 점차 확산되고 있는 것이 최근의 담론들이다.

이와 같이 우리사회의 문화영역에서는 많은 문화담론들이 회자되고 있

---

[1] 담론이란 특정 상황에서의 언어와 긴밀히 연결된 역동적이고 관계적인 개념으로, 주체의식과 가치체계까지도 구성하고 있다. 페쇠(Michael Pecheux, 1975)는 언어 체계와 담론간의 구분을 통하여 담론 과정이 주체형성의 과정임을 밝히면서, 또한 언어 체계 자체가 모든 사람에게 동일하나 이것을 어떤 방식으로 사용하느냐에 따라 각기 다른 형태의 담론을 구성하게 된다고 말하고 있다(강내희, 1992: 33).

는데 이를 구체적으로 살펴보면, 첫째, 문화부문의 세계화와 국제 문화시장 개방에 대한 문제, 둘째, 전통문화와 근대적 문화접변(acculturation)의 변증법적 상호관계에 대한 딜레마 문제, 셋째, 시민사회의 확대와 민간영역의 비합리적 관행에 따른 새로운 문화 거버넌스의 출현 문제, 넷째, 문화산업의 육성과 관련된 문제, 다섯째, 문화의 자본화 문제, 여섯째, 시장영역과 시민사회 혼재에 따른 문제, 일곱째, 문화 권력의 이동 또는 집중화 문제 등이다.

한편 문화정책과 관련된 미시적 정책 이슈로서는 첫째, 1995년 지방자치제 도입 이후 중앙정부와 지방정부 간의 문화정책에 관한 적실성 문제, 둘째, 정부주도의 문화정책 문제, 셋째, 문화부문의 정책실패의 문제, 넷째, 정부공무원들의 문화 전문성 부재 문제, 다섯째, 지역 간 문화교류의 문제, 여섯째, 문화에 대한 행·재정적 정부지원 문제, 일곱째, 청소년과 대학생들의 문화정체성 확인의 문제 등에 관한 것으로서 이러한 담론에 대한 종합적인 해결방안으로서 새로운 문화 거버넌스를 요구하고 있는 것이다. 그렇지만 아직도 특별한 해결방안은 마련되고 있지 않으며 또한 일각에서 이러한 주제로 논의를 한다 하더라도 현실적 문제의 지적에 불과한 정도에 지나지 않은 실정이다.

따라서 이러한 문제에 대한 정부의 역할 및 기능에 대한 의문과 이에 대한 인식전환이 사회적으로 요구되면서 문화계 일각에서는 문화 거버넌스에 대한 연구 주제가 학문적 관심거리로 등장하게 되었다. 세계화, 정보화, 지식기반사회의 도래 등 주변 환경의 변화와 우리사회의 민주주의가 향상되고 시민사회의 영역이 확장되고 또한 삶의 지향점과 감성과 문화가 변하면서 그동안 전통적으로 믿어오던 정부 역할에 대한 기대와 믿음이 부정적으로 변화하면서 거버넌스 전반에 대한 문제가 제기되고 있는 것이다.

한편 문화영역에 있어서 선진국인 경제협력개발기구(OECD) 회원국들은 비교적 높은 수준의 문화의식과 자긍심으로 적극적인 문화정책을 추진하고 있으며, 이 분야에 대한 민간참여를 장려하는 추세이다. 정부와 기업 그리고 시민단체 공동의 노력으로 문화산업을 육성하여 국부(國富)를 창출하고 고용증대 효과를 노리고 있으며 문화산업 육성을 통해 문화생산자를 양산함으로써 전 국민의 문화적 감수성을 높이고 문화경제 마인드를 획기적으로 재고시키고 있을 뿐만 아니라 국제관계에 있어서도 문화시장을 개방하고 있는 것이다. 이러한 현상들은 곧 21세기가 '문화의 시대'로 진입하고 있다는 점과 지식정보사회에서 사회발전의 원동력은 산업사회처럼 자본이나 물질적 에너지 자원이 아닌 지식산업의 근간이 되는 지식, 교육, 연구개발과 같은 문화적 자원이기 때문에 이를 더욱 가치 있게 생각하고 있는 것이며 이를 해결할 문화영역에 대한 패러다임 전환이 절실한 시점인 것이다.

그러나 아직도 우리나라는 문화영역에 대한 정부의 지원·육성정책이 낙후되어 있고 문화시장에 대한 개방성 역시 매우 낮은 편이다.[2] 문화계(文化界)에서는 이와 같은 급속한 국제적·시대적 환경변화에 따라 그동안 정부가 추진해 왔던 문화정책에 대해 정부 역할의 대폭적 변화를 요구하고 있어 이에 따른 담론들이 생겨나는 것은 어쩌면 당연하다고 하겠다. 다시 말하면 문화가 국민생활에 기본이고 중요한 영역을 차지하고 있다는 점과 문화의 수월성과 다양성 때문에 문화발전이 소홀히 되어서는 안 된다는 것, 작금에 노정되는 중앙집권적 문화정책의 한계가 이제는 지방자치단체나 시민사회의 역할 없이는 문화발전과 국가경쟁력을 재고하는데 어려움이 있다는 점, 그리고 문화산업의 안정과 문화시장 개방의 주요 이슈들이 도출된다는 점들 때문에 최근 들어 새로운 문화 거버넌스에 대한 담론이 활발하게 전개되고 있는 것이다.

즉 우리나라의 문화영역은 지방자치제 실시 이후 시민사회의 확대에 따른 사회적 요구와 국민들의 경제적 풍요로 인한 여가의 활용 그리고 문화적 만족이라는 시대적 변화 속에서 문화정책에 대한 새로운 패러다임의 전환을 요구받고 있고, 이에 따라 문화를 작동할 수 있는 새로운 거버넌스

---

2) 우리나라 문화시장의 개방은 2003년 3월까지 시상개방안인 양허안(offer)을 WTO 사무국에 제출하고 2004년 협상안의 내용을 확정 2005년부터 발효토록 하고 있다(삼성경제연구소, 2004: 1).

모형을 대안적으로 제시할 필요성이 대두되고 있는 것이다. 이러한 배경으로는 우리나라가 경제기반 조성기[3])에 발전국가들이 일반적으로 활용해 왔던 '선(先)경제·후(後)문화'라는 국가발전전략으로 인하여 문화에 대한 관심이 상대적으로 높지 못했던 점과 그동안 한국의 문화정책이 오랜 기간 동안 사각지대에 있었으나 이제 우리 문화산업이 상생(相生)해야 한다는 것을 인식하고 있다는 점, 그리고 문화가 지식기반사회의 핵심으로 부상하고 있어 최근 국내에서도 문화정책에 대한 자성론(自省論)이 일어나고 있는 점을 들 수 있다.

이러한 과정에서 시민사회 영역에 대한 이해 부재와 네트워크에 근거하는 새로운 거버넌스에 대한 담론적 이해의 부족으로 정부(문화 행정기관), 시민(관객), 기업(전문 예술가단체)의 세 주체들이 상호협력 체제를 구축하는 데 미흡한 점이 있으며, 시민(관객)영역의 지위와 역할을 소외시키는 불완전한 구조로 성장하고 있다. 아울러 세 주체의 상호 유기적 연결과 결합만을 강조한 나머지 '국가의 행정기관이 가지는 행정적 전문성'과 '예술가 단체의 예술적 전문성'을 구분하지 못한 채 예술가 단체에게 행정적 전문성까지 위임하는 현실로까지 발전하여 많은 문제를 노정시키고 있는 것이다.

이와 같은 문제점은 현재 우리사회가 전통적인 국가(정부)·시장(기업)·시민사회라는 삼분법의 경계가 점차 희석되는 것처럼 여겨지고, 각 부문의 독자적인 기능과 역할에 대한 상호간의 협력과 경쟁이 강조되면서 새로운 대안들을 모색하는 과정에서 도출되었다. 이러한 대안적인 논의 중의 하나가 거버넌스(governance) 개념인데, 거버넌스(governance) 개념은 행정학을 비롯한 사회과 전반에 걸쳐 매력적인 개념으로 새롭고 개혁적인 의미로 사용되고 있으며 지금까지의 정부 운영방식과는 다른 차원이라는 것이 강조되면서 로컬 거버넌스, 환경 거버넌스, 뉴거버넌스(new governance)등의 개념을 사용하고 있으며 그러한 논의가 점차 확대되고

---

3) 경제성장을 최우선정책으로 추구하던 시기인 경제기반 조성기는 3·4 공화국인 1962-1980년으로 한다.

있다(오수길, 2002). 이는 사회 발전에 따른 문화영역 확장에 대한 요구와 세계 자본주의 체제에서 요구하는 "모든 문화영역에 대한 정부의 간섭과 개입을 줄이고 민간부문 확대와 자본주의적 경쟁논리로 재편성하라"는 요구에서 기인하고 있다. 하지만 그동안 정부주도의 문화정책 속에서 성장하여 온 우리사회의 문화영역은 이 새로운 요구 앞에 명확한 비전과 지표를 제시하지 못하고 있어 문화 거버넌스의 개념이 새롭게 부상되고 있는 것이다..

따라서 문화영역에 있어 정부와 민간영역이 상호 신뢰와 협조 속에 이루어지는 시민사회중심의 문화 거버넌스 모형의 모색은 매우 중요하며, 이러한 모델을 통하여 한국의 문화발전에 필요한 새로운 문화 거버넌스의 모형을 모색하고 이와 함께 개선 방안을 찾는 노력을 해야 할 것이다. 한편 문화영역의 시민참여 확대와 정부의 대처능력 부족으로 인한 민간영역의 확대 필요성과 이미 거대하게 성장해 버린 우리사회의 문화산업이 세계 체제에서 살아남기 위한 방법으로 민간부문의 역할 강화가 요구되고 있는 것이다. 이와 같이 문화영역에서 시대적 변화의 요구에 부응하는 새로운 문화 거버넌스의 모형 확립은 국가, 시민, 기업의 세 주체가 전문성을 가지고 자기영역을 분명히 하여 이를 바탕으로 상호 소통과 교류를 유기적으로 진행하는 국가 및 사회의 전반적인 거시적 거버넌스에 조응하는 것이며, 나아가 문화영역에서의 정책과 행정의 합리적 정립에 반드시 선행되어야 할 요소라고 생각한다.

이상 논의된 바와 같이 문화 거버넌스의 새로운 모색과 현행 문화 거버넌스 모형의 평가 그리고 개선방안을 마련하는 것은 21세기 문화 선진국으로 나아가야 할 우리사회의 필수적인 과제로서, 이후 논의될 문화의 자본화와 문화 클러스터 구축을 기초로 문화산업을 육성함으로써 세계 자본주의 체제 속에서 우리문화가 타 문화에 대한 국제경쟁력을 가지고 자립적으로 생존할 수 있는 중요성을 가진 과제라고 생각한다.

2. 연구목적

우리나라의 문화정책은 전술한 바와 같이 정부 스스로 '목표'를 설정하고 행사를 기획·추진하여 대중을 문화의 소비자 내지는 방관자로 만들며 행사 목표만을 달성하는 형태가 주를 이루었다. 이것이 지금까지 관행으로 남아 정부주관 문화행정의 표본이 되어 있다. 이와 같은 현상은 두 가지의 문제점으로 나타나는데, 하나는 민간부문과 대중을 '도구'와 '대상'으로 설정하는 것과 다른 하나는 예술과 문화에서 문화관련 행정 공무원이 문화행사를 기획·추진하여 졸속성을 가질 수밖에 없다는 것이다(김문환, 1998: 30). 이와 같은 문제는 사회발전에 따른 문화영역의 확대와 일반인의 문화 기대수준 향상으로 인해 정부의 정책실패에 대한 비판으로 이어지고 있다.

물론 문화정책 중에서도 전통문화의 보호나 교육문화 같은 분야에 대해서는 정부의 지원이나 개입의 필요성이 인정된다. 그러나 상업예술을 포함한 기타 분야의 어느 부분까지 정부의 지원과 개입이 필요한 것인가, 민-관 협력 체제 구성은 과연 필요한 것이며, 필요하다면 민과 관이 해야 할 역할이나 기능의 정도는 어디까지인가, 현재 문화 거버넌스의 유형에 가장 이상적인 것은 어떠한 유형인가 등의 의문이 생긴다.

이러한 의문은 우리나라의 시대적 변화에 따른 문화조정 기제의 부재에 기인한 것으로 다음과 같이 크게 네 가지의 담론을 제기하고 있다. 첫째, 현재 우리나라의 문화 거버넌스는 적절한 것인가(혹은 있는가), 둘째, 현행 모형의 문화 거버넌스는 이상적인가, 셋째, 문화 거버넌스에 누가 참여할 것이며 향후에도 오래 지속되기 위해서는 행위주체들이 무엇을 해야 하는가, 넷째, 정부의 지원이 필요한가, 필요하다면 어떠한 형태로 하고 그 지원내용과 정도가 어느 정도이어야 하는가 등이다.

이 연구에서는 이상의 문화 담론들을 연구주제로 하고 기존 문화정책을 기초로 하여 문화 거버넌스를 평가하고, 문제점을 해결할 수 있도록 새로운 문화 거버넌스 모형을 모색하고자 한다. 즉 지난 70년대의 경제개발시대 이후 아직까지 잔존하고 있는 계층적 거버넌스의 소산인 '정부주관형 문화정책 및 행정'의 문제점을 지적하고 정부-시민-기업의 세 주체가 유기적 네트워크를 형성하는 '뉴거버넌스'의 논의를 바탕으로 새롭게 제기되고 있는 '민간주관형 문화정책 및 행정'인 현행 문화 거버넌스의 모형을 평가·분석하고, 현 시기에 적실성이 가장 높은 문화 거버넌스 모형을 모색하여 우리나라 문화정책의 문제점을 극복할 수 있는 개선방안을 마련하고자 하는 것이다.

따라서 현재 새롭게 확대되어 가는 '민간주관형 문화정책 및 행정'이 시민사회 영역에서 강조하는 '뉴거버넌스' 모델에 합리적으로 적용되고 있는지를 평가하고, 현행 '정부주관형의 문제점'과 '민간주관형의 불완전성'을 지적함으로써 보다 체계적이며 합리성을 지닌 '새로운 문화 거버넌스' 모델을 제시하는 데 그 목적이 있다.

이를 위하여 첫째, 거버넌스 이론, 문화정책 이론 및 선진국 문화 거버넌스의 고찰을 통하여 문화 담론들의 내용을 유형화하고 현행 우리나라 문화정책 모형을 분석·평가하며 외국의 선진 사례들을 벤치마킹(bench-marking)한 후 기존 문화 거버넌스 모형을 평가할 것이다.

둘째, 문화축제를 분석모델로 하여 기존 문화 거버넌스의 내용을 알아볼 것이다.

셋째, 정책(축제)사례의 선정이유와 기준을 알아본 후 정책결정과 집행에 대한 평가를 통해 분석한 결과를 토대로 하여 새로운 문화 거버넌스 모형에 어떠한 것이 적실한가를 모색할 것이다.

넷째, 새로운 모형이 도출된 경우 제도적 여건과 관련된 내용으로 문화정책에 대한 평가와 향후 문화축제의 방향성 그리고 문화와 문화축제에 대한 인식의 정도를 실증적 방식인 통계분석으로 알아보고자 한다.

제2절 연구의 방법 및 구성

1. 연구의 방법

이 연구의 연구방법은 전술한 연구목적에서 언급하였듯이 새로운 문화
거버넌스를 통하여 우리나라 문화영역의 발전에 기여할 목적으로 기존 문
화 거버넌스를 평가하여 새로운 문화 거버넌스를 모색하려는 것으로서 이
에 관한 연구를 하기 위하여 우선 거버넌스 일반이론, 한국문화정책의 내
용, 그리고 해외 선진국의 문화 거버넌스와 관련된 이론적 내용들을 문헌
조사를 통하여 소개하였다.

이러한 이론을 배경으로 기존 거버넌스의 모형과 관련된 정책사례를 분
석하는 데 있어서 그 사례대상을 문화축제로 선정하여 내용을 분석하였다.
사례 분석을 위한 자료 수집은 문화 거버넌스와 관련된 문화축제 자료로
서 국내외 문헌들을 참고하였으며, 기존 축제와 관련하여 신문, 방송에 보
도되었던 보도 자료와 각종 논설 및 축제를 위한 조직위원회 자료, 기자회
견 및 토론회 자료, 학술 콜로키움 자료 등 각종 행사의 최종 결과 보고서
등을 자료의 원천으로 삼고 연구대상의 현상과 맥락을 연구하는 경험적
연구방법을 사용하였다.

또한 통계분석방법을 사용하였다. 통계분석을 위한 조사자료 수집은 기
존 축제와 관련된 관계공무원과 축제에 참가한 시민들에 관한 인터뷰 및
설문조사를 하였다. 통계분석은 담론분석과 제도분석으로 구분하였는데 담
론분석을 위한 기법은 Q-방법론을 활용하여 분석하였고 제도적 여건과 관
련한 내용의 분석을 위해 설문조사를 수행하였다. 설문 분석을 위해 SPSS
를 활용하여 T-test, ANOVA, 상관분석, 교차분석 및 로지스틱 분석 등을
수행하였다.

2. 연구의 구성

이 책은 7장으로 구성되어 있다. 제 1장에서는 문제의 제기, 연구의 목적 그리고 연구방법에 대하여 정리하였고, 연구의 진행과정을 설명하였다.

제 2장에서는 거버넌스의 개념과 거버넌스의 생성배경 및 변천과정을 살펴보았다. 그리고 이 연구의 목적에 필요한 문화 거버넌스의 개념을 정립하고 접근방법을 살펴본 후 문화 거버넌스 모형 구축을 위한 고찰을 하였다.

제 3장에서는 우리나라 문화정책의 방향과 정부의 역할 그리고 문화 거버넌스의 개념을 정의하고, 우리나라 문화변천사로 문화정책을 시대별(단계별)로 구분하여 살펴보았다. 제 2절에서는 외국의 문화정책 사례가 우리나라의 문화정책에 어떠한 시사점을 주는가를 관찰하기 위하여 선진국 문화정책의 특징과 대표적 정책사례들을 비교하였다. 그리고 현행 정책모형을 파악한 것은 이 연구의 목적을 달성하기 위한 기초이론으로 그동안 현존했던 문화정책이 어떤 원리에 근거하여 진행되었는지 살펴본 것이다.

제 4장은 이 책의 구성체계와 연구설계로 이 책을 작성하기 위한 기본 틀을 구성하는 내용이며 이를 기초로 연구를 진행하였다.

제 5장에서는 문화 거버넌스 모형을 연구하기 위한 정책사례연구이다. 사례는 문화축제를 중심으로 하였다. 정책사례를 선정하는 기준으로는 다양한 문화 형태의 분석 모델이 있을 수 있으나, 여러 장르를 함께 묶어서 총체적으로 연구하는 것이 현실적으로 어려운 일이기에 이 연구에서는 문화축제를 사례분석대상으로 하였다. 사례분석의 대상인 문화축제를 정부주관형, 민간주관형 및 민 - 관 협동주관형 등 세 가지 유형으로 분류하여 분석하였다.

제 6장에서는 담론의 통계분석으로 이를 담론분석과 제도분석 두 가지로 나누어 연구하였다. 우선 담론분석은 분석틀을 기초로 하여 정부주관, 민간주관, 민 - 관 협동주관의 유형으로 구분하여 분석을 하였다. 제도분석은 이 연구의 보조적 기능을 하기 위한 문화축제의 제도 여건 관련으로

정부, 시장, 시민사회의 세 주체가 해야 할 역할과 기능이 어느 정도이어
야 하는가에 대한 설문을 하여 분석·정리하였다.

　마지막으로 제 7장에서는 이 책을 요약·정리하고, 정책적 함의를 제언
하면서, 연구의 한계를 언급한 것으로 연구를 마무리하였다.

　이 연구의 진행과정을 그림으로 나타내면 다음 〈그림 1-1〉과 같다.

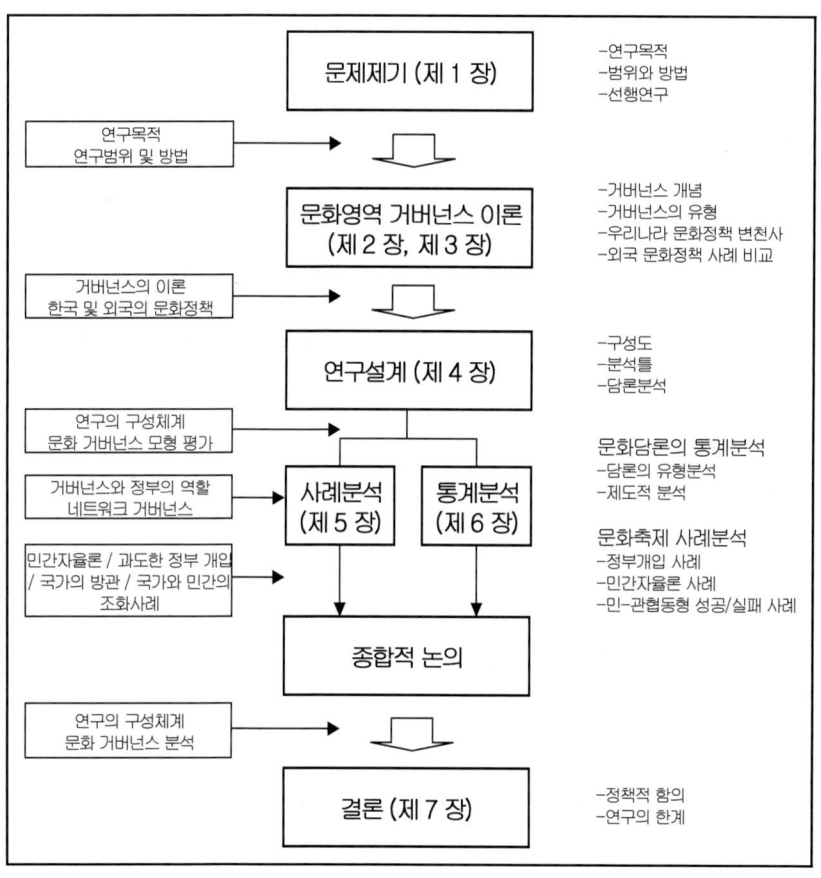

〈그림 1-1〉 연구의 진행과정

제 2 장

거버넌스 논의의 평가와
문화 거버넌스 이론 구축

문화영역의 거버넌스를 연구하기 위해서는 우선 일반적 거버넌스의 논의를 평가하고 문화 거버넌스 이론을 구축할 필요가 있다. 왜냐하면 일반적 거버넌스와 문화영역의 거버넌스는 성격이 상이한 것이 아니다. 문화영역의 거버넌스는 일반적인 거버넌스와 달리 나름대로의 특성이 존재하며 문화 거버넌스의 개념 자체가 영역별로 진화되어 왔기 때문이다.

따라서 이 장에서는 거버넌스의 생성배경, 변천과정, 개념 및 특성을 파악한 후 거버넌스 논의에 대한 평가를 하고 이를 바탕으로 문화 거버넌스에 대한 논리와 맥락을 찾아보고자 한다.

제1절 거버넌스의 재조명

1. 거버넌스 논의의 등장과 변천

1) 거버넌스 논의의 등장배경

거버넌스 생성배경은 다양한 관점에서 정리할 수 있으나 이 연구에서는 국제적·국내적 주변 환경 변화에 따른 국가와 시장, 시민사회의 영역 등 민간영역의 상호관계를 배경으로 거버넌스 개념을 정리하려고 한다.

우선 시대적으로 보면, 후기 산업사회 이후 기술 위주의 산업과 관료제로 대변되던 전통적인 계층제 통치구조에 대하여 많은 변화가 야기되었다. 이런 상황은 국제적으로 보면 세계사적 6대 변화로 일컬어지는 세계화, 과학기술의 혁명, 민주화, 민족주의 재등장, 신정신주의 대두, 팍스 아메리카의 등장(박세일, 2002: 46-53) 현상과 자유와 평등간의 모순, 국제정치와 세계경제간의 모순, 경제주의와 문화주의의 갈등, 3대 근본 모순의 현상 (이근식, 2002: 46-52)으로 인하여 국가 기능의 급격한 변화를 일으키고 있고, 엔론 회계분석, 이라크 및 아프칸 전쟁, 각국간의 자유 무역협정 (FTA), 세계무역기구의 활성화, 각종 세계포럼 및 라운드의 증가, 유럽연합(EU)의 외연적 성장과 내포적 고도화 등의 사건들은 전 지구적 규모의 불확실성의 영향을 말하고 있으며, 이것은 국제적으로는 다양한 협조 체제를 요구받는 징후들이며 이들 영향변수들의 확산은 몹시 빠르고 서로 연결되어 있다는 것을 말한다.

한편 국내적으로 보면 최근 인터넷의 급속한 발전으로 인한 정보통신의 발전으로 급변하는 한국사회 문화적 환경의 변화와 복잡성을 증대시키고 있고 사회변동의 속도를 가치관이 따라가지 못하는 미스매칭(miss-matching)의 현상이 일어나고 있다. 이와 같이 국제관계(interna- tional relation)나 세계정치(world politics)의 변화, 그리고 국내정치 상황을 보면 종래의 통치방식으로는 해결할 수 없는 새로운 거버넌스 개념이 부각되고 있는 현실이다. 따라서 작금의 이러한 문제들은 이를 해결할 수 있는 새로운 형태의 국정능력의 필요성을 제시하고 있고, 이는 곧 거버넌스 이론을 정립하는 배경이되고 있는 것이다.

거버넌스 논의의 등장배경을 구체적으로 살펴보면 다음과 같다.

첫째, 세계화와 지방화 추세의 심화이다. 이는 이데올로기나 가치체계에 대한 정치, 문화, 사회적인 변화를 가져와 신자유주의적 경향으로 확대되는 한편, 작은 정부의 흐름과 같은 국가의 권력과 역할의 축소, 시민사회의 확산 등과 같이 사회 여러 분야에서 정부로부터의 역할과 권한이 이동되어 왔다.

둘째, 정보화 추세의 심화이다. 이는 세계화와 지방화는 물론 거버넌스 전반에 대한 촉매제 역할을 수행하고 있다. 즉 정보통신기술의 발달은 국정운영 주체들의 역할을 변화시키고 사회구조의 공동체 운영 틀을 바꾸고 있으며, 이로 인하여 새로운 거버넌스라는 개념이 생겨났다. 또한 21세기

초반부터 일어난 인터넷 혁명은 네티즌의 증가와 사이버, 블로그 공간의 확산으로 이어지고 정부와 시민사회를 연결하는 제도적 장치로서의 역할을 하여 정부에서도 이에 대처하기 위한 전자정부를 만드는 등 다양한 네트워크 조직의 확산이 이루어지고 있는 것이다. 따라서 정보화의 발달은 과거 계급제적 구조 대신 시민단체의 역할을 증대시켜 국민들의 직접 참여 욕구를 충족시킬 수 있게 하였다. 이점은 인터넷 기반하의 사이버 거버넌스가 새로운 네트워크 창출에 기여하고 있는 점이나 대량생산체제에서 유연생산체제로의 전환을 통해 설명될 수 있다(Jessop, 2000: 15-31).

셋째, 지식기반사회의 도래이다. 이는 지식노동자와 자본계층이 증가되면서 이들이 문화의 향수권을 강하게 요구하는 시민사회 확대의 원인이 되고 있으며 이에 더하여 다양한 문화 컨텐츠 개발을 요구하는 원인이 되고 있다. 이러한 세계사적 변화의 도래는 세계질서를 재편시키고, 국민들에게 다양한 서비스를 제공해야 하는 시대적 흐름에 기존 국가중심의 통치능력이 효율성과 효과성, 투명성을 제공하지 못하는 능력의 한계(Kooiman, 1993b; Koomiman and Vliet, 1993: 66)가 발생하여 현실적으로 국민의 요구인 문화복지 사회로 가는 거버넌스의 필요성이 대두되고 있는 것이다. 결국 국민국가의 권력은 그 권력의 이동이 강행되면서 행위자들의 다양화와 탈국민국가화 경향을 보이게 되었으며 이 과정에서 국제기구, 지역, 지방, 도시 그리고 시민사회의 다양한 행위자들과의 연계와 파트너십이 강조되면서 다양한 형태의 거버넌스가 등장하고 다양한 차원으로 세분화되고 있다(김석준, 2000: 3).

넷째, 거버넌스는 달라진 사회 환경과 정부 기능의 변화에 따라 변화하고 있는 새로운 국가운영체제이다. 다시 말하면 이는 정부재정의 위기와 정부실패의 확산으로 인하여 조합주의(corporatism), 정책결정의 부문화와 전문화 및 전통적 책임성의 약화로 인해 나타난 새로운 국가운영체제를 말할 수 있을 것이다. 이에 대하여는 학자들마다 그 주장을 달리하는데, 정부가 환경변화에 따라 관리주의 국가에서 기업주의 국가로 변화하거나 케인즈적 복지국가에서 슘페터적 작업국가로 변화하는 새로운 국가 운영체제라는 주장(Jessop, 1999: 33)과 다른 한편으로는 민주주의 확산에 따른 전환 과정에서 지역사회의 기반을 둔 시민참여와 지역사회 포럼 등 풀뿌리 민주주의 새로운 형태로 나타난 것(Smith & Ingrahm, 1997: 21-43)이라는 주장이 있다.

2) 거버넌스의 변천과정

거버넌스는 1970년대까지의 국민국가 차원에서 정부(government)와 동일한 의미로 이해되었으며, 국가적 수준에서의 '관리능력'에 대한 관심으로 이해되었다. 이 시대의 정부는 경제·사회적 발전을 위한 공공재의 균형적인 배분을 통해 경제사회 발전을 도모하였다. 그리고 서비스 배분과 집합적 행동을 촉진하기 위해 작동하는 공식적이고 제도적인 체계 및 과정들과 관련하여 주로 언급되었다(Stocker, 1998: 42-43).

그러나 경제·사회 발전의 동력으로서 공공서비스 공급체계에 대한 관심이 국가중심이고 정부내부이며 국가수준을 중시하는 것에 대한 반발로 H. Cleveland(1972)에 의해 '더 작은 정부(less government), 더 많은 거버넌스(more governance)'를 성립시키자는 이론이 주장되었다.

1980년대에는 이러한 H. Cleveland의 주장이 대두함에 따라 거버넌스에 대한 국제사회의 관심이 증대되었다. 이에 따라 국가차원의 사회통합과 발전을 관리하는 능력에 초점이 맞춰졌고 지역경제 활성화를 위한 민-관 파트너십이 강조되었다. 이 시기에는 레짐이론, 지배연합 이론, 네트워크 관리이론 등도 등장하였다(김석준, 2000: 52-53).

이어서 1990년대에는 거버넌스 이론이 더욱 정교화되면서 시민사회를 포함한 '참여', '합의형성' 등 거버넌스의 민주주의적 절차와 특성이 강조되었고, NGO(Non Government Organization)와 CBO(Community Based Organizations)의 역할에 대해 인식하기 시작하였다. 새로운 제도와 기능 및 과정의 개발 필요성을 인식함에 따라 시민사회중심 및 시장중심이론이 대두되었다(Kooiman, 1993). 그리고 OECD 등에서 거버넌스에 대한 자료들이 발간되기 시작하였다.

2000년대에 들어서면서 거버넌스 이론은 NGO와 CBO의 역할에 대하여 새롭게 인식하고 더하여 새로운 제도와 기능 및 과정 개발의 필요성을 인식하면서 거버넌스의 민주주의적 특성을 강조하였다.

이상과 같이 국가의 개인주의적 노력이 더 이상 효율성과 효과성을 낳지 못하고 민주주의적 책임성과 투명성 또한 약화되는 상황에서 새로운 의사결정단위의 구성과 관리체제의 혁신을 통해 제도적 안정성과 정당성을 확보하려는 노력이 거버넌스 체제의 등장을 가져온 것이다(Clay, 1994; Meadowcroft, 1997: 443).[4]

요컨대 20세기 중반까지 국민중심의 위계적인 통치체제는 정치와 행정의 분리로 기능적 전문화를 통해 효율적인 운영과 관리를 해 왔었다.[5] 하지만 20세기 후반에 이르러 현실적 조건은 급변하였다. 국민국가의 통치체제는 내외적으로 커다란 도전을 받으면서 통치의 효율성은 물론 정당성마저 도전 받게 되었다.[6] Pirre and Peters(2000)는 국민국가의 '역할'을 국제조직(moving up), 지역 또는 지방(moving down), 시민단체 또는 기업(moving out)과 같은 새로운 행위자들로 이전·대체시키는 과정으로 설명하고 있다.

---

[4] 거버넌스 개념의 등장에 대해 조직이론의 관점에서는 관리주의에서 기업가주의로의 변화(Smith and Ingram, 1997)라는 보다 유연하고 역동적인 관리방식으로 표현하는 등 행정학에서는 변화하는 상황에서 보다 반응적이고 책임성 있는 관리기제로 다양하게 거버넌스의 등장 배경을 설명하고 있다(Stocker, 1998b).

[5] 개발독재시대 당시의 국정운영은 국가가 높은 통치능력을 가지고 있었고 관리환경의 복잡성이 그리 높지 않은 점이 성공적 통치의 맥락이다. 또한 국민들은 경제적 안정을 통한 복지서비스 공급에 비교적 만족하고, 시민들의 정부에 대한 요구내용과 수준이 낮았다.

[6] Jessop(1997; 1999)은 이런 현상에 대해 기존이 통치주체였던 국민국가의 '권한'을 상향적(upward), 하향적(downward), 수평적(outward)으로 이동되는 탈국민국가 현상이라고 하였다.

2. 거버넌스의 개념과 유형

1) 거버넌스의 개념

거버넌스의 개념은 매우 광범위하고 개념상의 모호성이나 자체에 내포되어 있는 다양한 의미로 인하여 아직 학문적 합의가 존재하지는 않기 때문에 한마디로 정의할 수는 없다. 최근 보편적으로 설명되는 거버넌스 개념은 사회문제의 전반적인 해결방식, 정부의 역할, 운영체계 등을 의미한다. 즉 국정운영에 있어서 기존의 불평등하고 정부우위적인 정부와 시장과의 관계를 청산하고 정부와 시장, 그리고 시민사회가 자발적으로 협조하여 보다 효과적이고 민주적으로 국가를 운영하고자 하는 새로운 패러다임이라고 할 수 있다. 거버넌스 논의의 배경에는 정부실패로 인한 정부불신과 사회문제 해결 부족에 대한 반성에 기인된다.

영국의 학자인 Sammy Finder(1998)는 '지배' 또는 '통치(government)'를 '통치과정' 또는 '통치행위', '규정된 규칙의 조건(a condition of ordered rule)', '통치자', '통치방법 및 통치체제'로 정의한다. 그러나 최근 사용되는 거버넌스는 '지배'나 '통치(government)'와 동의어로 사용하지는 않는 추세이다. 즉 오늘날 거버넌스는 새로운 통치, 규정된 규칙의 변화된 조건, 또는 통치체제의 새로운 방식을 일컫는 의미로 전환되고 있다. 영국의 경우에는 과거 공공분야에서 '레이너의 적대적 기업 매수(Rayner's Raiders)'와 경제, 능률, 효과의 '3Es'라는 흐름에서 개혁에 대한 논의가 지속적으로 제기되었고, 이들 논의가 '신공공관리(new public management)'와 '기업경영(entrepreneurial government)'에 대한 흐름으로 전환되면서 거버넌스의 논의가 활발해졌다.

거버넌스의 사전적 정의를 보면, American Heritage 사전은 '통치(governing)의 행위, 과정 및 권력 또는 정부'로 정의하고 있다(Streeten, 1996: 27). Oxford English 사전은 '통제나 권위를 적용대상에 행사하기 위해 필요한 통치의 행위나 방식 또는 규제체계'로, 세계은행은 '국정운영을 위한 정치적 권력행사' 또는 '발전을 위해 한 국가의 경제·사회적 자원들을 관리하는 권력행사의 방식'으로 정의하고 있다(World Bank, 1994).

이론을 비교적 잘 반영하고 있으나 개념의 체계적 유형화나 축소화가 부족하다고 생각되는 Rhodes(1997: 52-53)의 경우 국가 그리고 기업의 투명성, 정보공개 등의 절차를 강조하는 7가지 정의를 제시하고 있다. 기업지배구조(corporate governance)와 굿거버넌스(good governance), 민간경영기법에 의한 정부관료제, 관리 효율성 재고를 강조하는 신공공관리론(new public Management), 정부·시민사회·시장 간의 경계변화를 강조하는 신정치경제(new political economy), 단일 권력 중심의 부재를 강조하는 국제적 상호관계(international int erdepndence)와 사회–사이버네틱 체계(socio-cybernetic system), 그리고 네트워크(network)(Rhodes, 2000: 305-303) 등[7]을 포함하는 개념이다.

거버넌스의 개념은 이와 같이 다양한데 일반적인 개념은 정의 수준에 따라 가장 넓은, 넓은 그리고 좁은 의미의 세 가지 관점에서 정의하고 있다. 첫째, 가장 넓은 의미의 거버넌스는 국제사회, 국가, 사회체제, 국제교류 등과 관련된 특정한 형태를 해결하는 방법으로서 사용된다.

둘째, 넓은 의미로서의 거버넌스는 정부와 관련된 정책문제 해결의 경우이다. 거버넌스는 공적인 관심사와 관련하여 권력이 행사되고, 시민들의 의견이 제시되고, 의사결정이 이루어지는 방법을 결정하는 전통, 제도 및 절차라고 정의되기도 하고 국가의 경제·사회적 자원의 관리과정에서 권력이 사용되는 방법·유형이라고 정의되기도 한다(World Bank, 1992). 이 개념은 본질적으로 정부, 기업 그리고 조직, 사회체제 그리고 국가 전체를 다스리는(governing) 다양한 방법을 포함하는 포괄적인 개념이다. 이는 시

---

7) Rhodes는 영국 정부의 변화를 분석하면서 이 가운데 자기 조직적 네트워크의 의미를 선택하고 거버넌스가 공유하는 특징으로 조직들 간의 상호의존성, 네트워크 구성원들 간의 지속적인 상호작용, 게임식의 상호작용, 국가로부터의 상당한 자율성 등을 들고 있다.

민사회의 관계에 있어서 정부실패의 문제와 문화정책 과제를 포함하는 정치 성격도 갖고, 다양한 이해관계를 가진 이해관계자들의 '협상'과 '타협' 그리고 정책결정과 집행에 관련된 참여자들의 결정과 비공식적인 영향력, 그리고 공식적 제도를 가진 거버넌스를 의미하고 있다.

셋째, 좁은 의미의 거버넌스란 사회적·정치적·행정적 행위자들의 통치와 관련된 활동에서 도출되는 패턴으로서 시장, 계층제, 네트워크(Williamson, 1996) 등의 형태로 나타나는 사회적 관계를 말하는 것으로 이해할 수 있다. 이러한 다양한 정의들은 거버넌스론이 경험적인 관찰을 필요로 함을 말해준다(이명석, 2001: 1-45). 좁은 의미에 대한 학문적 입장은 위양(devolution), 무중심 사회(centerless society) 등으로 특징지을 수 있는 원심모형 거버넌스(centrifugal model of gorvernance) 또는 뉴거버넌스(new governance)로 정의한다. 이러한 정의는 일반적으로 시민의 역할을, 정부 서비스를 수동적으로 제공받는 소비자에서 정부서비스 공급과정에 참여하는 적극적인 존재, 즉 '주인'(owner)으로 재정의한다는 것을 의미한다(Lappe and Du Bois, 1994). 즉 좁은 의미의 거버넌스는 국가나 시장중심과는 다른 시민사회에 중심적 접근을 하고 있다(Jessop, 1998: 31). 이는 국가중심의 조정기능 약화와 함께 정부실패라는 한계상황을 맞으면서 그 대안으로 나타났다. 이러한 거버넌스를 네트워크 또는 복합조직(Jessop, 1997; 1999: 351) 등으로 부르면서 공식적 권위 없이도 다양한 행위자들이 자율적이고 호혜적인 상호의존성을 기초로 하여 협력하도록 하는 제도 및 조정상태로 정의한다(Kooiman and Vliet, 1993: 64; Rhodes and Czempeil, 1992: 5).

한편으로 사회문화적인 시각에서 시민사회중심의 거버넌스가 작동하기 위한 문화적인 조건으로 시민문화의 강화, 자발적 행동의 촉진, 민주주의를 향한 사회기반의 개선 등을 중시하고 있다(Alcantara, 1998: 105-106). 이 문화적인 측면 위에 거버넌스는 사회-사이버네틱 체계나 자기 조직적 네트워크를 구축할 수 있다고 보는 것이다. 이 시각은 기본적으로 거버넌스를 사회중심적인 자율조정양식, 이를 가능하게 하는 시민문화의 강화 및 자기 조직적 네트워크 구축 등을 중심으로 시민사회에 초점을 둔 협의로 이해하고 있다.

또한 좁은 의미의 거버넌스는 신공공관리론(NPM: New Public Manage-ment)[8] 또는 뉴거버넌스의 하나로 이해되기도 한다. 신공공관리론은 Peters의 탈규제적 모형 거버넌스, 시장 모형 거버넌스와 유사한 성격을 갖고, 또한 Newman의 합리적 목적 유형의 거버넌스와도 많은 공통점을 갖는 거버넌스라는 측면에서 분명히 전통적인 거버넌스, 즉 舊거버넌스와는 다른 새로운 형태의 거버넌스라 할 수 있다. 그러나 뉴거버넌스는 신공공관리론과 엄격하게 구분된다. Rhodes(1997)는 '사회 – 정치적 거버넌스'라는 용어를 사용하면서, 거버넌스를 신공공관리론과 구분하고 있다. 그에 의하면, 신공공관리론은 조직 내부의 문제에 관심을 갖고, 조직 간의 상호작용, 협상 등에는 무관심하다는 등의 한계를 가질 수밖에 없어 새로운 방법론이 필요하다고 한다. 이러한 측면에서, 신공공관리론의 한계[9]를 극복하기 위한 대안이 바로 뉴거버넌스인 것이다(Kickert, 1997) 뉴거버넌스 역시 협의의 개념으로 이해해야 한다.[10]

지금까지 거버넌스의 개념을 살펴보면 가장 넓은 의미의 거버넌스는 국제사회와 국가 그리고 사회체제를 총칭하는 개념이며, 넓은 의미의 거버넌스란 행정학적 측면에서 '대안적 국정관리패턴'으로 규정해 볼 수 있고, 좁은 의미의 거버넌스는 신공공관리를 토대로 정책 네트워크가 촉진되었기 때문에 네트워크 거버넌스를 지칭한다고 할 수 있다.

---

8) 신공공관리론은 '해방관리론(liberation management)'과 '시장원리관리론(markt-drivn managemnt)'을 두 축으로 하는 이론으로 해방관리론은 정부관료들은 관리기술이 부족해서가 아니라 불필요한 규정과 규제에 얽매어 있기 때문에 정부관료제가 제대로 기능하지 못한다는 것이고, 시장원리관리론은 관료들이 최선을 다하게 하기 위해서는 유인체제의 구축이 필요하다는 가정에 근거한다.

9) 신공공관리론의 한계는 '관료제 내부관리의 개선'에 관심을 가지고, 국가발전에서 중요한 역할을 담당하는 정치적 권위 또는 다른 민주주의(또는 뉴거버넌스)에는 관심을 두고 있지 않다는 점이다.

10) UNDP(United Nations Development Programme)는 거버넌스를 '모든 국가의 업무 관리에서의 정치적, 경제적, 행정적 권위의 수행이며, 이해관계를 조정하고 권리와 책임을 수행하는 관계, 메커니즘, 프로세스, 제도의 총체이다' 라고 중립적 개념으로 정의한다.

2) 거버넌스의 유형

거버넌스 개념의 다양성만큼 거버넌스를 유형화하고자 하는 시도 역시 다양하다. 거버넌스의 유형을 살펴보면, Newman(2001: 34)의 경우 거버넌스를 '집권화·분권화 정도', '혁신과 변화의 강조'와 '지속성과 질서의 강조' 등을 기준으로 하여 네 가지 유형으로 분류하는데, 집권화 되고 지속성·질서를 강조하는 '계층제적 유형', 분권화되고 혁신·변화를 강조하는 '개방체제(open system) 유형', 집권화 되고 혁신·변화를 강조하는 '합리적 목표(rational goal) 유형', 분권화되고 지속성·질서를 강조하는 '자치 유형' 등으로 분류한다. Newman에 의하면 이러한 거버넌스의 유형들은 항상 혼재하면서 다양한 상호작용을 한다고 한다.

이외에도 거버넌스를 ① 시장모형, 참여모형, 신축모형, 탈내부규제모형 (Peters, 1996), ② 민영화, 강제입찰, 계약제, 분권화, 독립집행기관(Andrew and Goldsmith, 1998), ③ 관리적(NPM적 관리강조), 조합주의적(다양한 이익집단의 참여 강조), 성장지향적(파트너십을 통한 자기발전 강조) 및 복지 (중앙·지방정부 간의 네트워크를 통한 재분배 강조) 거버넌스(Pierre, 1999), ④ 국가중심, 시장중심 및 시민사회중심 거버넌스(김석준 외, 2000), ⑤ 절차관료제, 기업적 관료제, 시장관료제, 네트워크 관료제(Considine and Lewis, 1999) 등으로 분류하는 등 다양한 거버넌스 유형이 논의되고 있다.

이들 분류 중 Peters의 분류인 국가중심, 시장중심, 시민사회중심의 유형에 대해서 구체적으로 살펴보면,

첫째, 국가중심의 거버넌스 이론의 유형은 신공공관리론, 기업자적 정부, 굿거버넌스, 신축적 정부 모형, 탈규제적 정부 모형, 경쟁국가론, 조종국가론 등으로 구분하여 논의하고 있으나 이들 사이는 유사성과 중첩성이 있다. 그러나 각기 개별적 특성도 지닌다(김석준, 2000: 63). 국가중심의 거버넌스는 기본적으로 국가가 시장과 시민사회를 주도적으로 관리하는 입장을 가지며 대륙계 국가들이 시장과 시민사회에 깊이 관여하는 전통 위에 이루어지는 거버넌스로 시장중심 거버넌스와 운영논리에서 비슷한 특징을 가지고 있다.

국가중심 거버넌스는 그 원리가 관리주의와 관료주의이며 능률성과 효율성을 주된 가치로 생각한다. 이의 유형은 신공공관리론, 기업가적 정부, 굿거버넌스, 신축적 정부 모형 등으로 나누어 논의되고 있다.

둘째, 시장중심의 유형은 Peters의 주장을 전제로 하여 정부관료제의 비효율성과 시장의 효율성에 대한 신뢰를 전제로 하며 신고전경제학의 기초가 되는 시장적 정부 모형과 국가의 공공개입 범위와 형태를 최소화하는 방향으로 정의하고 공공서비스 공급에서 축소된 부분을 시장과 준시장의 활용으로 보완하는 이론인 최소국가론(the minimal state)(김석준, 2000: 97)을 들고 있다.

셋째, 시민사회중심의 유형은 이데올로기와 관련하여 민주주의형과 사회민주주의형으로 구분한다. 민주주의형으로 Rhodes는 사회-사이버네틱 체제, 자기조직적 네트워크, 법인 거버넌스가, 사회민주주의형으로는 Peters의 참여 모형 등이 대표적이라고 한다(김석준, 2000: 85 재인용). 시민사회중심의 거버넌스는 기존의 대의 민주주의의 한계를 보완해야 한다는 문제의식으로 출발하였다. 기존의 간접 민주주의가 정당과 국회를 통하여 다양한 이익을 통합·조정하는 대리인 체계가 되어 더 이상 갈등을 효과적으로 해결하지 못하면서 이에 대체할 새로운 공동체 운영방식으로 등장한 거버넌스 개념이다. 대표적인 것은 NGO에 의한 시민사회의 새로운 대리인 모형이다. 이것의 기본원리는 참여주의와 공동체이다. 참여주의 가운데 시민사회중심의 거버넌스가 중시하는 것은 시민 개인이나 NGO와 같은 집단이 제도적으로 참여하는 것으로 집단체제가 제도권으로 들어가는 것과는 구별된다. 이는 앞서 본 체제와는 전혀 다른 성격을 가지고 있는 것이다. 참여주의는 조직 내 구성원을 의사결정에 참여시키는 내부 참여와 시민 참여의 의미가 강한 외부 참여로 구분하는 데 시민 참여의 경우 지적 합리성과 정치적 합리성은 합리성의 관점에서 중시되는 것이고 이익 조정이라는 점에서는 민주성이 중시된다. 이 유형은 국가형 시민중심 거버넌스, 사이버네틱 체제이론, 자기조직적 네트워크 이론 등으로 분류한다.

3. 거버넌스 논의의 평가와 한국형 거버넌스의 지향점

1) 거버넌스 논의의 평가

세계화와 더불어 국민국가의 성격이 약화되고 전통적 행정은 그 기능과 구조가 축소되고 있다. 세계화의 심화로 국가의 경계가 약화되고 글로벌 거버넌스가 확대되면서 선진국을 중심으로 '더 작은 정부, 더 많은 거버넌스(Less Government, More Governance)'라는 구호가 확산되고 있다. 이는 미국 등에서 정부의 규모, 인원, 예산 등이 축소되지만 국민들에게는 제3섹터, 민간기구 등 다른 주체들을 통해 더 적은 세금으로 더 많은 양질의 서비스를 제공하고자 하는 것이다.

그러나 기존의 거버넌스 이론은 자본주의나 민주주의가 제도적, 문화적으로 정착된 미국 등 서구의 경우에는 잘 작동할 수 있으나, 이러한 장치가 미비한 우리나라의 경우처럼 정부 기능만 축소된 채 네트워크나 파트너십이 잘 작동하지 않는 체제에서는 그 기능을 원활하게 발휘할 수 없는 한계를 지닌다. 그리고 거버넌스 이론은 종래의 정부가 내부적으로 해야할 일에 초점을 두고 있어서 민간이나 NGO 또는 국제기구들이 거버넌스의 대상일 뿐 이들이 주체적으로 어떻게 해야 할지를 밝히지 않고 있다. 그러나 우리의 경우 NGO나 민간 및 제3섹터도 새롭게 정립시켜야 할 입장이다. 뿐만 아니라 미국 등은 신뢰사회가 구축되어 거버넌스에 대한 이론의 핵심인 파트너십, 네트워킹, 아웃소싱, 시장메커니즘 등이 원활하게 작동하고 있으나 우리는 신뢰 자체를 구축하는 것이 새로운 거버넌스의 전제조건이면서 그 핵심을 이루어야 한다(김석준, 2000: 8 재인용). 따라서 거버넌스 이론을 보완하면서 새로운 형태의 한국형 거버넌스를 모색할 필요가 있는 것이다.

2) 한국형 거버넌스의 지향점: 국가, 시장, 시민사회중심의 네트워크 모형

김석준(2000: 4)은 우리나라가 IMF 관리체제하에 있으면서 국가실패와 시장실패를 겪고, 최근 시민사회의 실패 우려마저 제기되고 있는 만큼 새로운 거버넌스의 모색은 이론적으로나 실천적인 측면에서 중요한 의미를 지닌다고 보고 있다. 이와 같은 김석준의 논의를 빌리지 않더라도 거버넌스가 국가, 시장, 시민사회 및 국제체제와의 관계 틀에 관한 것으로 이해할 때 한국형 거버넌스의 지향점을 모색하는 일은 무엇보다 중요한 일이다.

앞서 거버넌스 유형에서 살펴보았지만 국가중심 거버넌스 이론은 국가, 시민사회, 시장 및 국제체제와의 관계 속에서 국가가 기본적으로 자신의 운영논리인 관료주의와 관리주의를 어떻게 시장원리나 시민사회의 원리에 맞추어 조정하느냐의 문제에 관심을 두고 있다. 이때 관리주의나 관료주의는 시장과 시민사회의 영향력에 따라, 개별 국가의 역사적 맥락에 따라 상대적으로 다르게 나타나지만, 기본적으로 정부의 오랜 관료주의나 관리주의가 시장 자본주의에 영향을 주고, 이것이 시민사회의 민주주의에 영향을 주면서 삼자간의 결합체를 형성하게 되는 것이다. 이것이 대표적인 대륙계 국가모형들이다.

한편 시장중심 이론이나 시민사회중심 이론의 경우에는 그들 간의 영향력의 행사 위치와 방향을 바꾸게 된다. 대륙계의 경우 국가-사회관계의 재조정을 강조하는 등 개별 국가에 따라 다양성을 보이나 대부분의 영미계 국가들은 시장중심 이론에 속한다.

김석준(2000: 6-7)은 이들 국가, 시장, 시민사회이론을 중심으로 세 가지의 거버넌스 모형을 제시하고 있는데, 이 연구에서 한국형 거버넌스를 모색하는 데 유용한 시사점을 제시하고 있다.

먼저 국가, 시장, 시민사회 이론을 중심으로 한 세 가지 거버넌스 모형을 살펴보면, 첫째는 독립형이다. 독립형은 국가, 시장 및 시민사회가 서로 독립적인 지위에서 서로 다른 원리에 따라 운영되는 체제이다. 국가는 관리주의와 관료주의에 따라 활동하고, 시장은 자본주의 시장주의와 경쟁원리 및 고객주의에 따라 움직이며, 시민사회는 참여주의와 공동체주의를 지향하면서 민주주의를 기반으로 작동하게 된다. 이 경우에는 국가, 시장 및 시민사회가 상호 협조적인 관계를 유지할 수도 있지만 많은 경우에는 한 주체가 나머지를 통치하는 관계에 있게 되면서 그들 간에는 갈등과 대결 상황이 빈번하게 전개된다.

둘째는 연립병존형이다. 이는 전통적인 중심이론 모형보다는 새로운 거버넌스에 가깝게 가는 모형이다. 그러나 연립병존의 경우 기존 행위 주체들인 국가, 시장 및 시민사회 등의 작동원리가 그대로 존재하면서 불안정하게 정립하고 있는 과도기적인 모형이다. 이 모형이 잘 작동될 경우에는 상호 장점을 살리면서 공동체를 유지, 발전시킬 수 있으나, 세계시장의 변화나 압력 및 정보화의 급속한 추진으로 인한 국내외적 환경의 변화는 이러한 잠정적인 연립상태를 변화시키는 요인으로 작용하게 된다.

셋째는 네트워크형이다. 네트워크형은 국가, 시장, 시민사회가 각각의 작동원리를 기반으로 하지만 상호간 변화하는 새로운 질서에 공동으로 능동적으로 대응하기 위한 제도적인 장치를 구축한다. 네트워크형은 독립형이나 연립병존형과 달리 개별 주체들이 자율성을 유지하면서도 제도적으로 상호 공동목표와 기본가치를 공유하면서 하나의 실체로 존재할 수 있는 방식으로 연결된 관리체제를 형성하는 것이다. 이 때문에 네트워크형에 소속되는 행위주체들은 어느 하나가 다른 주체들을 배타적으로 통치하는 대신 상호 존중의 파트너십을 통해 하나로 묶여지게 된다. 이 때문에 새로운 거버넌스 체제는 공통된 가치와 목표를 지니면서 다양한 이슈들을 최소한의 갈등으로 관리할 수 있게 된다.

이와 같은 모형들을 한국적 상황에 적용하여 보았을 때 한국은 현재 독립형 가운데 국가중심 이론모형에 해당한다고 볼 수 있다(김석준, 2000: 6). 그런데 한국은 21세기로 넘어오면서 세계화와 정보화에 따라, 그리고 IMF관리체제로 인해 미국형의 시장중심 모형을 직·간접적으로 요구받고 있다. 독립형의 모형을 가지고 있는 한국이 국가중심 이론에서 바로 시장중심이나 시민사회중심 이론으로 전환되는 것은 쉬운 일이 아니다. 정치·

경제 및 사회구성체가 변환될 경우에는 체제전환 비용에 버금가는 사회적인 비용을 치를 수밖에 없고, 그 자체의 실효성 문제가 여전히 남게 된다. 한편 연립병존형이 가지고 있는 장점이 있고 이 장점을 살리면서 공동체를 유지·발전시킬 수 있으나, 연립병존형이 가지고 있는 단점은 세계질서의 다양한 변화로 인해 독립형으로 다시 회귀하게 될 가능성이 높고, 이러한 경우 새로운 사회적인 불안과 변화의 요소는 잔존하게 되어 통치체제의 비용을 치를 우려가 다시 커지게 된다.

이 때문에 대륙형의 역사적인 배경을 지닌 한국이 세계화와 정보화라는 보편적인 새로운 세계질서에 적극적으로 부응하여 이질적인 영미형의 거버넌스 모형을 택하는 대신 중간 유형으로 네트워크형을 택하는 것이 여러 가지 면에서 유리할 수 있다는 김석준(2000: 7)의 지적은 타당하다고 할 수 있다.

요컨대 한국의 거버넌스의 지향점은 국가, 시장, 시민사회가 공조, 협력, 경쟁하는 체제가 바람직하겠다(김광웅, 2000; 김석준, 2000). 이는 국가, 시장, 시민사회가 독자적으로 서로의 다른 원리에 따라 운영하는 독립형에서 상호 병존하는 연립병존형을 거쳐 장차 상호 네트워크로 연결되어 하나의 논리로 공존, 협력, 경쟁하는 네트워크형으로 변화·발전 해가야 함을 의미한다.

제2절 문화 거버넌스 이론 구축

이 절에서는 앞에서 살펴본 일반적 거버넌스의 내용 검토를 바탕으로 문화 거버넌스 이론을 구축하고자 한다. 특히 한국형 거버넌스가 지향해야 하는 국가, 시장, 시민사회중심의 네트워크 모형은 문화영역에서 거버넌스 이론을 구축하는 데 중요한 전제가 될 것이다. 이 절에서는 거버넌스의 이론성과 문화의 관계, 개념, 접근이론, 체제와 모형 등의 논의를 통해 문화 거버넌스의 이론을 구축하고자 한다.

1. 문화 거버넌스의 의의

1) 거버넌스의 이론성과 문화

문화란 기본적으로 사회구성원들 간의 사회관계와 그들이 공유하고 있는 신념 혹은 가치의 상호작용에서 형성된다.[11] 여기서 사회구성원들 간의 사회관계란 구체적으로 '집단(group)'과 '규칙(rule 혹은 grid)'이라는 두 가지 특성에 의해 결정되는 것으로 본다. 전자는 어떤 공동체(혹은 조직)에 속한 구성원들이 외부 사람들과 자신들 사이에 경계를 지어 구분하고 규범을 통해 그 내부 구성원들의 행동을 통제함으로써 공동체로서의 정체성을 확립하는 정도를 나타내는 개념이다. 후자는 공동체 구성원들 간에 상호 권리와 의무를 정립함으로써 특정의 역할관계를 갖도록 하는 규칙 혹은 처방의 수와 강도를 의미 한다[12].

---

11) 뉴 문화이론(New Culture Theory)에 따르면, 문화는 사회관계와 가치의 상호작용을 기반으로 구성원들이 사회기능을 수행하기 위해 가치를 제도화하며, 이 제도들은 상호 유기적 관계를 지니며 종합적이고 일관된 사회구조를 형성한다. 사회구성원들이 가치를 제도적으로 구현하게 되는 이유를 보면 그들이 상호작용을 통해 사회적, 정치적, 그리고 경제적 기능을 포함한 다양한 사회기능들을 수행해야 하기 때문이다. 이러한 제도와 사회구조를 통해 구현된 가치는 더욱 강화되며, 사회관계도 더욱 강한 토대를 이루게 된다. 이와 같은 연속적인 상호작용 과정에 의해 하나의 문화가 형성되고 유지된다(Douglas, 1978; Wildavsky et al., 1990; 김종완, 1999a).

12) 집단의 경우, 극단적으로 강하거나 약한 집단성의 스펙트럼 사이에 다양한 형태의 사회관계가 있을 수 있다. 규칙(역할 혹은 격자(grid)라고도 함)의 경우도 그 수가 많거나 적음(혹은 활성화된(enacted) 경우와 내재적(immanedt)인 경우)의 양극단 사이에 여러 가지 형태가 있을 수 있다. 규칙은 사람들의 생활이 관습과 규칙으로 둘러싸여서 개별적인 협상에 열려진 삶의 영역을 감소시키는 것을 의미한다. 규칙에 의해 더욱 제한될수록 '더 높은' 규칙이 된다.

이와 같이 정의되는 문화영역에서 거버넌스를 개념 짓기 위해서는 거버넌스의 정의에 대한 명확한 파악이 필요하다. 그런데 앞서 살펴본 바와 같이 거버넌스의 정의는 매우 실험적이고 복잡하다. 이 같은 거버넌스 개념의 모호성과 혼란성은 거버넌스의 이론성 문제를 야기 시키고 있으며 문화영역에서도 마찬가지로 거버넌스를 정의하는 데 어려움을 느끼게 한다.

즉 거버넌스는 아직도 여러 학문 분야의 특성과 관심영역에 따라 다양하게 해석되고 있고 개념과 이론의 다양성으로 인해 합의적 가치를 지닌 개념이나 이론이 부족하다는 것이다. 따라서 아직 거버넌스에 대한 이론의 정립은 제대로 되고 있지 않은 상황이기 때문에 문화영역의 거버넌스에 대한 이론도 마찬가지 수준이라는 것이다. 그동안 많은 분야[13]의 주제에서 거버넌스라는 용어를 사용하여 거버넌스를 분석의 수준과 단위, 대상, 이슈, 주체 및 내용의 유형에 따라 다양하게 적용하고 있고 학문영역에 따라 다르게도 사용되고 있지만, 지금까지 거버넌스가 정부역할의 미래에 대한 은유기능에 초점을 두어 왔고 또한 각국들은 거버넌스를 정의하면서 그들의 특수한 현실을 반영하고 있다는 점이 개념의 보편성을 확립하는 데 저해요인이 되었다고 할 수 있다. 이와 같은 사례는 문화영역에 있어 거버넌스의 해결 문제로 이해된다.

따라서 문화영역의 거버넌스에 대한 접근도 거버넌스의 개념적이고 이론적인 공통의 토대가 마련된 속에서 접근하여야 한다. 문화영역의 거버넌스를 새로운 패러다임으로 이해할 때 거버넌스 논의의 평가에서와 마찬가지로 문화정책의 새로운 지향점 등에 대한 현재의 논의들에 대해 정리할 필요가 있다. 특히 거버넌스의 범위에 대하여 시민사회 같은 자발적 영역과 기업과 같은 사적 영역들 그리고 정부의 공적 영역이 함께 만드는 새

집단은 반대로 개인적 선택이 집단의 선택에 의해 제한되고 개인을 집단에 묶는 것을 의미한다(김종완, 1999a).

[13] 각 학문 분야에서 오는 개념상의 혼란은 거버넌스의 정확한 이해를 방해한다. 일반적으로 학자들은 거버넌스라는 용어를 '국가경영', '국정관리', '국가통치', '지배구조', '통치양식', '협치(協治)' 등의 다양하게 해석하고 있다.

로운 복합조직을 구축해야 한다는 등의 논의라든가 통치체제의 변화 속에서 탄생되는 새로운 거버넌스는 또 다른 형태의 위험을 내포하고 있다는 논의 등에 대한 판단이 선행되어야 할 것이다.

2) 문화 거버넌스의 개념

현재 우리사회에서 문화 거버넌스에 대한 개념의 정리는 아직은 없는 듯 보인다. 그렇기 때문에 문화 거버넌스의 개념을 정리하기 위해서는 거버넌스 개념과 문화에 대한 개념을 우선 살펴보아야 할 것이다. 거버넌스의 개념은 앞서 구체적으로 살펴보았기에 여기에서는 '文化'에 대한 개념 규정을 다시 살펴보고자 한다.

전술한 바와 같이 문화는 '사회의 총체적 생활양식이나 규범체계'를 뜻하고 있는데 문화정책의 대상은 이것보다는 훨씬 범위가 좁고 실질적이고 구체적이다. 문화민족, 문화시민, 문화생활 등 일상생활에서 사용되는 문화에 공통된 의미가 있다고 하였는데, 이것이 오히려 '문화 거버넌스'의 개념 규정에 필요한 대상으로서 문화의 개념이 된다고 하겠다. 이미 살펴보았듯이 문학, 음악, 미술, 무용, 연극, 영화를 비롯하여 기타 인간의 정서적 욕구에 관련된 활동을 총체적으로 문화라고 부르고 있는데 이것이 문화정책의 개념이라고 하겠다. 현행 우리나라의 법규에서는 문화관광부의 관장업무 중 문화에 관한 업무로는 '공연, 문화보호, 문화예술진흥, 영화, 음반, 문화재, 박물관'에 관한 사항을 들고 있어서 역시 문학과 예술의 개념으로 문화가 규정되고 있음을 알 수 있다. 따라서 문화 거버넌스는 문학과 예술을 포함하여 국민의 정서적 욕구를 충족시키기 위한 '문화조정기제'라고 정의할 수 있다.

거버넌스와 문화의 이 같은 개념 정의를 바탕으로 이 연구에서는 문화 거버넌스를 "정부(국가), 문화시장(예술인, 예술인단체, 문화기업), 시민사회(관객, 시민) 등을 포괄하는 참여자 간의 동반자 관계에 의하여 공사간의 구분 없이 신뢰와 협동을 주요 가치로 하는 시민사회 네트워크 거버넌스"가 문화 거버넌스의 새로운 모습이라고 정의하고자 한다.

이를 구체적으로 살펴보면, 우리나라가 문화에 대한 관심을 갖게 된 것은 95년 지방자치제가 실시되면서 지역과 문화라는 개념이 성장하면서부터이다. 그것은 한국 사회에서의 문화의식이 자연 발생적으로 생겨났다기보다는 이 연구의 문제제기에서 언급한 바와 같이 현대의 세계사적 특징에서 출발한다고 볼 수 있다.

즉 첫째, 과학기술의 발달은 정보화의 발달로 BT(Biology Technology), NT(Nano Technology), IT(Information Technology) ET(Environment Technology) 등 새로운 과학 기술 분야의 발전을 가져왔고 특히 IT의 과학적 진화는 세계와 지역을, 지역과 지역을 그리고 지역과 개인을 직접 소통하게 만들어 상호교류를 훨씬 편하게 만들고 있고, 지식정보 사회로의 전환은 우리의 삶의 방식의 전환을 가져오고 있는 것이다. 예를 들면 문화예술에 있어서 과학기술의 발달은 디지털로 상징되는 신기술로 예술제작 분야(예: 디지털 악기, 비디오 아트, 영화 제작 기술, 무대 기술 등) 등에 대단히 많은 변화를 가져왔다. 또한 문화예술의 형식에 있어서도 과거의 전통 장르가 무너지고 전통과 첨단이 어우러지는 새로운 장르의 예술이 생겨나고 있는 것이다.

한편 이러한 변화는 문화산업을 육성하는 계기가 되고 예술 창작의 증진, 국민들의 여가활용의 증대, 문화교육 제도, 문화 인프라 구축과 접근성 확보(문화의 집의 활성화 등), 지역문화의 클러스터화 등 경제적·사회적으로 많은 시너지 효과를 가져와 국민의 삶의 질을 향상시키고 있는 것이다.

둘째, 시민사회의 성장이다. 시민사회의 성장배경은 다양하지만 우리나라의 경우 과거 발전국가 시절, 경제 우선 논리로 삶의 질보다는 생존의 문제가 시급하였던 시절이 있었다. 따라서 경제 성장의 논리에 순기능도 있었으나, 이제는 과거의 문화정책으로 우리 사회를 견인하는 데 적실성의 문제가 발생, 우리의 삶의 방식과 수단을 문화적으로 재구조하는 일은 시대적 소명이라고 할 수 있는 것이다. 따라서 전술한 바와 같이 계층적 거버넌스의 문제로 문화적 영역에서도 시민사회의 성장 현상이 나타나 신

(新)사회, 신문화 운동의 등장, 문화연구의 활성화, 여성 문화운동, 참여민주주의에 대한 시민의 욕구 증대 등을 통한 시민사회의 재구조화 의식이 대의민주주의의 한계를 극복하려는 노력으로 이어지고 있으며 이는 문화행정의 원리인 민주성, 효율성, 책임성, 대응성, 전문성의 재고라는 의식에서 출발하였다. 이것은 민－관이 협치(Governance)14)하는 시대적 요청으로 이해되며 국가 통치행위가 국가주도에서 시민사회의 자율적 방향으로 전환됨을 의미한다.

셋째, 현재 문화행정 조직은 수직적 거버넌스의 형태에 가깝다고 할 수 있다. 따라서 정부(중앙 및 지방정부)로부터 자율성과 자주성을 회복하여야 한다. 왜냐하면 우리들의 삶의 질을 높이기 위한 전제조건으로 현재 수직적 문화행정 조직을 수평적으로 재구조화하여 내생적 발전을 이룰 수 있는 기틀을 마련해야 하기 때문이다. 과거 계층적 거버넌스가 국민의 문화 활동을 국가의 홍보 내지는 집권용 도구로 사용한 사례로 보듯이, 수직적 거버넌스 형태로 급변하는 현 시기의 어려움을 극복하기는 힘들다. 따라서 이러한 인식은 국가와 시민사회, 그리고 시장이 동등한 세 주체로 자리잡고 상호 유기적인 소통과 교류를 수행하는 수평적 거버넌스로의 변화를 출현시켰다. 수평적 거버넌스는 1990년대 민주화에 따른 시민의식이 성숙함에 따라 발생됐으며 정부 및 행정기관이 정책 및 집행을 주도하는 형식이 아니라 예술인단체와 민간 전문가 집단에게 상당부분의 권한과 집행권을 이양하고 국가가 이를 후원 및 지원하는 형태이며, 상호 유기적 소통과 교류를 수행하기 위해 〈그림 2-1〉과 같이 네크워크적 형태로 전환되고 있는 것이다.

---

14) 여기서는 지역사회의 민－관 협치(local governance) 입장으로 이해한다.

48

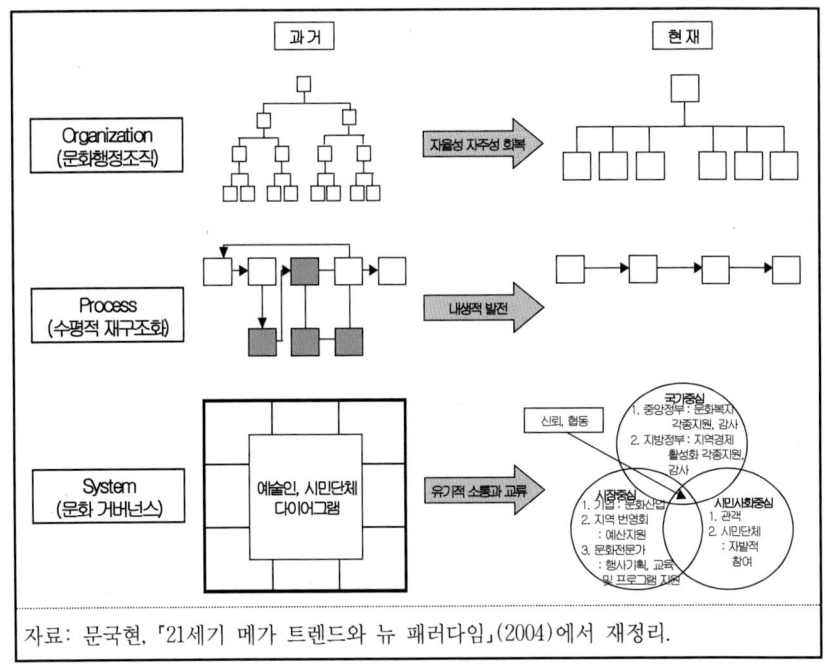

자료: 문국현, 「21세기 메가 트렌드와 뉴 패러다임」(2004)에서 재정리.

〈그림 2-1〉 시민참여와 가치창조 메커니즘

　문화 거버넌스를 정의할 때 이 연구와 관련된 거버넌스는 성격이나 체계 수준을 관리와 정책을 포괄할 때 넓은 의미의 개념으로 접근하는 것이 바람직하다고 생각한다. 즉 거버넌스의 부상은 시민사회와 시장의 리더십이 확장되고 있음을 의미하기 때문에, 사회를 세 주체(정부, 시민, 기업)의 구성으로 보면 점차 다른 주체들과 그 권위를 공유하거나 이전하는 양상을 보이고 있고, 거버넌스는 그런 현상을 잘 보여주는 개념으로 본다는 것이다(김지연, 2003: 3).

　즉 앞에서 살펴본 문화영역에서 거버넌스의 이론성 논의를 감안하여 문화영역에서 거버넌스를 새로운 패러다임으로 보아 국가, 시장, 시민사회중심이 서로 다른 이론들을 통합하는 패러다임으로 이해되어야 할 것이다. 또한 거버넌스 이론의 다양성을 인정하기에 국가, 시장, 시민사회중심을 분석 수준이나 분석 단위의 기준으로 삼고자 한다. 용어상에 있어서도 문화영역에 있어서의 담론들을 명확히 하고 거버넌스 용어의 의미를 완벽하게 전달을 위하여 '문화 거버넌스(cultural-governance)'라는 용어를 그대로 사용하고자 한다.

문화 거버넌스도 새로운 통치 방법이 무엇이든지 간에 사회문제가 좀 더 안정적으로 다루어지는 통치체제의 관점에 초점을 두어야 한다. 거버넌스 자체는 가치에 대한 것이 아니며 규범적일 수도 없다. 그러나 문화 거버넌스도 안정된 정치체제 내에서 발생하는 변화된 정치과정에 관한 것이다. 문화영역과 같이 참여자들이 다양한 삶의 양식과 서로 다른 삶의 질이라는 의미와 관련되는 정책수립은 무엇이 바람직한 사회이며 삶인가를 판단하는 정치적 선택을 할 수밖에 없다(변동건, 1994: 1109).

앞서 논의한 좁은 의미의 거버넌스를 살펴보면 거버넌스란 '정부와 정부 외의 행위자들, 즉 시민사회, 시장이 상호의존적이며 대화와 협력을 통하여 공동의 목표를 함께 추구할 때, 선의의 결과가 있을 것이라는 신뢰를 바탕으로 조직 간의 네트워크를 통한 공동의 문제해결방식 혹은 조정양식(이병수·김일태, 2004: 30)'이라고 정의할 수 있다. 그렇다면 문화 거버넌스란 문화영역을 기반으로 한 거버넌스로 문화영역에서 국가, 시장, 시민사회가 선의의 결과가 있을 것이라는 신뢰를 바탕으로 상호간의 네트워크를 통한 공동의 문화영역의 문제해결 방식 혹은 문화조정 양식이라 할 수 있다.

따라서 이 연구에서는 앞서 기술한 바와 같이 문화 거버넌스를 '정부(국가), 문화시장(예술인, 예술인단체, 문화기업), 시민사회(관객, 시민) 등을 포괄하는 참여자간의 동반자 관계에 의하여 공사간의 구분 없이 신뢰와 협동을 주요 가치로 하는 시민사회 네트워크 거버넌스'라고 정의하고자 한다.

2. 문화 거버넌스의 접근이론

앞서 살펴본 바와 같이 김석준은 거버넌스를 새로운 패러다임으로 보아 국가중심, 시장중심 및 시민사회중심 등 서로 다른 이론들을 통합하는 하나의 패러다임으로 보았다. 문화영역에 있어서 새로운 패러다임이라 할 수 있는 문화 거버넌스의 접근이론은 거버넌스의 일반적 이론을 참고하여 정립할 수 있을 것이다.

문화영역에 있어 거버넌스 이론도 거버넌스의 이론과 마찬가지로 국가 및 시민사회, 시장 및 국제체제와의 관계 속에서 국가가 기본적으로 자신의 운영논리인 관료주의와 관리주의를 어떻게 시장원리나 시민사회의 원칙에 맞추어 조정하느냐의 문제에 관심을 두고 있다. 이때 관료주의는 시장과 시민사회의 영향력에 따라, 개별 국가의 역사적 맥락에 따라 상대적으로 다르게 나타나지만, 기본적으로는 정부의 관료주의나 관리주의가 시장 자본주의에 영향을 주고, 이것이 시민사회의 민주주의에 영향을 주면서 삼자간의 결합체를 형성하게 된다.

결국 문화 거버넌스는 국가의 역할, 기업의 역할 그리고 시민사회의 역할이 새로 만들어진 거버넌스 체제 내에서 어떤 관계를 모색하고 지향해야 하는지를 구분하여 주어야 한다. 이들 세주 체들이 서로의 원리와 공동체의 공익이라는 공동의 목적을 어떻게 조화시킬 것인가에 대해 거버넌스의 이론을 참고하여 정립해 주어야 할 것이다.

3. 문화 거버넌스의 모형 구축을 위한 약간의 고찰

1) 문화 거버넌스와 네트워크

이 연구에서 다루고자 하는 문화 거버넌스 모형은 네트워크 관점에서 모색되고 있는 것으로 국가와 시민사회의 적합 영역에 위치하고 있는 협력적 통치방식을 의미한다. 거버넌스의 세 주체인 국가, 시장, 시민사회 삼자가 네트워크 방식으로 연계된다고 할 수 있다. 문화영역의 추진 과정을 둘러싼 네트워크를 분석하는 데 있어서 사회 내의 권력 구조와 영향력뿐만 아니라 그 사회 내에서 영향력을 주고받는 참여자들의 상호작용을 이해하기 위해서 네트워크 관점은 중요한 이론적 자원이 될 수 있다.

즉 새로운 문화 거버넌스의 모형을 개발하기 위한 네트워크는 계층제 방식이나 시장 방식을 국가, 시장, 시민사회 삼자가 연결된 네트워크 방식으로 생각할 수 있다는 것이다. 거버넌스의 체계와 구성, 그리고 모형의 제작과 실천 과정은 국가, 시장, 시민사회의 네트워크를 통해 진행하도록 권고되고 있고, 대부분의 경우 실제로 네트워크 방식으로 이루어지는 것으로 알려져 있다. 이러한 네트워크는 문화영역에서의 주요 행위자로 연계될 수 있다.

문화영역에서의 주요 행위자들을 살펴보면, 국가 사회의 일반적 거버넌스의 세 주체(정부, 시장, 시민)는 문화영역에 있어 정부-관객-예술인단체(예술인 또는 문화기업)로 대체 가능할 것으로 여겨진다. 이와 같은 대체는 문화영역에 있어 정부(행정기관)는 국가 및 사회 일반의 거시적 거버넌스에서 수행하는 역할을 동일하게 수행하고 있기에 가능하다. 그리고 사회적 재화를 생산하는 시장의 역할은 문화영역에 있어 문화 및 예술의 전문가이자 생산자인 예술인 또는 예술인단체가 대신 수행하고 있는 측면을 고려한다면 거버넌스 내에서 시장의 역할은 예술인 또는 예술인단체로 대체할 수 있다. 이와 함께 문화산업의 기업체들도 문화의 생산과 창작 그리고 시장 형성과 유통에 관여하는 것을 고려할 때 당연히 예술인 또는 예술인단체와 동일하게 시장영역으로 이해될 수 있을 것이다. 또한 거버넌스의 한 주체인 시민도 문화영역에서 실제 국가의 문화정책의 최종 수혜자이자 대상인 관객의 절대다수가 되며, 또 관객은 예술인단체(예술인 또는 문화기업)가 생산한 예술적 재화를 소비한다는 측면에서도 문화영역에서 시민의 대체개념으로 이해될 여지가 충분하다. 뿐만 아니라 관객은 국가와 사회 일반의 거버넌스에서 시민영역의 역할과 마찬가지로 국가영역과 시장영역에 견제와 협력을 유지하고 있는 측면이 있는 점들도 문화영역에서 관객을 시민으로 설정할 수 있는 근거가 될 것으로 판단된다.

요컨대 네트워크 거버넌스의 문화적 특수성에 대한 반영으로서의 국가(정부), 시민(관객), 시장(예술인단체, 예술인 및 문화기업) 등 세 주체의 설정은 주체의 영역뿐만 아니라 상호 관계성과 기능, 역할 측면에서 그 관계성을 〈그림 2-2〉와 같이 설명할 수 있을 것이다.

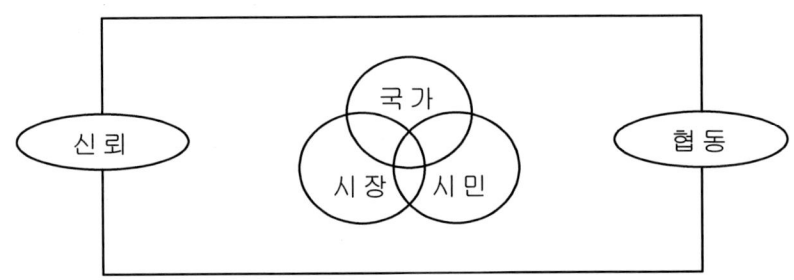

〈그림 2-2〉 신뢰와 협동을 기초로 한 네트워크형 거버넌스

2) 문화 거버넌스와 민-관 파트너십

민-관 파트너십(PPP: Public Private Partnership)의 지배가치는 참여와 협력이다. 협력의 일반적인 현상을 Gray(1989: 11)는 '해당 영역의 미래에 대한 문제 영역의 핵심 이해 당사자들 간 공동 의사결정의 과정'이라고 정의한다. 이러한 정의는 정부기관들 혹은 기업의 공동 사업들 간 협력과 같은 부문 내 문제 해결, 그리고 기업과 정부 혹은 기업과 비영리 이익집단들과 같은 둘 이상의 부문들로부터의 조직들을 포함하는 부문 간 협력 등 다양한 형태의 협력을 포괄한다(Logsdon, 1991: 24).

민-관 파트너십은 합동지배구조(joint governance)로 민-관 네트워크를 통하여 민-관이 협동하는 형태를 말한다. 이에 대한 구분은 두 가지로 첫째, 민-관 협력 정책(policy PPP)과 행정적 민-관 협력(administrative PPP)으로 구분할 수 있다. 여기서 민-관 협력 정책은 정책개발과 기획을 말하며, 행정적 민-관 협력은 정책의 잠재적 자금 확보와 정책집행이 중심이 된다. 따라서 민-관 협력은 국가, 시장, 시민사회가 각기 특색을 가지고 관련 당사자들의 책임과 독자성이 손상되지 않고 남아 있는 것이다. 민-관 협력의 동기도 크게 두 가지로 구분할 수 있는데, 첫째는 재정과 경제적 동기(financial economic motive)이고, 둘째는 경영자 - 전략동기 (managial-strategic motive)이다. 이와 같이 민 - 관 파트너십을 적용함으로써 정부와 민간은 상호 협조하는 노하우를 이용할 수 있는 것이다.

한편 민 - 관 파트너십에서 중요한 것은 '권력'의 이동 문제이다. 민주주의는 궁극적으로 힘 또는 권력의 문제로 귀착된다(전상인, 1997: 96). 이는 사회 세력 간의 권력 관계를 반영하는 것일 뿐만 아니라 그 자체로서 기존 권력 관계의 새로운 변화를 유도하기도 한다. 협력과 파트너십 역시 상호의존성 속에서 참여자들은 무엇을 얻으려 하고 그 과정은 어떤 형태로 나타나는지를 살펴볼 필요가 있다.

즉 자율적 중간 집단15)과 문화정책과정을 체계적으로 연결하여 역동적인 과정을 분석해야만 '누가', '어떤 조건하에서', '어떤 과정을 통해', '어떤 방식으로 활동하였는가' 하는 체계적인 설명을 할 수 있을 것이다(사득환, 1997).

지금까지 살펴본 바와 같이 민 - 관 파트너십은 국가나 시장 또는 시민 사회의 목표가 서로 동일할 필요는 없다. 다만 각 주체가 협력을 하기 위해서는 각 파트너들의 목표를 존중해줄 필요가 있으며, 다음의 선행조건이 만족되어야 한다. 즉 네트워크의 현존(presence of a network)이나 중계자의 현존(presence of a broker)이 바로 그것이다. 또한 민 - 관 파트너십이 좋은 결과를 가져오기 위해서는 상호 신뢰, 목표와 전략의 확실성, 비용, 위험률 그리고 이윤의 배분에 대한 확실성, 책임과 권한에 대한 배분의 확실성, 프로젝트의 조정, 사전에 계약상 규정된 갈등 조절규약(conflict regulation), 적법성, 제3자의 이익과 권리의 보호, 재계와 시장에 근거한 사고와 행동, '내부' 조절(internal coordination), 적절한 지원과 통제 시설, 적절한 프로젝트 조직 등의 선행조건이 만족되어야 한다. 이러한 선행조건은 신뢰를 구축하고 협력관계를 만들어 적절히 기능하도록 하는 데 매우

---

15) 예를 들어 환경 문제의 해결을 위해 활동하는 자율적인 시민·환경 단체와 같이 시민과 정부 사이를 왕복하면서 그 설립 목적이 특정한 활동을 하기위하여 모인 결사체를 의미한다(사득환, 1997: 19).

중요하다.

　문화 거버넌스에서 민－관 파트너십 참여자들 간 상호작용을 분석함에 있어서 '어떤 참여자들의 영향력이 지배적이었는지', '그 내용은 무엇이었는지' 하는 것과 관련하여 파악해볼 필요가 있는 것은 전술한 이유에 기인한다.

　민－관 파트너십을 문화 거버넌스의 한 유형이라고 볼 때 미약하나마 문화정치로서의 문화 거버넌스에 대한 모형을 모색해 볼 수 있다.

　문화 거버넌스와 민－관 파트너십을 〈그림 2-3〉과 같이 나타낼 수 있다.

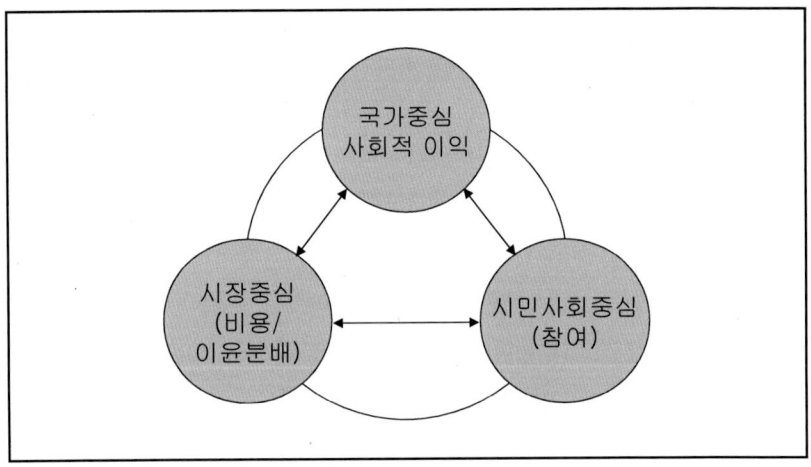

〈그림 2-3〉 문화 거버넌스와 민－관 파트너십

　즉 문화 거버넌스에 있어 민－관 파트너십 모델의 기저는 국가의 사회적 이익과 시장의 상업적 이윤, 그리고 시민사회의 참여이다. 이에 대한 선행조건은 민－관 파트너십이 가지고 있는 속성인 상호의존성(interdependency)과 목표일치(converg-ence of objectives)이다. 그림에서 볼 수 있듯이 국가, 시장, 시민사회가 문화 거버넌스의 문제를 제기할 때부터 삼자간 공동 사업을 추진하거나 문화 관련단체 등을 통해 서로 영향을 주고받을 수 있을 것이다.

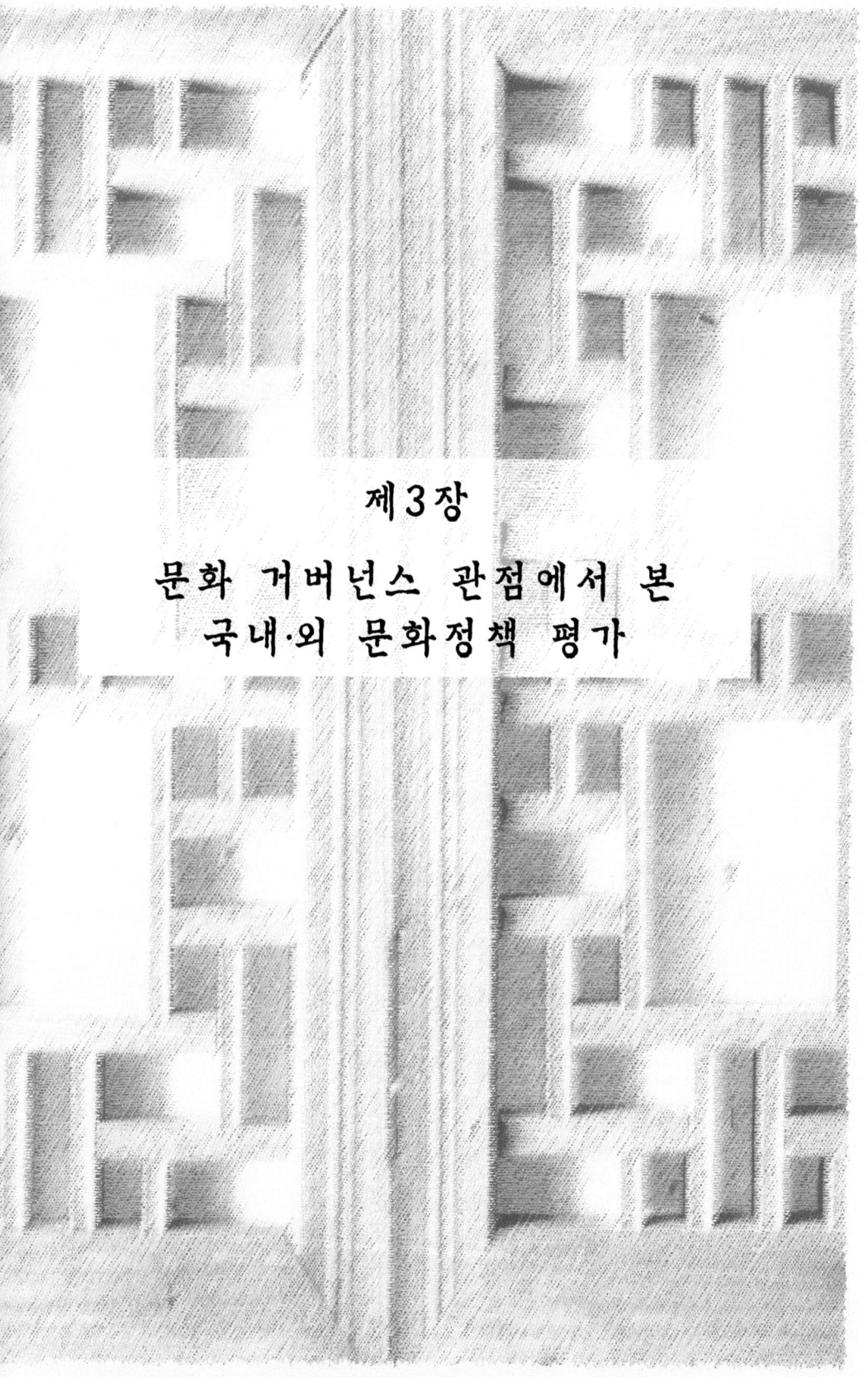

제3장

문화 거버넌스 관점에서 본
국내·외 문화정책 평가

이 장에서는 한국 문화정책의 실태와 시기별 변천 및 문제점을 알아보고 문화 거버넌스로서의 각국의 문화정책 역사, 문화행정 조직 및 사례를 살펴본 후 한국의 문화정책 모형을 평가하고 방향을 모색하고자 한다.

제1절 문화 거버넌스로서의 한국 문화정책의 평가

1. 한국 문화정책의 개요

1) 문화정책의 개념과 기본방향

(1) 문화정책의 개념

문화정책의 개념은 학자들에 따라 다양하게 정의를 내리고 있어 보편적으로 받아들여질 수 있는 개념의 정립은 매우 어렵다. 지금까지 발표된 문화행정 및 정책에 관한 연구들도 과학적 이론화 작업보다는 주로 평면적 서술이나 정책 처방전을 제시하는 작업이 주류를 이루고 있다. 그 내용을 보면 문화행정학 혹은 문화정책학의 접근방법, 문화행정의 근거, 범주 및 역할, 외국 문화행정 체제의 소개, 한국 문화행정 체제의 역사적 변천, 현 문화행정학·정책의 소개 및 발전방안 등이다(한국문화예술진흥원, 1987a; 1987b; 이종인, 1998; 정홍익, 1992; 김동현, 1997; 오양철, 1995; 한국문화정책개발원, 1997; 김문조, 1998).[16]

---

16) 우리나라 문화정책의 연구경향에 관한 실증적 분석은 임학순(1996) 참조.

이 책에서는 한국문화예술진흥원의 문화정책에 대한 개념을 수용하고자 한다. 즉 문화정책이란 사회에 적응할 수 있는 모든 육체적 내지 인적자원의 효용화를 통하여 어떤 특정한 문화적 필요성에 부응할 수 있는 지각 있고 사려 깊은 통찰력과 한 사회 안에서의 행위, 또는 행위의 결여에 대한 총체적인 의미를 지니는데 그것은 보다 구체적으로는 문화활동과 관련되어 일관된 체계 속에 결합되어 있는 장기적 최종목표와 중·단기적이고 물량화가 가능한 중간목표 및 하위목표, 그리고 인적·재정적·법률적·제도적 수단의 총체적 개념으로 이해할 수 있다(한국문화예술진흥원, 1988: 11-12).

(2) 기본방향

한국 문화정책의 기본방향은 크게 네 가지 영역의 확충에 설정되어 있다. 그것은 ① 문화 중시 사회 만들기, ② 생활 속에서 문화를 즐기는 여건 만들기, ③ 문화 컨텐츠 적극 활용, ④ 우리 문화의 지평 넓히기이다. 이 네 영역을 구체적으로 살펴보면 〈표 3-1〉와 같다.

〈표 3-1〉 한국 문화정책 기본방향

구 분	내 용
문화 진흥 사회 구축	사회 전체에서 문화를 진흥시키기 위한 분위기 조성 문화주체로서의 국가, 지방정부, 기업, 가정의 역할 문화발전을 이끌어갈 물적·인적 자원의 충실 문화협동 네트워크 구축 문화거점의 확보 저작권의 정비
생활 문화 여건 조성	계층별·지역별 문화거리 좁히기 문화감수성 훈련을 위한 청소년, 어린이층 문화체험 강화 우리말의 중시 문화읽기 학습
문화컨텐츠 적극 활용	세계적으로 자랑할 만한 우수 예술 세계적 예술인의 육성 미디어 예술의 발전 문화컨텐츠 산업의 육성 문화원형의 발굴과 활용
문화지평 확 대	지역의 문화 자원 활용 우리 문화 해외로 널리 알리기 문화외교와 국제교류 남북문화교류

그러나 상기와 같은 문화정책의 방향 설정에도 불구하고 현재까지의 한국의 문화정책은 반드시 합리적이고 긍정적인 측면만을 보여온 것은 아니다. 김여수(1988: 27)는 특히 우리나라의 문화정책을 종합해 볼 때 1970년대 들어 전형적인 구성주의적 문화정책이 그 모습을 드러내면서 문화예술 분야에서 급격한 양적 팽창이 이루어졌고 이러한 양적 팽창 속에서 우리의 문화정책은 두 가지 두드러진 특성을 보여 왔다고 설명한다. 그것은 정부가 주도하여 결핍된 문화적 제도와 기간시설을 건설해 나가는 데 역점을 둔 것이고, 또 다른 하나는 체제에 대한 정당화 또는 통합에 문화정책의 초점이 맞추어 졌다는 것이다. 그래서 여러 가지 긍정적인 결과에도 불

구하고 국민의 문화적 욕구나 수요와는 거리가 먼 전시적 문화시설들의 급격한 증가를 가져오게 되었으며, 또한 정부주관의 문화진흥정책에 편승한 '관제문화'와 체제 비판적 문화수요에 토대를 둔 '민중문화'의 첨예한 대립을 불러일으키게 되었다고 분석한다.

이와 같은 분석은 아직까지 한국의 문화정책이 과거 권위주의의 잔재를 청산하지 못하고 문화영역에 대한 정부(官)주도의 권위적 지배 형태에서 완전히 벗어나지 못하고 있으며 합리적 대안의 제시도 하지 못하고 있음을 지적한다. 뿐만 아니라 과거에 대한 올바른 비판과 합리적 대안 부재의 문제는 이에 대한 반대 편향으로 그의 비판처럼 체제 비판적 문화수요에 토대를 둔 '민중문화'의 확산 등에서 알 수 있듯이 문화영역에 있어 정부의 역할을 차단하고 민간영역의 활성화만을 요구하는 입장이 대세를 이루는 사태에까지 이르게 되었다. 그러나 이런 현 상황에도 불구하고 한국의 문화정책에는 문화영역에 있어 시민사회의 대두에 조응하는 정부의 역할과 기능에 대해서 구체적인 언급이 전혀 없어 '새로운 변화에 조응하는 문화정책'이라는 평가를 받기에는 많은 부족함을 노정하고 있다. 현재 문화계 일각에서는 추상적으로 문화주체로서의 정부의 역할과 문화 협력의 네트워크 확대 등의 기조가 제시되고 있기는 하지만 그 구체적인 항목과 방법의 부재가 그 좋은 예라고 할 수 있다.

또한 시민사회의 확대에 조응하는 한국사회 문화 거버넌스의 변화는 시민사회적 네트워크 거버넌스로 이행 목표를 설정하고 있지만 이 시민사회적 네트워크 거버넌스가 표방하고 있는 지향점은 시민사회 영역과 민간영역만의 확대이거나 정부의 기능과 역할을 정지시키는 것을 의미하는 것이 아니라 문화영역에 있어 합리적 거버넌스의 구현과 이에 조응하는 정부의 역할과 기능에 대한 새롭고 구체적인 설정이라고 생각한다.

2) 문화정책과 정부의 역할

문화영역에 있어서의 정부의 역할을 살펴보면 정부의 개입에 대한 찬반 논쟁은 계속되었다. 먼저 정부의 문화예술정책 지원 개입을 반대하는 이유 는 문화예술에 대한 정부지원의 비용 부담이 크고, 타 분야에 대한 지원을 저하 시켜 정부의 문예지원의 중요성에 대한 회의를 갖는다는데서 출발한 다(Griffith, 1993: 173-178). 이것을 구체적으로 살펴보면 첫째, 문화예술에 대한 정부지원을 반대하는 입장의 주장은 ① 문화 종사자들의 정부에 대 한 의존율이 높고, 이는 동시에 정부의 통제를 강하게 함으로써 문화와 예 술의 자주성을 위태롭게 하고 ② 국민들이 낸 국가 세금을 일부계층에게 만 향유하도록 한다는 점[17](Baumol, 1996) ③ 정부가 문화정책을 특정한 방향으로 유도하려는 의도를 통해 독선을 부추기는 수단으로 이용할 수 있다는 점 ④ 최근 자본주의의 기본은 기업 활동의 자유, 개인주의, 경쟁, 사유재산권, 그리고 작은 정부를 지향하는데 문화의 정부지원은 '큰 정부' 를 이루는 효과가 있어 자본주의 이념에도 위반된다는 것이다.

둘째, 정부지원을 찬성하는 입장은 문화예술이 공공지원 없이 생존하기 어렵다는 것이다(Baumol 1996; Bowen, op. cit: 369-377). 문화진흥은 사회 존속의 기본전제임에도 불구하고 문화예술시장은 자생적 생존이 불가능한 데(Globerman, op. cit: 3-12), 그것은 소비자들이 문화예술에 드는 모든 비용을 모두 감당할 의사와 능력이 없으므로 시장원리가 통용되지 않기 때문에 정부가 개입해야 한다는 주장이다(Netzer, 1980: 159-160). 이를 좀 더 구체적으로 살펴보면 ① 현대 자본주의 국가들의 헌법은 의회와 정부 의 권한 중에 국민 복지를 증진시켜야 하는 점을 명시하고 있으며 국력과 국가위상을 높이기 위해서는 국민복지 증진에는 문화예술의 진흥이 필수

---

17) 보몰(William Baumol)은 예술이 호화요트나 고급 외제승용차 등과 같은 호화 사치품이 아닐 뿐만 아니라 정부의 예술지원이 예술을 진흥시킴으로써 오히려 세수증대, 고용창출, 도시미화, 관광진흥, 경기진작 등의 부수효과를 재고시키 고 사회에 무한가치를 창출시키어 국민 모두에게 혜택을 준다고 하였다.

라는 점, ② 인간은 문화예술에 관심을 가지고 있을 뿐만 아니라 이는 보편적 재화라는 점, ③ 정부지원이 전문지식인들의 독립성을 침해하지 못했다는 사실을 들어 문화예술인들 또한 정부지원으로 인해 부패하거나 통제받지 않을 것이라는 것, ④ 실행 즉시 효과가 나타나지 않는 예술적 창의성이나 문화유산과 문화과정의 보전을 통해 후세대를 위한 방안을 마련할 수 있는 곳이 정부라는 점, ⑤ 일반인들의 순수예술에 대한 이해는 상당기간 예술에 접촉한 후에야 가능하다는 점(정홍익, 1997: 243), ⑥ 문화가 국가통합과 국가목표 추구의 상징이 된다는 점, ⑦ 공연예술은 산업사회의 여타 생산 부문과 시장에서 생산성 경쟁을 할 수 없는 구조적인 취약성을 갖고 있기에 정부지원 없이는 유지될 수 없다고 주장한다(Baumol & Bowen, 1996).[18]

외국의 경우 비슷한 예를 보면 프랑스는 과거 30-40년 동안 중앙정부가 문화정책 및 행정을 주도적으로 관장해 오고 있었고 이러한 전통에 대해 의문 및 논쟁이 최근 많이 제기되고 있으나, 후술하듯이 프랑스 정부가 그 동안 시행해 온 문화정책 및 행정에 대한 반성 차원의 노력이 있는 것이다(한국문화정책개발원, 1996; 1997; 2002).[19]

그렇지만 문화예술에 대한 정부지원과 관련하여 제기되는 찬반 논쟁을 떠나서 현실적으로 문화예술 지원이 전혀 없는 나라는 없다. 단지 정부지원의 특성과 강도에 차이가 있을 뿐이며, 1960년대 이후 정부지원은 확대되는 추세이다.

---

18) Baumol과 Bowen이 주장한 이론.
19) 우리나라 문화시장 성장은 1982년 이후 지방정부의 문화분야 참여가 활발해져, 경제성장, 여가시간의 증가, 문화수요의 증가 등 영향을 받아왔으며, 창작과 예술작품 유통에 많은 사회단체의 참여가 증가하였다. 또한 활동의 중심이 각 지방정부, 여러 민간단체, 문화시장이 문화의 3대 축이 되어 문화활동이 이루어지게 되었으며 이제는 문화통신의 역할 및 기능이 재고되어야 할 시점이다.

3) 한국 문화정책을 둘러싼 환경의 변화

(1) 문화교류의 패러다임의 변화

오늘날 문화정책에 있어서의 큰 특징은 첫째, 국제적 관점으로는 세계를 움직이는 10대 조류[20](John Naisbitt)의 영향과 21세기 메가트렌드의 등장, 둘째, 국내적 관점에서는 지난 2004년 4월 15일 총선의 보수에서 진보로의 권력 교체 이후 미래 지향적인 요소보다 과거 청산형 개혁을 추구한다는 비판을 받고 있는 현 정부의 정책과 참여민주주의라는 미명 아래 법치주의와 의회주의가 종종 무시되고 정치적 논리가 횡행하는 현상 속에서 문화정책은 소외를 받고 있는 현상, 그리고 미국의 월가에서의 신자유주의 즉 '자유경쟁, 시장원리, 자유무역, 개인의 창의성에 의한 인센티브 지급, 작은 정부, 탈규제화, 민영화, 변화에 적응'의 개념들도 이제는 새롭고 건강한 정체성 혁명을 해야 하는 과제를 안고 있는 우리 사회현상 속에서 문화정책의 새로운 패러다임 전환에 대한 절실한 요구, 셋째, 대중문화의 등장이다. 여기서 우리가 주목해야 할 부분은 '대중'[21]의 개념이다. 대중문화란 대중의 삶의 방식이자 의미화의 실천 혹은 미적 행위가 되는 것이다 (강현두, 1988: 13). 1차 세계대전 이후 산업화, 도시화 그리고 교육에 힘입어 새로운 질서가 생기게 되는데 이러한 사회를 대중사회로 부른다. 하지만 대중은 자본주의 사회 내의 노동자의 다른 이름일 뿐이고 다양한 갈등 양상[22]을 보여준다. 그런데 20세기 초의 영화산업의 발달, 누구나 쉽게 접할 수 있는 라디오 등의 매스 미디어의 발달은 대중문화의 확산에 결정

---

20) ① 정보사회로, ② 하이테크·하이터치로, ③ 지구적 경제체제로, ④ 장기정책으로, ⑤ 지방분권 체제로, ⑥ 자조사회로, ⑦ 참여민주의로, ⑧ 네트워크 체제로, ⑨ 남(南)의 시대로, ⑩ 다원선택 사회로 등을 말한다.
21) 대중의 개념은 mass 혹은 popular로 영어표기를 할 수 있다. 학자에 따라 의미 혹은 사용에 있어서 많은 차이를 보이지만 필자의 경우 두 의미에 차이를 두기에는 한계가 있다고 본다.
22) 가장 심각한 부분은 대중문화와 전통적 예술의 가치관과 그것을 향유하는 층 간의 갈등이다.

적 영향을 미친다. 일반 대중의 문화인식이 높아지고 미디어의 발달로 인
해 정보의 불균형이 해소되면서 이에 따라 이제까지 문화의 소비자로서의
대중들이 단순한 문화의 수용에서 벗어나 점차 정신적 만족을 위한 문화
의 창조에 더 많은 관심을 가지기 시작하게 되었기에 새로운 개념의 새로
운 문화 거버넌스의 틀이 제공되고 구축되어야 한다.

(2) 지방자치제도의 실현

신자유주의의 물결은 우리가 더 이상 세계화의 물결 속에서 자유로울
수 없음을 의미한다.[23] 90년대 실시된 지방자치제도의 실시로 우리의 문화
에는 자립적 기반을 가지기 전에 세계화의 물결과 싸워야 하는 어려움이
생겼다. 따라서 지자체에서는 신자유주의의 물결에 맞서는 문화의 자립적
기반 구축 및 지역문화 활성화라는 두 가지 과제를 동시에 안게 되었다.
또한 과거 중앙집중형 문화산업구조의 변화의 필요성이 부각되었다. 이제
는 지역이 자립하기 위해서는 지자체의 부의 축적이 필요하다. 이제는 더
이상 중앙정부의 지원을 기대하기 어렵게 된 것이다. 이렇게 되자 지역에
서는 마치 유신시대에 '팔 수 있는 것들은 모두 팔자'라는 슬로건처럼 각
지역의 땅, 물, 민속, 생태 등 상업화할 수 있는 것은 모두 다 동원해야 했
고 이때 주도적 역할을 했던 것이 축제이다.[24] 상품성만을 따지는 경제 활
동이 이미 지난 이야기가 되어 버렸지만 이상하게 축제는 아직도 지역적
상품성을 개발 또는 축제화 하는 수준에서 벗어나질 못하고 있다. 그러다
보니 지역축제에 감성코드가 담길 여유가 없다. 그러면서도 지방자치제의
실시는 여전히 각 지자체에게 지역문화의 활성화라는 부담을 한 가지 더

---

23) 예컨대 위성이나 인터넷 등 뉴미디어의 발달은 특정한 문화지역, 특정한 문화
　　영역이 더 이상 존재하지 않음을 의미한다.
24) 현재 국내의 지역이벤트는 이천도자기축제, 금산인삼축제, 안동국제탈춤페스티
　　벌, 영암왕인문화축제 등 전국 각지에서 다양한 유형으로 개최되고 있는 1000
　　여 개의 지역축제(2003년 12월 기준)와 경주문화엑스포, 고양세계꽃박람회 등
　　2-3년을 주기로 개최되는 지방박람회, 광주비엔날레, 부산국제영화제, 과천세
　　계마당극큰잔치 등의 대형 문화행사 등 크게 3가지로 구분할 수 있다.

안겨주게 되었다. 지방자치제에 따른 지방의 재정자립도가 취약한 때 축제 및 문화의 발전 혹은 예술 활동의 활성화를 동시에 실시할 수 없는 부담이 되어버린 것이다. 따라서 지역축제는 지역의 문화와는 상관없는 길을 계속 가게 되는 것이다. 무조건 지역 활성화 논리에 매몰되어서 오로지 상품화할 수 있는 '꺼리'에 혈안이 되어있는 것이 지자체의 현실이다. 하지만 우리나라에서는 고속철로 서울에서 부산까지 3시간이면 갈 수 있다. 이런 좁은 지역에서 얼마나 다른 지역적 요소를 찾아낼 수 있을까? 이제는 사소한 문화현상에까지 축제라는 단어를 붙일 정도로 축제 인플레 현상을 겪고 있는데도 아직도 지자체에서는 축제를 찾아 헤매고 있고 정부는 이런 축제에 행정력과 예산을 쓰고 있다. 축제는 역사성이 필연적으로 요구된다. 문화는 역사 속에서 담금질 되면서 지역만의 독특함이 탄생되는 것이다. 문화의 패러다임이 변하면 문화정책의 패러다임도 변해야 한다. 하지만 그럼에도 불구하고 문화의 중심이 서서히 지자체로 넘어오는 것은 매우 긍정적이다.

(3) 문화산업과 문화 자본화 및 문화산업클러스터의 등장

① 문화산업의 등장

오늘날 문화산업의 정의는 문화컨텐츠를 생산해 내는 산업을 의미한다. 문화컨텐츠의 정의는 나라마다 다르다.[25] 예를 들어 '북미(미국, 캐나다, 멕시코) 산업분류체계(North American Industry Classification System, NAICS)'에 따르면 우리가 흔히 문화산업이라고 하는 분야는 산업분류상 'Information'이라는 부문에 포함되는데, 이 부문에 들어가는 산업의 주요 영역은 정보와 문화상품(cultural products)의 배포와 관련되는 산업을 말한다.

---

25) 예를 들어 세계적인 산업 동향 분석 기관인 Pricewaterhouse Coopers는 우리가 흔히 문화산업이라고 지칭하는 산업을 '오락, 미디어산업(entertainment and media industry)'이라고 표현하며 이 같은 범주에는 영화, 텔레비전, 리디오, 음반, 인터넷, 잡지 출판, 신문 출판, 서적 출판, 정보 서비스, 광고, 놀이공원, 스포츠 등의 산업군이 포함된다.

반면 영국에서는 우리가 문화산업이라고 지칭하는 산업을 크리에이티브 산업(creative industry)이라고 하는데 이는 기존의 문화산업이라는 용어 자체가 진부하므로 보다 진취적인 느낌을 주는 이름이라고 생각하여 택한 것이다. 영국의 크리에이티브 산업에는 광고, 건축, 예술 및 골동품, 공예, 디자인, 디자이너 패션, 영화, 인터액티브 소프트웨어, 음악, 공연 예술, 출판, 방송 등의 13개 산업이 포함된다(문화관광부, 2002: 125). 우리나라는 2003년 공포된 문화산업법에서 문화산업 그리고 문화컨텐츠의 개념을 '문화산업이라 함은 문화상품의 기획·개발·제작·생산·유통·소비 등과 이에 관련된 서비스를 행하는 산업이다'[26]라고 정의하였다.

이 연구에서 문화산업을 중요하게 생각하는 이유는 21세기 문화전쟁의 시대에는 부가가치가 높은 문화산업이 육성되어야 하고 각 영역에서 노력해야 하지만 문화산업을 육성할 제도적 장치와 문화조정 시스템이 반드시 함께 수행되어야 하기 때문이다. 따라서 문화 거버넌스는 문화산업 육성을 해야 하는 점에 주목해야 하며 문화산업 육성의 기본이 되는 것은 문화의 자본화인데 그 내용을 보면 다음과 같다.

② 문화의 자본화 등장

전술한 바와 같이 국가는 문화의 시대에 문화와 예술을 동시에 발전시켜야 하는 사회적 책임과 정책이 필요하다. 따라서 별도의 문화정책을 이야기하기보다는 사회적 재화로서의 문화와 예술을 시장경제의 논리에 따라 문화를 산업경쟁력의 결정 요소로 파악, 문화자본의 축적이라는 관점에서 논의를 해보기로 한다. 지금까지의 문화정책은 경제나 정치발전을 위한 배경으로 파악을 했다. 하지만 이런 관점은 소비적으로 보는 협소한 관점으로 논의의 대상은 아니다. 오히려 나아가 문화를 자본화하여 문화의 지평을 열어가는 문화국가론을 제시하고자 한다. 이때 필요한 것이 문화산업

---

26) ① 영화와 관련된 산업 등, ② 문화상품, ③ 컨텐츠, ④ 디지털컨텐츠, ⑤ 디지털문화컨텐츠, ⑥ 멀티미디어컨텐츠, ⑦ 문화산업전문투자조합, ⑧ 제작, ⑨ 제작자, ⑩ 유통, ⑪ 유통전문회사

혹은 문화경제를 위하여 문화자본을 축적하는 것인데, 이것이 문화국가로 가는 길이다.

전통적인 경제 이론에서 국가나 도시와 같은 공간적 단위의 경제가 발전하기 위해서는 물리적 자본(physical capital)의 축적이 필요하다. 이와 더불어 교육을 통한 인적 자본(human capital)의 투자와 지속가능한 성장에 필요한 자연자본(natural capital)의 형성이 필수적인 요소라는 것에 많은 공감을 얻고 있다. 이와 같은 세 가지 형태의 자본 축적뿐만 아니라 문화적 가치를 만들어내는 문화자본의 중요성이 최근 문화경제학적 관점에서 주장되고 있다. 경제성장의 한 요소로서 문화자본은 문화산업과 다른 산업 부문의 연관 효과를 통한 경제적 가치 창출과 더불어 경제 주체의 삶 그 자체를 풍요롭게 하는 기본 요소로서 고려되어야 한다. 자연자본의 중요성을 강조하는 생태 환경적 보존과 마찬가지로 문화적인 측면에서도 한 도시가 정주공간으로서 자생능력을 확보하여 지속가능한 발전이 이루어질 수 있는 이른바 문화적 지속가능성(cultural sustainability)에 대한 인식이 필요하다. 이를 위해서는 역사적, 사회적, 정신적 고양이 순환적으로 이루어져서 삶 그 자체를 통해서 소진되어 버리지 않고 자생적인 문화적 재생산 능력을 가져야 한다. 이것은 집단 구성원 간의 문화적, 사회적, 경제적 상호작용을 촉진하는 것으로 정의되고, 문화적 네트워크와의 관계를 의미하는 이른바 '문화적 에코 시스템(cultural eco-systems)'의 개념이 도입되어야 한다. 또 문화의 자본화를 위해서는 문화에 대한 비판적 담론들에서 빨리 자유로워져야 한다.

또한 정치적 관점에서 벗어날 수 있는 문화산업의 발전을 위한 정치적 환경을 조성하는 것도 필요하다고 본다. 신자유주의 세계국가 체제에서는 무한경쟁과 전 세계를 시장으로 하는 원리에서 작동하기 때문에 문화산업 역시 초국가적 자본과 전 세계 시장에서 경쟁력을 확보해야 살아남을 수 있다. 그렇다면 자본의 크기를 확대하면 세계문화시장에서 우위를 점할 수 있을 것인가? 그건 또 그렇지가 않나는데 문제는 심각해진다. 다른 상품과 달리 문화상품이나 문화산업은 자본과 경영능력만 가지고서는 경쟁력을 가질 수 없는 특수한 점이 있다. 문화이기 때문이며 문화는 그 가치를 부여하고 존재할 뿐이다.

그러므로 만약 문화를 발전시킨다고 말한다면 그것은 문화 자체라기보다는 문화환경과 문화에 대한 조건을 뜻하는 것으로 보아야 한다(김승환, 2001: 152). 역설적으로 문화환경과 문화에 대한 조건을 갖추지 못한다면 문화산업의 발전을 기대하기 어렵다. 이 문화환경과 문화에 대한 조건을 갖추는 것이 바로 문화의 자본화 과정이 될 것이다.

③ 문화산업클러스터 조성을 위한 거버넌스의 역할

문화활동과 문화산업은 특화된 분야별로 집적화하는 경향을 보인다. 이는 문화산업의 발전과 혁신을 촉진시키는 원리가 특정분야 전문가들의 상호학습과 네트워크이기 때문이다. 문화가 자본화되기 위해서는 첫째, 문화컨텐츠를 만들기 위해서 투입되는 요소가 있어야 한다. 둘째, 수요이다. 수요가 없다면 생산도, 유통도 없게 된다. 따라서 문화를 자본화하기 위해서는 수요에 대한 예측과 개발도 필요하다. 셋째, 그 현지의 규범과 관습, 법규 그리고 경쟁관계가 중요하다. 넷째, 관련된 지원사업들의 힘이다. 이를 두고 학자들은 클러스터[27](cluster: 기업집단)라 하고 클러스터 정책이란 클러스터가 경쟁력을 갖출 수 있도록 하는 데 필요한 정책수단이나 조치들을 의미한다고 하였다.

다시 말해 클러스터 정책이란 클러스터와 관련된 주체들 스스로 할 수 없는 영역이나 혹은 할 수 있으나, 개별 주체들의 노력으로는 효율성이 떨어질 수 있는 역할을 보강하는 데 필요한 정책들로 이해될 수 있을 것이다. 혹자들은 클러스터의 경쟁력을 강화하는 데 정부가 할 수 있는 역할은 거의 존재하지 않는다고 주장한 바 있으나 이러한 주장은 정부가 할 수 있는 가장 기본적인 역할인 인프라 조성과 그것이 기업이 활동하는 데 원

---

27) 지역클러스터는 유사하거나 밀접히 상호 관련된 기술을 사용하는 기업들과 이와 관련된 조직들이 지리적으로 특정장소에 모여 하나의 집단을 이루고 있는 상태를 말한다(이종열, 2003).

활하게 작동할 수 있도록 여건을 개선할 수 있는 일들을 부인하는 것이 아니라, 지식 및 정보와 관련된 인프라 조성은 정부가 할 수 있는 가장 중요한 영역으로 이해된다는 것이다.

클러스터가 거버넌스에서 중요한 이유는 정부에서 먼저 안정되고 예측 가능한 거시경제학적 정치·문화 환경조성이 필요하기 때문이다(새뮤얼헌팅턴, 2004: 63). 과거 정부는 국내산업을 보호·육성하기 위하여 보호주의 정책, 장려금, 중앙정부차원에서 통제하는 정책을 실시해 왔다. 하지만 클러스터의 개념은 생산성의 제약원인을 제외하고 경쟁력을 높이는 데 있다.

정부의 클러스터 조성을 위한 요소를 나열하면 다음과 같다. 첫째, 지리(geograph)는 그 자체가 중심차원이다. 일부지역의 클러스터는 매우 지역화되어 있고 일부지역은 지역화되어 있지 못하다. 둘째, 깊이(depth)는 수직적으로 관련된 산업의 범위를 의미한다. 깊은 클러스터는 완전한 자체 공급망을 가지고 있는 반면 얕은 클러스터는 지역외부로부터의 투입에 의존한다. 셋째, 넓이(breadth)는 수평적으로 관련된 기업들은 서로 실패와 성공의 원인들을 공유하고 문제해결을 위한 대안을 함께 모색할 수 있다는 것을 의미한다(김승환, 2001: 175). 한국의 경우는 이미 문화산업클러스터의 개념이 낯선 것은 아니다. 이미 한국에서도 문화산업클러스터 조성을 위한 노력들을 하고 있다(〈그림 3-1〉 참조).

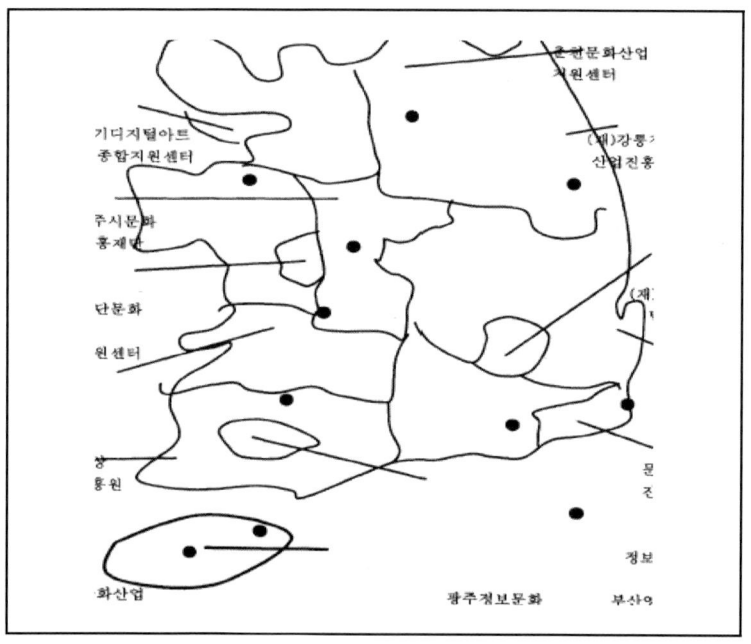

〈그림 3-1〉 지역문화산업 클러스터 현황 및 추진기관

　　이런 노력들은 지역의 문화자본의 축적이라는 측면에서는 대단히 긍정
적일 수 있다. 우선 클러스터링이 되기 전 지자체의 문화산업 구조를 보면
〈그림 3-2〉와 같다.

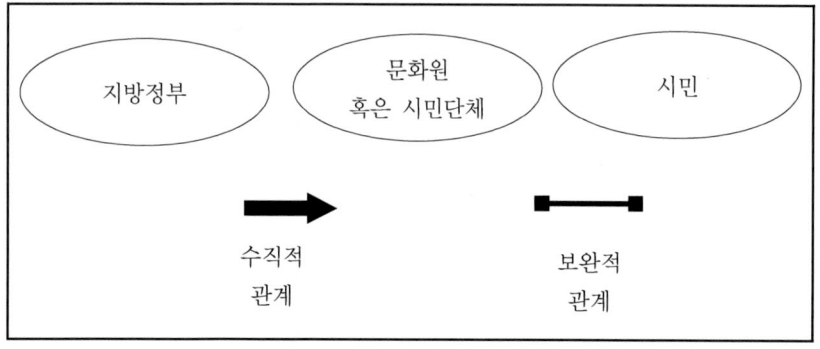

〈그림 3-2〉 지자체의 문화산업 구조

위의 표에서 보듯이 지금의 지자체 구조에서는 지방정부는 문화단체 혹은 시민단체에 지원하는 역할이 주를 이룬다. 따라서 문화산업의 구조라기보다는 행정조직화된 생동적이지 못한 구조를 가져오게 된다. 이러다 보면 지방정부가 시민단체에 지대한 영향력을 미치게 되고 지자체장의 권능에 지역문화발전은 기대할 수 가 없다. 항상 지역의 문화는 수동적일 수밖에 없는 것이다. 하지만 클러스터링이 완료되면 상황이 달라진다(〈그림 3-3〉 참조).

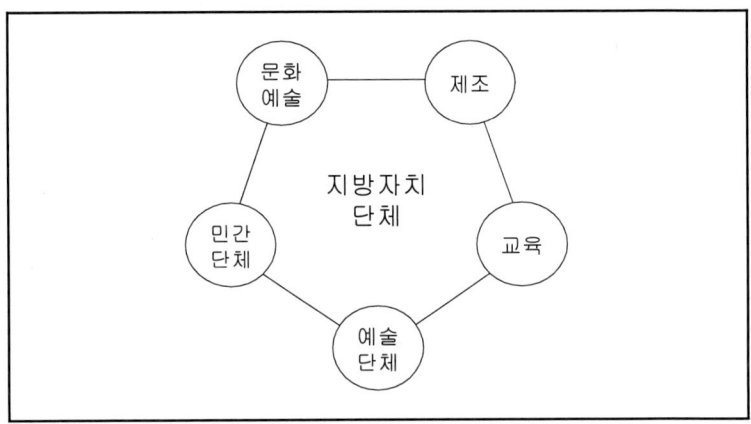

〈그림 3-3〉 지역클러스터 구조도

우선 가장 큰 변화는 지역의 문화를 이루고 있는 구조가 상하의 관계가 아닌 상호보완의 관계로 바뀐다. 따라서 자기의 고유한 역할 속에서 시너지효과를 낼 수 있는 구조가 형성된다. 지역 문화산업의 기초 발상의 전환을 가져오는 것이다. 성공과 실패여부를 떠나서 한 지역의 문화예술의 결과가 지역축제라고 할 때 축제 역시 위에서 본 클러스터의 구조를 할 수 있는가를 심도 있게 살펴볼 필요가 있다. 현재의 지역문화산업 구조는 클러스터링 전의 수직적 관계에 지나지 않는다. 이렇게 되면 축제는 문화산입의 시세가 아닌 기존의 축제가 지니는 한계를 고스란히 지닌 축제를 위한 비용의 발생 이외의 다른 것들은 기대할 수 없다.

2. 우리나라 문화정책의 시기별 변천과정과 문화행정 조직의 특징

전술한 바와 같이 문화국가로 가기 위한 우리나라 문화정책의 여러 가지 현황과 대안을 살펴보고 이에 대한 문화영역의 사회적 주변 환경 변화와 이에 따른 패러다임 변화의 필요성을 살펴보았다. 아래에서는 한국 문화정책의 역사적 맥락을 파악하기 위하여 한국 문화정책의 시기별 변천과정을 구분하고 이념, 목표 그리고 조직의 변천과정을 살펴보고자 한다.

1) 우리나라 문화정책의 변천과정

해방 후 정부가 수립되자 문화정책은 의욕적인 출발을 하였으나 해방 직후 정치적 혼란과 6·25전쟁 및 전후의 취약한 사회·경제적 여건 등으로 정부는 정책다운 정책을 추진할 수 없었다.

우리나라의 문화정책은 1960-70년대 민족문화예술의 재건을 추진하는 과정에서 정부의 문화예술정책이 적극성을 띠기 시작하였는데 이것은 박정희 정권이 정통성 확보를 위해 민족주의를 강조하기 위한 수단으로 문화정책을 사용하였고 경제성장과 국민동원을 위해 반공주의를 문화정책에 이용하였기 때문이다(정철현, 2004: 116).

그리고 지방문화사업조성법을 제정하였으나 실제적으로 일반에게 지방의 사업과 향토문화를 소개·선전하는 사업으로만 한정시킴으로써 지방문화권의 설립근거와 현실적인 지원근거를 마련하는 데 불과하였다. 한마디로 이 시기는 문화정책의 기반을 조성하였으나 여전히 빈약한 정부재정과 문화에 대한 인식의 부족으로 인해 실질적 투자는 과거보다 크게 개선되지는 않았다고 할 수 있다.

경제성장을 제일의 발전가치로 추구하여 문화부문에는 큰 관심을 기울일 수 없었지만 문화발전을 위한 제도적 장치가 폭넓게 마련되었고, 본격적인 문화예술정책이 추진되기 시작한 시기이다.

  이 시기의 사업은 법적·제도적 수준에서부터 구체적인 업무의 담당기구 설립까지 체계적인 문화정책의 수행기반이 완비되었다. 대표적인 예로 '문화예술진흥법'의 제정과 '문화중흥 5개년 계획'을 들 수 있다. '문화예술진흥법'의 주요 내용은 문예진흥기반 조성사업, 문화유산 전승·개발 사업, 예술창작 지원사업, 문화예술 국제교류사업 등이 있다(한국문화예술진흥원, 1992).

  한편 1974년에 전통문화를 계승하고 그 바탕 위에서 새로운 민족문화를 창조하여 문화중흥을 이룩하는 것을 기조로 입안된 '제1차 문화중흥 5개년 계획'(1978년 수정)이 최초의 중장기 문화발전계획으로 볼 수 있다. 이 계획은 지방문화에 있어서도 지방 국립박물관이 건립되고, 지방 문화시설이 증축되었다는 점에서 그 의의를 찾아 볼 수 있다. 그러나 지방문화 육성계획은 계획수립에만 그치고 재원확보 등의 실제적인 추진은 이루어지지 않았다.

  이와 같이 문화 분야에 실질적인 투자가 이루어지고 민족 문화의 중흥이 구체적인 목표로서 정립되었음에도 불구하고, 1970년대 유신정권의 문화정책은 기본적으로 국가의 목표달성을 위한 하나의 수단으로서 문화·예술 현상을 이용하였고, 그를 위한 기제로서 선별적 지원과 심의·검열 등을 통한 통제를 적절히 사용하였다(정재완, 1986: 301).

  1980년대는 헌법 제8조에서 '국가는 전통문화의 계승·발전과 민족문화의 창달에 노력하여야 한다'라고 규정함으로써 국가의 문화진흥 의무를 명시화하였고 4대 국정지표의 하나로 문화 창달을 제시하여 문화진흥의 의지를 밝힘으로써 규제지향에서 조장위주로 문화정책의 변화가 이루어졌다.

  이 시기의 문화정책의 목적은 문화의 지역적, 계층적, 세대간 차이를 해소하고 문화발전의 혜택을 전 국민이 누릴 수 있도록 하는 데 있었다. 1980년대에는 경제개발 5개년 계획에 문화예술 분야가 포함되었고 문화정책의 수혜자가 전 국민에게 확대되었다. 그리고 대규모 시설투자가 이루어졌고 1984년에는 지방문화 중흥 5개년 계획을 수립하였다. 이러한 문화예술 발전계획에 따라 문화예술부분에 대한 투자도 확대되어 정부재정과 문

화예술진흥기금을 비롯한 공익자금 그리고 민간기업 분야까지도 그 투자
에 참여하게 되었다. 따라서 이 시기에는 지역문화행정에 있어서도 상당한
발전을 이루게 되었다(박이준, 1990: 122-124).

1990년대 중반까지는 정치적 민주화와 더불어 문화정책에서도 민주성과
자율성이 강조되었다. 한편 지방자치제가 도입됨에 따라 문화의 지역분산
이 추진되었다.

이 시기의 문화예술정책은 문화 복지 프로그램을 개발・보급하고 문화
예술의 생산적, 경제적 가치를 높이기 위한 노력을 시도하였다. 또한 1995
년 지방자치가 본격적으로 실시되면서 지역 발전의 관점에서 지방자치단
체들도 문화관련 전담부서를 설치하였다. 그리고 정보화에 대한 사회적 관
심도가 크게 높아진 시기로서 문화정책의 경향도 규제에서 자율로, 중앙에
서 지역으로, 창조에서 향수로, 분담에서 통일로, 국내에서 세계로 전환되
었다.

1998년부터 현재의 시기는 문화산업이 21세기의 국가기간산업으로 대두
할 것으로 전망되면서 영상산업, 애니메이션산업, 회의산업, 관광산업 등을
적극 진흥하고 해외시장 진출을 촉진시키는 정책을 펴왔다. 새로 개편된
문화관광부에서는 1998년 10월 '문화복지국가' 건설을 기본전략으로 하는
'새문화정책'의 청사진을 발표하였다.

이러한 일련의 대안들은 정책실현을 위한 높은 의지를 반영하는 증거로
서 긍정적으로 평가받아 마땅하나, 정책적 관심이 고부가가치를 겨냥한 문
화산업 쪽에 치우쳐 있어 소위 '돈 되지 않는 문화활동'을 상대적으로 경
시하는 문화경제주의를 배태할 가능성도 내포하고 있음이 사실이다(김문
조・박수, 1999: 307).

또한 현 시기는 문화영역에 있어 정부의 문화정책에 대한 협력자로서의
민간영역의 역할과 지위가 크게 신장된 측면을 보이고 있다. 하지만 민간
영역에 대한 중요성 강조는 자칫 지나치다 못해 문화영역에 있어 정부의
역할까지 부정하는 내용으로 확대되는 측면을 보이고 있다. 이와 같은 측
면은 지난 시기 정부의 지배와 통제가 전일적으로 관철되던 '계층적 거버

넌스' 문제점을 극복한다는 측면에서 그 긍정성이 인정되나 지나친 정도는
'시민사회 거버넌스'의 세 주체 중 하나인 정부 영역에 대한 부정으로 이
어져 '문화영역에 있어 아나키즘적 성향'의 정책형태로까지 이어질 우려를
가지고 있다.

2) 우리나라 문화행정 조직의 특징

지금까지의 각 시기별 문화정책의 특성과 문화행정 조직의 변화과정을
요약하면 다음 〈표 3-2〉과 같다.

현재까지의 문화행정 조직의 특징은 다음과 같다. 첫째, 우리나라 문화
행정 조직은 적어도 수평적인 측면에서는 분화와 통합을 거듭하면서 21세
기 선진국 문화행정 조직이 지향하고 있는 비전이나 목표를 어느 정도 구
체화하려고 노력했다. 둘째, 문화조직의 변천과정을 보면 대체로 점진적
변화를 겪어 왔으나 간헐적으로 급격한 변화를 보이기도 했다.

〈표 3-2〉 시기별 문화정책의 특성과 문화행정 조직 변천과정

구분	부재기	기반조성기	태동기	통제기	지방문화 정책기	협력기		
	1·2공화국	3공화국	4공화국	5공화국	6공화국	문민정부	국민의정부	참여정부
이념	반공 체제유지	주체성	주체성 정체성	평등 효용	창의	자율성 다양성	형평성 경제성	자율성 참여성 분권성
목표	국민계몽	민족 의식함양	민족문화 중흥	국민정서 충족 가치관 제도	예술 발전	한국문화 국제화	문화복지 국가실현	문화 민주주의
하위 목표	문화기반 시설마련	문화 유산보전	전통문화 보전	문화향수 기회확대 규범전파	창작 지원	문화의 산업화 문화의 정보화	문화산업 육성 문화관광 육성	제도혁신 행정혁신
조직	문교부 공보처	문화 공보부	문화 공보부	문화 공보부	문화부	문화 체육부	문화 관광부	문화 관광부

자료: 박광국·이종열·주효진, '문화행정조직의 개편과정 분석'(2003)에서 재정리

3. 우리나라 문화정책의 문제점

현재 우리나라의 문화적 수준은 OECD 통계에서는 물론 시민들이 체감하는 문화지수도 상당히 열악한 편이다. 그리고 정책결정자들 역시 문화가 중요하다는 인식은 있지만 올바른 인식은 있는지가 의심스럽다. 이는 문화 인력 양성, 물자 지원, 문화 인프라 구축에 인색한 점으로 미루어 보면 알 수가 있다. 이러한 가정들을 전제로 한 문화 거버넌스의 측면에서 살펴볼 문화정책의 문제점은 다음과 같다.

1) 정부의 개입에 따른 문제

문화를 민간부문에 방임해 두면 시장실패가 발생할 수 있다는 논의가 정부의 개입이 필요하다는 주장으로 이어지고 있다. 이러한 논의의 근거는 문화시장 실패론과 동일한 맥락임을 알 수 있다. 정부가 어떤 식으로든 개입하여 바람직한 방향으로 이끌어야 한다는 것이다. 이러한 논거에 바탕을 둔 기존의 문화연구자들은 정부를 유능한 문제 해결자로 바라보고 있기 때문이다. 이러한 시각은 특히 정책적 처방을 제시할 때 확연히 드러난다 (정홍익, 1997: 130). 문화 창조의 첩경은 국가적 필요에 따른 필수적 규제를 존중하면서 창작에 있어서의 자율성을 최대한으로 확보하는 데 있다. 문화정책에 있어서 중요한 것은 문화가치와 목표에 대한 결정이 국민들 개개인의 문화적 욕구와 이념을 수렴함으로써 이루어져야 한다(김여수, 1988: 29-30).

새 시대의 문화정책에는 개방성, 신속성, 유연성 등이 요청되며, 외래문화를 보다 적극 수용하고 거기에 우리 전통문화의 독창적 요소를 융합하여 보편성과 특수성을 겸비한 세계수준의 민족문화를 재구성하는 작업을 촉진시킬 수 있는 여건조성을 위한 정책개발의 필요성이 요구되고 있다(안병선, 2000: 169). 관료기구의 경직성이 문화의 창의적 발전을 방해해서는 안 된다. 효율성만을 추구하는 관료제와는 달리 문화는 창의성과 다양성의 자양을 먹고 자라는 것이다. 그러므로 문화담당 부서는 정부의 어느 부서보다도 더욱 과감하게 새로운 것에 대한 지원과 수용태세를 갖추지 않으면 안 된다(최협, 1996: 24). 문화행정으로 얻고자 하는 최종 귀결은 국민의 창의력 확산이다. 따라서 문화행정 담당자들은 조정능력을 탁월하게 발휘하여야 한다. 문화행정을 시대적 요구와 사회적 수요에 적합하게 운용하려면 그 일을 담당하는 사람들이 깨어 있어야 한다(김영평, 2000: 15).

이러한 선행연구를 통한 당위론적 주장들은 얼핏 보기에는 그럴듯하지만 '정부의 적극적 개입을 통한 문제해결형'에는 암묵적으로 정부를 매우 합리적이고 합목적적인 존재로 인정하고 있다. 그러나 현실이 과연 그러한가에 대하여는 재고해 보아야 할 부분이다.

정부의 적극적 개입을 통한 문제해결형의 문제점을 살펴보면 위와 같은 주장들은 몇 개의 기본과정들이 전제되어 있다. 첫째, 정부는 문화의 보존과 발전에 대한 무한책임을 가지고 있고, 둘째, 정부는 바람직한 문화발전이 무엇인지 알고 있으며, 셋째, 정부는 바람직한 문화발전을 성취시키기 위한 능력도 있다고 생각한다.

이처럼 '정부의 적극적 개입을 통한 문제해결형'에서 상정하는 정부는 문화부문의 시장실패를 완벽하게 치유할 수 있고 바람직한 문화발전을 이끌 수 있는 유능하고 세련된 문제해결자이다. 이 점에서 '정부의 적극적 개입을 통한 문제해결형'은 합리적 의사결정 모형과 같은 맥락의 시각이라고 할 수 있다. 그러나 실제로 정부는 그처럼 완벽한 문제해결 시스템이 아니다. 따라서 문화행정에 있어서도 보다 현실적인 새로운 패러다임이 필요한 것이다.

2) 문화부문의 정부실패

문화정책에 있어 정부개입은 더욱 심각한 문제가 된다. 사실 문화행정의 경우 문화 자체가 가지고 있는 특성으로 인하여 다른 부문에 비해 정부실패의 가능성이 훨씬 더 심각하다. 문화정책 실패의 경우는 ① 정책목표의 모호성, ② 정책수단의 불확실성, ③ 정책평가의 왜곡, ④ 행정 관료의 비전문성, ⑤ 단기적 성과 집착, ⑥ 불균형적 자원배분으로 들 수 있다(김정수, 2002).

이를 설명하면 통상적으로 정부의 행정업무 목표 중 하나로 '문화발전'을 말하지만 문화는 기본적으로 계량화·정형화할 수 없는 가치의 영역이기에 문화발전이라는 것이 구체적으로 어떤 상태를 뜻하는지, '좋은' 문화란 과연 어떤 것인지 등에 대한 객관적인 판단은 불가하고 객관적인 평가 또한 어려워 법규정 준수와 같은 지엽적인 사안에만 초점이 맞추어질 가능성이 크다. 또한 정책목표와 수단 간의 확실한 인과관계 지식 부족으로 인하여 정책 수단은 불확실성이 존재하므로 결과가 실망스럽게 나타나거나 원치 않았던 결과가 초래될 수도 있다.

문화행정을 담당하는 관료들에게 '행정의 전문가'인 동시에 '문화의 전문가'가 될 것을 기대하기는 현실적으로 어렵다. 더구나 문화행정이 '종합행정'(김영평, 2000: 6)이라는 이유로 관련 부서들까지 문화적 안목을 가지고 일할 것을 요구하는 것은 불가능하다. 문화 창조를 위해서는 기존의 문화예술작품을 경험해야 하므로 문화정책의 효과는 장기적 관점에서 파악되어야 하지만 정권교체 등의 이유로 인해 단기적 차원에서 가시적인 성과를 추구하는 데 집착하게 된다(이중한, 2000: 5; 이종인, 1988: 30). 또한 문화에 대한 정부당국의 부족한 관심으로 인해 이제까지 예산 배정은 후순위에 있었고 또한 문화예술계 내부적으로도 정치적 영향력의 크기가 장르별로 고르지 않아 정책적 지원과 자원 배분에 있어서 상당한 불균형이 존재한다는 것이다.

제2절 문화 거버넌스로서의 외국 문화정책의 평가

이 절에서는 선진국의 문화 거버넌스가 어떠한 모습과 특징을 가지고 있으며 그 경향은 무엇인지를 각국의 문화정책 및 행정을 중심으로 살펴보고 이를 분석하고자 한다. 우선 주요국들의 문화정책 모형을 일별해 보면, ① 프랑스, 일본의 경우 중앙정부에 집중된 문화 부서를 독립부서의 형태로 설치하여 정부주도의 정책과 정부의 직접지원 요구가 빈번한 '문화부영역모형'을 띠고, ② 독일의 경우 문화행정이 각 부서별로 분산되어 분권화된 '부처분산모형'의 문화행정조직을, ③ 스웨덴과 네덜란드는 복지·교육과의 한 부서로 편재되어 정책형성은 집권화 시키되 집행은 분권화시키는 '통합부처모형'의 문화행정조직을, ④ 미국의 경우 중앙정부에서는 문화정책 부서가 부재하며 독립위원회(재단)제도를 통하여 예술지원 기능만 담당하는 '독립위원회모형'을, ⑤ 영국의 경우 한국과 유사하게 문화정책부서와 예술지원위원회가 혼합되어 분권화된 '혼합모형'의 문화 행정 조직 사례를 보여주고 있다.28) 이것을 〈표 3-3〉으로 나타내면 다음과 같다.

---

28) 이러한 정부의 역할과 관련하여 Cummings & Schuster(1999: 5-14)는 커밍스와 슈스터는 정부를 문예활동과 관련한 구체적인 결정을 내리는 규제자(regulator) 역할과 예술가들의 작품이나 서비스를 사고 가격을 지불하며 정부산하에 오케스트라나 문예단체를 두는 후원가(patron) 역할, 그리고 기본적으로 시장원리를 따르지만 정부가 예술의 육성을 위해 부분적으로 시장에 개입하는 시장조작자(market maipulator) 역할, 사회주의 국가에서 정부가 직접 문예프로그램을 만들어 제공하는 흥행주(impresario) 역할로 구분한다.

〈표 3-3〉 세계 각국의 문화행정 조직 분류

모형분류	대표국가	특　징	정책결정	행정영역
문화부영역 모형	프랑스, 일본	집중형 독립부서형태, 국가주도의 정책, 정부의 직접지원, 간섭이 심함	중앙집권	매우 넓음
부처분산 모형	독일	정부의 각 부서별로 분산 문화예술 유형별 분류(문화재/공연예술) 하거나 기능별 분류	분권화	중간
통합부처 모형	스웨덴, 네델란드	정부의 대 부처의 한 부서로 편재, 복지/교육 등과 함께 편제	정책형성은 집권화 집행은 분권화	중간
독립위원회 모형	미국	정부에서는 문화정책부처가 없이 독립위원회(재단)에서 예술지원 기능만 담당	지방분권	좁음
혼합모형	(한국), 영국,	문화정책 전담부서와 예술지원위원회 (재단)가 혼합	분권화	넓음

자료: '한국의 문화행정 체계에 관한 연구'(1998)에서 재정리.

이 중 이미 한국이 복지 · 교육의 영역과 문화영역을 분리하고 문화영역의 독자성을 추구하고 있는 기조를 감안하여 '통합부처모형'인 스웨덴과 네델란드의 사례를 제외하고 각 모형별 대표국가의 문화행정조직의 특징과 여기에 반영된 문화영역의 거버넌스를 고찰하여 보자.

1. 각국의 문화정책의 역사

각국의 문화정책의 개념을 언제부터 시작되었는지 알아보고, 시대 변화에 따라 정책 내용이 어떻게 달라지는가를 살펴보기로 한다. 각 나라의 시대적 상황에 따라 문화정책의 대응 방법과 문화정책에서 문화 거버넌스로 확대되어 가는 과정을 살펴보고자 한다.

1) 문화부영역모형의 프랑스와 일본

프랑스와 일본은 문화부영역모형의 가장 대표적인 나라이다. 먼저 프랑스에서는 '인민전선' 정부(1936-1938)하에서 문화정책과 문화부에 대한 근대적 개념이 나타났다고 할 수 있다. 이것은 당시 대중문화와 각종 매스미디어의 출현으로 정부가 그것을 통제하기 시작하면서 문화 분야의 공권력에 대한 성찰이 급속하게 진전되었다고 할 수 있다. 1959-1969년 기간에는 한림원에 의해 규제되던 아카데믹한 미학이 단절되고 현대적 작품에 대한 국가의 개입도 시행하였다. 그리고 미술담당관의 관리방식을 변화시켜 '국가경제사회개발 5개년 계획'에 의해 민주화와 현대화를 연계하는 하나의 실무부서인 문화부를 구성하였다. 자크 뒤아멜(Jacques Duhamel)의 재임기(1971-1973)에는 자유주의적이고 다원주의적인 행정을 구축하면서도 전반적이고 학제적이며 통괄부처적인 문화발전정책을 펼쳐 나갔다. 1973년-1981년에는 문화계의 로비 압력하에 행정적 쇄신이 추진되었다. 1981년-1993년 사이에는 자크 랑의 재임기로서, 이제까지의 정책과 연속성을 이루는 한편 경제논리와 결합시킴으로써 국가가 문화의 산업화에 관심을 가지게 되었다는 특징이 있다. 이 시기에 다양한 장르의 예술인을 양성하는 교육기관들이 창설되었을 뿐만 아니라 학교에서 예능교육도 강화되었다. 또한 샹송, 대중음악, 재즈, 장식예술을 포괄하는 등 국가의 문화행정영역을 확대하였다.

프랑스 정부가 21세기에 들어 거시적 문화정책으로서 가장 초점을 맞추고 있는 부문은 문화 분야의 다극화 현상에 대한 대처이다. 이러한 비전은 이제까지의 문화정책 및 행정에 대한 반성에서 시작되었다. 반성의 내용은 ① 문화통신의 활동영역의 미발전과 이로 인한 문화관련 문제를 포괄하지 못했다는 점, ② 예술, 문학 분야의 한정으로 인해 과학기술 분야의 문화에 대해 소홀했다는 점, ③ 신세대의 문화를 기성세대의 문화와 잘 조화시키는 못했다는 점, ④ 문화가 정부중심에서 변화를 겪고 있다는 점 등이다. 이러한 것을 바탕으로 프랑스는 21세기형 문화국가를 이루는 것을 비전으로 ① 일상생활 속의 문화표현, ② 문화적 정체성 강조, ③ 문화산업의 현대화를 목표로 하고 있다(주동범·채원호, 2003: 370-375).

한편 일본은 전후에 전시중의 문화통제에 대한 반성으로 인해 국가의 문화예술에 대한 관여가 배제되었기에 문화정책은 매우 소극적이었다. 고도의 경제성장과 더불어 민간 예술 활동이 활발해 졌으나 예술단체가 자금부족으로 경영난이 악화되자 정부가 적극적인 자금지원을 하기 시작하면서 1968년에 문화청을 설치하였다. 문화청의 설치로 인해 일본은 문화정책과 문화재 보호정책을 일원화시킬 수 있었다. 그 후 1985년까지 민간 예술 진흥비 조성금이라는 공적보조금으로 민간예술 활동에 대한 지원을 대폭 강화하였다. 1980년대 후반에는 '지역진흥법'이 제정되면서 지방자치단체에서 문화행정이 적극적으로 추진되었다. 또한 '지역전통예능활용법'이 제정(1991)되면서 지역문화의 보존과 개발을 촉진시키고 있다. 그리고 1990년대는 '예술문화진흥기금'이 창설되고 '메세나 협의회'가 사단법인으로 발족함으로써 공사(公私)의 역할분담과 연대가 이루어졌을 뿐만 아니라 문화행정에 거버넌스적 접근이 이루어진 시기이다. 최근에는 '지방문화·지역문화의 시대'라는 용어가 중요하게 대두되면서 중앙정부와 지방정부의 파트너십에 기초한 '지역문화 재발견'이 강조되고 있다. 이것은 문화의 다양성을 존중하는 것과 동시에 문화정책에 대한 주민참여를 강조하는 대목이라 할 수 있다(채원호·주동범, 2003: 257-258).

2) 부처분산모형의 독일

독일은 연방국가로서 독일제국 성립(1871) 후에도 교육과 문화정책에 관련된 정부 당국의 분할정책으로 인해 문화와 관련한 주된 역할은 계속 주에 머물렀다. 바이마르 공화국(1919)은 중앙정부의 권력을 상당히 확대했음에도 불구하고 예술지원에 관해서는 여전히 연방구조를 유지했다. 그 후 '문화조정'을 거쳐 1945년에 서부 독일 각 주는 문화의 연방주의 원칙을 다시 한번 표명했다. 따라서 주는 문화정책에 있어 독립적인 지역으로 남아 있게 된다. 1980년대 문화 발전 영역에서 주 당국은 재정이 지원된 문화기관에서 일어나는 활동을 지배하고, 또한 광범위한 시민들의 발의를 통해, 그리고 주 당국에 의해 시작한 활동 등을 지배한다(한국문화예술진 흥원, 1998: 253).

3) 독립위원회모형의 미국

1950년 이전까지 미국의 문화행정은 정책적이라기보다 상징적인 것에 그 쳤다. 1950년대에 이르면서 예술을 냉전시대 외교정책 수단으로 활용하기도 했고 조세혜택 등의 민간 후원 체계가 발달하면서 미국의 정부 역할은 점차 확대되었다. 그리고 1957년에 비영리법인인 포드재단이 설립되면서 비영리 예술조직의 설립이 늘어났다. 케네디 행정부는 예술부분에 대한 민간부분의 지원을 촉진하고 민간부문과 정부활동을 조정하기 위하여 'Federal Advisory Council on the Art'를 설립하였다(1961-1963). 문화예술 분야에 대해 연방정부는 1965년부터 지원을 시작하였고 이것의 효과적인 실행을 위해 연방정부기금 지원기관으로 NEA가 설립 운영되었다. 주정부의 예술 기관 설립을 촉진시켜 1980년대에는 주정부 대부분이 예술기관(SAA)을 두 게 되었다. 1970년대 중반에 주정부는 지역예술기관(RAOs: Regional Arts Organizations)을 설립하였고 1976년에는 43개주가 지역예술진흥원(Local Arts Council)의 창설에 관여하였다. 1980년에는 주정부, 지역, 지방예술기 관의 능력과 영역 및 자원이 확대되었으며, 연방정부와의 협력적인 연계도 강화되었다. 1983년에는 The State Arts Advocacy League of America (SAALA)가 형성되어 커뮤니케이션 촉진, 정보교류, 주정부 상호간의 지원 제공 등의 사업을 추진함으로써 네트워크가 구축되었다(한국문화정책개발 원, 1997: 215-217).

4) 혼합모형의 영국

영국은 19세기부터 예술부분에 대한 정부지원이 시작됐다고 할 수 있으며 지방정부는 1840년대부터 예술부분에 대한 지원을 시작하였고 자체 박물관과 도서관을 설립하기 시작하였고 지금과 같은 예술지원 시스템이 구축된 것은 대영예술진흥원(The Arts Council of Great Britain: ACGB)의 설립(1946) 후이다. 이것의 설립목적은 ① 예술의 지식과 이해의 실천 및 발전, ② 전 국민의 예술에 대한 접근기회 확대·향상, ③ 중앙과 지방의 관련 조직들의 협력 증진이다. 이러한 업무와 기능은 1994년에 영국예술진흥원(ACE), 스코트랜드예술진흥원(SAC), 웨일즈예술진흥원(ACW)이 신설되면서 이곳으로 이관되었다. 그리고 문화유산부(Department of National Heritage)라는 기관이 부처단위로 신설(1992)되면서 다른 부서의 문화관련 업무들이 이전되었다(한국문화정책개발원, 1997: 183-187).

2. 각국의 문화행정 조직

각국의 문화행정조직 및 각 부서별 주요 행정업무를 살펴보는 것은 각국의 문화정책 및 행정에 대해 전반적으로 이해하는데 많은 도움을 줄 것이라 여겨진다. 여기에서는 각 국의 여러 가지 행정 조직 중에서 문화정책을 결정하고 실시하는 중심적인 단체 및 문화 거버넌스로서의 의미를 갖는 행정 조직을 살펴보고자 한다.

1) 문화부영역모형의 프랑스와 일본

프랑스는 유럽에서 가장 중앙집권적이고 국가주의적인 문화행정 체제를 갖추고 있다. 현재 문화행정을 담당하는 주무부처는 문화통신부(Ministére la culture et de la Communication)인데 문화산업, 문화미디어, 문화예술

분야를 관장하면서 프랑스의 예술과 문화의 증진을 위해 국가가 설립하고
이를 직접 관장하면서 많은 기관들에게 재정지원을 해주고 있다.

프랑스에서는 문화행정의 지방분권화를 위해 제5공화국부터 '문화의 집',
'문화조성기금(FIC)', '문화헌장'이라는 세 가지 시도를 보여 주었다. '문화
의 집' 창설(1959-1969)은 문화향수의 지리적·사회적 불균형을 수정하기
위한 시도로 시작하였다. '문화헌장'(1974) 정책은 국가와 도·시·군 간에
협약을 맺고, 국가의 참여나 지원하에 지역적 프로젝트를 촉진하는 것을
목적으로 추진되었다. 마지막으로 1975-1978년 사이에 26개 헌장이 체결되
었다. 그리고 지역문화 행정인력을 '지역예술고문'으로 두었고 지역과 도,
도시간의 관계, 문화사업 지역담당국(DRAC)과의 관계를 형성하게 되었
다. 그리고 오늘날은 대부분 국가와 각 지방도시 사이의 합작으로 문화정
책이 어우러지고 있다(〈표 3-4〉 참조)(주동범·채원호, 2003: 375-383).

〈표 3-4〉 프랑스의 예술지원제도 비교

국가	주요재정 지원기구	지역재정 지원기구	지방재정 지원기구	위임/분권화 프로그램	일정한 거리를 두는 원칙	재정지원 유형
프랑스	-문화성 (Ministry of Culture) -문화부장관 -고도의 중앙집권식 -22부처 중 5개 부처 가 추가지출의 90% 부담 -문화정책에 있어 통 치자의 입김 크고 문 화권력 개인화 빈번 -미디어의 발달은 새 로운 문화군주제의 양상 띰	-문화 발전국 -각 지역 지역국	-지방정부가 예술 지원 중심 -연극, 음악분야 재정지원을 2~3 개 지방자치 단 체들의 교차지원, 복수지원받음 -20% 자본지출 80% 현금지출 80% 지방정부 관 리아래 운영자금 으로 씀	-고도의 중앙집권적 인 정책결정과정 -정부의 지방분권 화정책의 일환으 로 특별문화이전 지출과 계약상의 합의를 통해 지역 에 점차적으로 위 임됨 -문화조정기금 (FIC) -지방보조금제 : 지방에 임의 처 분을 맡김	-없음	-운영경비에 대 한 직접예산 -정부가 봉급 직접부담. -프로젝트보 조금 -박물관 서비스 연구 소를 통한 운 영지원 예술구매 예술에 대한 일정비율지원

자료: 한국문화예술진흥원 보고자료(2003)에서 재정리.

일본의 문화정책 조직은 입법부와 행정부로 나뉘어 진다. 국회는 문화법
을 제정하는 기관으로서 중의원과 참의원에 문교위원회를 설치하여 문화

입법 활동을 주도하고 있다. 행정부의 임무는 문화입법의 추진과 문화정책의 실행으로 수상의 직속기관, 문부과학성과 그 산하의 문화청 및 관련 부처 등으로 구성되어 있다. 그중에 문화청의 담당업무는 ① 문화예술의 증진과 정보획득, ② 문화시설 확충, ③ 저작권제도의 개선, ④ 외국과의 문화교류 장려, ⑤ 국보 및 주요문화재 보호 등이다. 이를 위하여 문화청의 하부 기관으로 장관 관방, 문화부 및 문화재부 등을 두고 있다(채원호·주동범, 2003: 258-561).

한편 일본은 1960년대부터 선구적인 자치단체에서 수장 직속으로 문화담당 부서를 설치하기 시작했다. 1958년 東京市에서 최초로 설치되면서 이후 東京俯, 사이타마현, 大板俯 등에 문화담당 부서가 설치되면서 전국적으로 확산되었다(〈표 3-5〉 참조)(中村편. 2001.).

〈표 3-5〉 일본의 예술지원제도 비교

국가	주요재정 지원기구	지역재정 지원기구	지방재정 지원기구	위임/분권화 프로그램	일정한 거리를 두는 원칙	재정지원 유형
일본	**-문화청** -문화청장관 -문화청의 내무국에서 관장 -문화청에 문화정책추진회의 -지역문화진흥실: 중앙 집중식이나 분권화 위한 노력중	**-일본예술문화 진흥회** :예술문화진흥회 법을 근거로 만든 특수법인 :일본예술진흥회의 소속	-주로 교육위원회의 **文化課**와 -부국내 현민생활과, 문화진흥실, 문화진흥과 -문화진흥 심의회, 예술 문화 간담회, 문화행정추진본부, 문화관 계 심의회 등 설치로 분권화 실현하려함	**-비영리법인**을 활성화 하여 분권화 추진 경향	-미약	**-문화청 예산** **-예술진흥기금** -문화청의 보조금과 문화예술지원 기금 사업 상호체크 -지역문화진흥기금 -국민문화제

자료: 한국문화예술진흥원 보고자료(2003)에서 재정리.

2) 부처분산모형의 독일

독일의 연방국가 차원에서 문화관련 업무를 총괄하는 부서는 연방내무부(Bundesministerium des Innern: BMI)와 문화국(Abt K. Kultur)으로 2
부 11과로 조직되어 있다. 주정부(Länder)는 문화주권이 확보되어 있고,
문화정책 범위를 영화와 미디어 업무까지 포함시키며 분권화, 보조적 역
할, 예술결정의 독립과 예술의 자유 원칙을 고수한다. 주정부 문화장관회
의(KMK)는 1948년에 설립되어 특정지역에 국한되지 않는 중요한 문화정
책 쟁점을 담당한다. 기초지방정부는 독립적으로 문화정책을 수행하고 있
으며, 총지출이 연방공화국과 주정부의 지원을 합친 것보다 많은 경우도
있다(Cultural Policy and Culturla Administration in Europe, 1996: 72).

독일의 문화예술기관 중 가장 대표적인 것은 독일예술진흥원(1982년 설
립)이다. 이 기관은 문화부문의 독자적인 이해를 표명하고 전문가 패널과
전문화된 회합조직으로 190여 개의 자율적인 협회와 기관으로 구성된 자
문, 정보제공, 조정기구이다(〈표 3-6〉 참조).

〈표 3-6〉 독일의 예술지원제도 비교

국가	주요재정 지원기구	지역재정 지원기구	지방재정 지원기구	위임/분권화 프로그램	일정한 거리를 두는 원칙	재정지원유형
독일	-중앙예술기구 없음 -연방정부의 개입은 대단히 적다. -주요문화지원기금: 국립문화기금: 중요작품의 구매: 다지역 간 활동에 대한 재정지원	-주정부가 예술 지원의 중심(8개 주정부,3개 독립 시정부) -각주는 문화부 소유 함 -문화부의 상임위원회가 조정역할 -몇 개주는 문화예술을 지원하는 복권, 도박운영 -지방정부에 부여된 문화에 대한 헌법차원의 권리	-시, 읍, 구는 자체시설과 기타활동을 관장하는 기구가 있음	-연방제 특성 -예술재정지원과 정책은 지방정부에서 우선적으로 이루어짐	-예술분야에서 자율적 통제를 위한 특별재원 사용 -질적인 문제를 결정할 때 전문적 자문위원회를 이용	-보조금은 고정되고 직립적이며 세목화된 예산할당 -프로젝트 보조금 -대부금 -예술에 대한 2% 지원

자료: 한국문화예술진흥원 보고자료(2003)에서 재정리

3) 독립위원회모형의 미국

미국의 문화행정 조직은 크게 국립예술·인문과학재단 (National Founda-tion on the Arts and the Humanities)과 국립예술기금(NEA), NEH-(National Endowment for the Humanities)으로 나눌 수 있다. 세 조직 중 거버넌스로서 가장 큰 의미가 있는 조직은 NEA로 볼 수 있다. NEA는 예술을 지원하고 모든 미국인들의 예술에 대한 교육과 접근기회를 제공하기 위해 설립된 곳으로, 연방수준에서 전국을 관장하는 기관이다.[29] 이 기관은 다른 행정부처와는 달리 독립기관이다(김문환·전예환, 1998: 134-140).

NEA의 비전은 모든 미국인의 삶에서 예술이 중요한 위치를 차지하도록 문화예술국가를 건설하는 것이다. 그에 따른 목표는 ① 우수하고 다양한 예술에 대한 일반 국민의 접근을 재고시키고, ② 예술적으로 우수한 작품을 창조하고 보존하는 기회를 증진시키며, ③ 국가의 예술체계에서 예술의 협력을 강화하고 평생 예술교육의 장려, ④ 21세기를 위하여 국가문화를 보호, ⑤ NEA와 공공부문 및 민간부문과의 파트너십 강화, ⑥ 예술을 통하여 미국의 지역사회에 대한 관심 재고 등이다. 이러한 목표로 인해 NEA가 지니는 특징은 첫째, 보조금 신청자의 검토와 그것의 추천을 위해 전국에서 선임된 예술전문가에 의존하는 시민참여이다. 둘째, 보조금을 지급함과 동시에 이것을 통해 여러 가지 리더십[30] 역할을 담당하고 있다. 셋째, NEA의 가장 핵심이 되는 일로서 파트너십 형성이다. 대부분의 보조금은 1 대 1의 매칭펀드 성격을 띠며 민간부문과의 파트너십도 이루어진다. 넷째, 연방정부의 고유한 역할로, 촉매자로서 그리고 기준 담보자로서 역할을 한다(〈표 3-7〉 참조)(이종열, 2003: 2-11).

---

29) NEA의 주된 업무는 미국에서 예술의 우수성, 다양성, 활력을 촉진하는 것과 예술에 대한 대중의 접근을 넓히는 것이다.
30) NEA의 리더십에는 국가모형사업을 지원하고, 예술과 관련된 회의 개최자로서의 역할, 연구 지원, 예술의 역할과 영향에 대한 정보 전달 등을 들 수 있다.

〈표 3-7〉 미국의 예술지원제도 비교

국가	주요재정 지원기구	지역재정 지원기구	지방재정 지원기구	위임/분권화 프로그램	일정한 거리를 두는 원칙	재정지원 유형
미국	-국립예술기금 (NEA) :중추의 예술 지원기금 :박물관에 대한 운영 및 보조금 지원 -국립인문기금 (NEA)	-50개주예술기구 (SAA) -6개의특별관할 지역 -예술평의회 (8개주) -지역예술기구 (민간비영리기구) -20개주에서 몇몇 기관은 주의회로부터 직접예산 할당 받음 -메사츄세츠주의 예술복권 및 지방복권평의회	-1500~2000의 지방예술기구 -정부 또는 민간비영리기구 -몇몇 기관은 시 정부로부터 직접예산 할당을 받음	-연방제 특성 -NEA의 연방 주 협력국이 주에 대한 보조금으로 지원보조금을 제공함 -NEA지방 프로그램	-사용하고 있음 -국립예술기금 (NEA) -많은 지방 예술기구	-프로젝트 보조금 -박물관서비스연구소를 통한 운영 지원

자료: 한국문화예술진흥원 보고자료(2003)에서 재정리.

4) 혼합모형의 영국

문화 미디어 체육부는 모든 국민에게 문화와 스포츠 활동을 통하여 삶의 질을 높이고 창작산업을 발전시키는 것을 목적으로 한다. 문화 미디어 체육부는 네트워크 센터 역할을 수행한다.[31] 산하의 많은 기관 중 예술분야에 관련된 예술위원회(ACE: Arts Council of England)는 예술의 진흥과 국민들의 창작예술에 대한 접근 기회를 촉진하는 등의 업무를 맡고 있다. 관련조직에는 Regional Arts Boards of England가 있고 그 외 런던예술위원회 등 지역예술위원회(the Regional Arts Boards)가 10개가 있다(〈표 3-8〉 참조)(박광국·이종열·주효진, 2003: 3).

---

31) 문화 미디어 체육부의 산하기관인 문화유산, 방송, 미디어, 스포츠, 예술, 도서관, 국립복권, 박물관과 갤러리 등의 각 분야가 정책 네트워크를 통해 운영된다.

〈표 3-8〉 영국의 예술지원제도 비교

국가	주요재정 지원기구	지역재정 지원기구	지방재정 지원기구	위임/분권화 프로그램	일정한 거리를 두는 원칙	재정지원유형
영국	-예술, 도서관성 (OAL) -예술장관 -국립박물관은 OAL로부터 직접 예산 받음 -대영예술평의회 OAL 산하에 있으나 매우 자율적	-지역예술연합회(비정부적독립 조직) : 잉글랜드지방에 12개, 웨일즈지방에 3개, 스코틀랜드 지방	-상층부 : 런던평의회(GSC) -6개의 대도시평의회(NCCs) -하층 : 433개의 지방관서	-예술평의회 에서 결정안 된 정책은 지역예술 연합회로 위임 -지방정부의 재원 확보를 위해 지방세 과세	-사용하고 있음 -대영예술평의회 -지역예술연합회	-국립박물관 운영을 위한 직접 예산 배정(ACGB) -고정지원 대상단체 -프로젝트 지원대상단체 -손실보증

자료: 한국문화예술진흥원 보고자료(2003)에서 재정리.

3. 각국의 축제를 중심으로 한 문화정책과 문화 거버넌스

이제까지 살펴 본 각국 문화정책의 역사와 행정조직을 통해 각국의 특성에 맞춰 문화 거버넌스의 의미와 국내 문화정책에 주는 시사점을 살펴보고자 한다. 또한 문화의 일부인 각국의 문화축제 중에서 민간참여를 통한 성공적인 문화축제라고 여겨지는 사례를 통해 성공한 외국의 문화축제가 어떻게 민-관이 협동하고 주민의 참여가 활발하게 이루어졌는지를 살펴보고자 한다.

1) 문화부영역모형의 프랑스와 일본

프랑스의 대표적 문화축제로서는 아비뇽페스티벌(Festival d'Avignon)과 니스 카니발(Carnaval de Nice)을 들 수 있다. 아비뇽페스티벌은 1947년 9월 연극배우이자 무대감독인 장빌라르(Jean Valar: 1912~1971)의 연극에 대한 열정을 바탕으로 아비뇽에서 참신한 연극을 공연하고자 시작된 3개의 연극이 축제의 기원이다(김춘식·남치호, 2002: 33). 아비뇽페스티벌은 프로방스 지방의 역사가 깊은 도시인 아비뇽에서 매년 7월 개최된다. 아비뇽페스티벌은 연극에서 출발, 현재는 그 영역이 확장되어 무용, 뮤지컬, 시, 음악, 비디오아트에 이르는 거대한 문화축제가 되었다. 이 페스티벌에서 공연되는 룰은 주최 측의 심사과정을 통해 발탁된 작품인 공식선정부분(in)과 거리나 광장 등에서 자율적이고 개인적 작품인 참가 자유부분(off)으로 양분되는데 참가자유부분의 작품들로 인해 풍성해지고 생기에 넘치는 공연이 된다. 그리고 제3의 구성요소는 그 지방에서 지속적으로 공연을 하던 사람들과 지역주민들이 함께 만드는 토론, 비평, 강의, 회의, 교육 프로그램 등이 펼쳐진다. 또한 페스티벌 사무소에서는 그 날 열릴 작품들에 관한 간단한 브리핑, 기자회견을 통해 프로그램을 홍보한다(김춘식·남치호, 2002: 15-32). 아비뇽축제의 성공요인은 장빌라르 같은 민간전문가의 노력과 희생 때문이라고 할 수 있다(최영민, 2002: 109)

니스 카니발은 1924년 '앙주 공작이며 프랑스의 백작인 샤를르 2세(Charles Ⅱ)가 카니발을 보기 위해 니스에 체류했다'라는 기록으로 보아 그 이전부터 시작된 것으로 보인다. 이 축제는 18세기 이전에는 가장행렬, 광대, 무언극, 불꽃놀이 등의 거리축제가 중심이 되었고, 이후에는 '귀족화'되어 귀족들의 가면무도회가 호화로운 저택이나 살롱에서 열리는 형태였다. 1829년-1830년 겨울 당시 니스를 통치했던 사르디니아의 왕 샤를르페트릭스(Charles Felix)와 왕비 마리크리스틴(Marie Christine)이 방문했을 때 유지들이 존경의 표현으로 퍼레이드행렬을 만든 것이 시작점이다(Nice-Matin, L'heure du Carnaval 2000). 니스는 매해 수많은 관광객이 모여드는 곳이다. 축제의 테마는 왕이고 해마다 다른 왕들을 주제로 니스에 '카니발의 왕'이 도착했음을 알리고 시작된다. 핵심 프로그램은 꽃마차 퍼레이드, 빛의 행렬, 가장행렬의 세 가지로 이루어지며 각기 특색 있는 퍼레이드를 연출한다. 이 행사를 주관하는 곳은 니스관광컨벤션사무소(l'office du tourisme et des congr'es de Nice)이다. 행사물품의 경우 '카니발장인(carnavalier)'들에 의해 준비되는데 이는 가업으로 단순히 돈을 벌 목적이 아닌 열정과 소명으로 만들게 된다(이원태 1995: 48-69).

니스 시내에 식당이나 상점들은 자기 상점주변에서 열리는 이 축제가 매상을 올려주기 때문에 적극적으로 참여하게 된다. 또한 카니발의 경우 지역주민의 적극적인 참여로 인해 이루어진다. 카니발의 퍼레이드, 꽃마차의 미녀들은 이 지역의 학생, 회사원, 주민들이다. 일반시민들도 가면을 쓰고 꽃가루와 스프레이 등을 뿌려 한층 축제의 분위기를 고조시킨다.

일본의 문화정책과 문화영역의 거버넌스는 한국의 실정과 유사한 측면이 다수 보이고 있다. 서구의 국가들과는 달리 근대적 문화와 문화행정의 방법 등이 역사 속에서 자생적으로 성장하지 못하고 상당부분 서구로부터 이입된 일본은 문화정책에서부터 문화영역의 확충과 새로운 문화정책 및 행정의 도입에 정부가 주도적으로 나서는 반면, 문화 내용과 성장에 대하여서는 문화예술인과 민간기업, 자원봉사단체, 민간 재단 등 민간영역에 그 소임을 맡기고 있다. 이런 분업화된 구조는 오랜 역사를 가지고 문화인프라를 자생적으로 형성하지 못한 동아시아 국가 문화정책의 모범적 특징을 나타내고 있다. 일본과 역사적 배경이 크게 다르지 않은 한국의 경우에도 이와 같은 분업화된 구조는 참고할 만한 사례라고 여겨진다.

또한 일본은 문화입국을 실현하기 위해 지방자치단체와의 연계 협력, 사회적 자원의 활용, 참여의 강조 등과 같은 노력을 통해 문화발전을 꾀하고 있는데, 이것은 세계적 추세이기도 하지만 새로운 문화 거버넌스의 강조라고도 볼 수 있다.

일본의 하카다 기온 야마카사는 우리나라의 옛 낙동강 유역의 조상들이 바다건너 규슈에 정착하며 고향인 야마를 그리워하며 행해졌던 축제이다. 매년 7월 1일부터 15일간 열리는 이 축제의 하이라이트는 오이야마 경주이다. 오이야마 경주는 시내 7개의 구역팀들이 구시다 신사를 출발하여 약 1톤 무게의 가마를 메고 달리는 경주이다. 참가자들의 함성, 눈빛, 단결력과 그 에너지가 매우 뜨겁다(정경훈, 2001: 204).

야마카사를 성공으로 이끌었던 요인들은 첫째, 전통적인 요소를 기초로 지역주민들의 삶 속에서 의식되며 살아 숨쉬는 축제가 되도록 만들어졌다.

이런 전통적 요소는 지역주민 스스로가 참여하고 즐겁게 체험하는 원동력이 된다. 예를 들어 마쯔리의 경우 주체집단이 중심적인 역할을 하여 단결하는 정신과 힘을 보여주어야만 축제가 진행될 수 있기 때문에 각 집단에게 주는 소속감이나 결속력을 일으키는 매개로 작용한다(유상인 외, 2001: 148-149).

둘째, 지역주민들의 주체적이고 직접적으로 참여하는 중심연행과 이를 수행할 수 있는 각 단위별 지역민 조직의 활성화가 필수적이다. 지역주민들의 주체적이고 직접적인 참여가 보장되지 않는 축제는 필연적으로 관중을 他者화 할 수밖에 없고, 축제 본연의 폭발력을 확보할 수 없다. 따라서 지역민들이 주체적으로 참여하여 집단적으로 신명을 풀어낼 수 있는 중심적 연행이 개발되어야 한다. 이를 위해 거대한 경연 형식의 축제가 이루어져야 지역성과 축제성 모두를 확보할 수 있게 되는 것이다(한양명, 2001: 53). 일본의 요사코이 마쯔리, 브라질의 리우 카니발 등은 지역주민의 주체성, 직접성, 자발성이 거대한 경연방식으로 이루어진 성공적인 축제로 평가된다. 또한 그런 단위의 조직 역시 지연과 사연을 바탕으로 한 단위를 조성하여 지속적인 축제참여를 확보하고 그 기량을 높일 수 있는 지원 및 교육시스템을 마련하는 것이 필수적이다. 특히 요사코이 마쯔리에서 요사코이 춤이 전부인 축제인데도 불구하고 성공한 이유는 지역주민들이 적게는 백여 명에서 많게는 수천 명에 이르기까지 한 팀을 이루거나 응원을 하기 때문이다. 관광객은 그들의 경연을 구경하거나 축제에 몰입한 모습을 즐기는 차원으로 참여한다(한양명, 2001: 230).

2) 부처분산모형의 독일

독일은 연방국가로서 16개의 주로 구성되어 있으며, 지방자치제도가 발달한 곳이다. 전통적으로 연방정부는 지방분권형 공공지원 형태를 취하고 있으며, 주로 주정부와 기초자치단체 차원에서 문화정책이 이루어지고 있다. 독일은 정책목표를 문화발전에 두고 문화 거버넌스 모형에서 부처분산화모형이라고 할 수 있다. 중앙과 지방은 공동결정을 따르는데 연방과 자치정부 사이의 책임의 균형이 중요하지 않으며 부각되는 예술에 재정적 지원이 보장되어야 한다고도 생각하지 않는다. 국가의 문화활동에 대한 지원은 '시설, 활동, 결정의 분권화'와 관련 있는 후원가적인 역할을 한다. 독일의 역사적 전통과 헌법 명령은 문화와 예술에 대한 분권화된 공공지원을 위하여 강력한 재단을 만들도록 한다.

이와 같은 독일의 부처분산모형은 프랑스의 문화부영역모형과는 다르게 문화영역에 있어 기초적 설계는 물론 집행까지도 민간영역의 자율성에 위임한다는 태도로 이해될 수 있다. 이것은 독립위원회모형을 추구하는 미국의 방식과도 유사한데 미국은 중앙정부 차원에서의 예술정책부서를 두지 않고 주정부 차원에서의 문화영역에 대한 지원을 실시하는 것에 비하여 독일에서는 통일된 문화정책부서를 두지 않고 각 부서별로 분산시켜 지원기능을 수행하는 특징이 다른 것으로만 이해될 수 있다. 따라서 독일식 부처분산모형의 특징과 성격은 미국식 독립위원회모형과 유사하다고 할 수 있으며 이것은 '민간자율론'적 입장을 반영한 것으로 민간영역의 선진성과 투명성 그리고 합리성이 전제되지 않을 경우 '책임 공동화 현상', '문화 행정의 집행력 저하', '문화영역에 지원된 정부재정의 불투명한 집행' 등 자칫 또 다른 문제의 야기를 예견하게 만들 여지가 있다.

맥주의 나라인 독일 중에서도 뮌헨은 해마다 650만 명이 들러 가는 세계 최대의 뮌헨 맥주축제를 자랑한다. 16일에 걸쳐 1조 원 정도의 경제적 이익을 창출하는데 오늘날 이 축제는 각종 퍼레이드와 공연을 통해서 세계의 민속 문화를 자랑하는 장이 된다(이원태, 1995: 149).

맥주축제는 1810년 10월 13일 테레지엔비제에서 바이에른의 왕자 루드비히(Ludwing)와 테레제(Therese)공주의 결혼 축하를 위해 모인 하객들이 승마 경기를 했고 이듬해 그곳에서 농업발전을 위한 승마 대회가 한번 더 개최되면서 그 성격이 맥주축제로 바뀌었다. 점차 맥주매점이 생기고 회사가 들어서고 어린이들을 위한 공연 및 놀이시설이 생기면서 규모가 확대되었다(이원태, 1995: 149-153).

이 축제의 성공비결은 전통과 현대의 새로운 기술을 과감히 도입한 사례들이라고 할 수 있다. 이 축제의 특징은 첫째, 작은 노력과 비용으로 성공시킨 아이디어와 경영마인드라고 볼 수 있다. 뮌헨 맥주축제는 장소만 선정해 주고 나머지는 맥주회사들이 자체적으로 시설을 만들고 운영하기 때문에 불과 6명의 직원이 이 대규모의 축제를 기획, 운영할 수 있는 것이다. 효율적이고 예산도 적게 드는 이러한 방법을 축제로 전환해야 한다. 둘째, 축제를 통해 지역경제의 수준을 높일 수 있다. 주목할 만한 점은 행정당국이 행사장의 임대료를 받지 않기 때문에 맥주를 싼값으로 팔 수 있게 유도한다는 것이다. 이것은 결과적으로 더욱 많은 사람들의 발걸음을 부추겨 근본적으로 당국에 더 많은 이익을 가져다준다(이원태, 1995: 170-172).

독일은 지역경제의 효과를 극대화하기 위한 축제나 행사는 개츠(Gets)의 권고를 따르도록 한다. 그것은 ① 축제방문객들이 이벤트를 개최하는 장소나 주변지역에서 숙박을 필요로 할 만큼 장기적이거나 매력적인 이벤트를 개최하고, ② 방문객들의 구매 욕구를 불러일으킬 만한 매력적인 상품을 판매하며, ③ 이벤트와 함께 다른 볼거리들을 만들고, ④ 이벤트를 위한 스텝이나 출연진의 대부분들을 그 지방 사람으로 고용하며, ⑤ 상인이나 노점상 그리고 전시자들이 영업을 하도록 부스를 분양할 때 지역민에게 우선권을 주며, ⑥ 이벤트를 위한 상품의 구매 시 가급적 그 지방의 공급자로부터 수매하는 것이 바람직하다(Gets, D. 1991)라는 것이다.

3) 독립위원회모형의 미국

미국은 1980년대 이후 거의 모든 주정부에서 문화기관을 소유하고 있었고 예술을 냉전시대 외교정책 수단으로 활용하기도 했다. 조세혜택 등 민간후원 체계의 발달은 정부가 문화영역의 중요성을 충분히 인식하고 있으면서도 문화의 자율성을 최대한 보장하는 내용으로 이해될 수 있다. 특히 문화영역에 대한 중앙정부 차원에서의 지원보다는 주정부 차원에서의 지원을 활성화시키는 문화정책은 문화영역의 발전과 인프라구축이 정부주도 차원에서 이루어지는 것이 아니라 민간영역의 활성화에서 기인하고 있음을 명백하게 인지하고 있다는 점을 시사한다. 이와 같은 관점은 문화행정조직에 있어 미국이 독립위원회모형을 추구하는 있는 점에서도 좀 더 확실히 드러난다. 정부 내에 문화정책부서를 두지 않고 독립위원회(재단)에서 예술지원 기능만 수행한다는 것은 '민간자율론'의 관점에서 문화정책을 추진한다는 일관된 의지를 읽어낼 수 있다. 이는 미국사회의 '시민사회적 거버넌스'의 구축과 이에 따른 문화영역의 조응 형태로 이해될 수 있다.

하지만 이와 같은 독립위원회 모형의 '민간자율론'적 입장은 민간영역의 선진성과 투명성, 그리고 합리성이 전제되어야 한다는 선행조건이 있다. 이 선행조건에 대한 해결 없이 성급하게 '민간자율론'적 입장의 수용은 자칫 또 다른 문제의 야기를 예견하게 만들고 있다.

독립위원회 모형으로서 미국의 문화행정조직이 가지는 특징은 ① 국가예술원(NCA)을 통한 문화민주주의 구현, ② 독립기관을 통한 독자성의 인정과 행정의 중심이 지원과 조장이라는 점, ③ 문화예술활동은 민간이 하고 지원기관으로 한정짓는다는 것, ④ 민간과 주정부를 우선으로 하는 원칙을 갖고 있으며, ⑤ 예술교육의 강조, ⑥ 파트너십의 강조, ⑦ 비전-목표-목적-전략 계층을 상호연계 시키고 있는 점, ⑧ 대중예술기회를 확대시킨다는 점 등이다(이종열, 2003: 13-16).

4) 혼합모형의 영국

영국의 문화정책은 미국과는 달리 민간영역의 주도하에 정부의 역할이 설정되는 특징을 가지고 있다. 이와 같은 특징은 영국의 문화 인프라가 동아시아의 국가들과는 달리 근대 이후에도 꾸준한 성장을 이루었고 이는 민간영역이 정부의 역할을 압도할 만큼의 성장이 전제되었기 때문으로 풀이된다. 이것의 구체적인 증거는 영국의 문화영역에 발달된 각종 위원회 제도이다. 이 각종 위원회는 민간주도로 정부가 참여하는 형태로 구성되어지며 기금 면에서도 정부재정 지원뿐만 아니라 민간에 의해 모금된 기부

금도 커다란 위치를 차지하고 있다. 이것은 영국 문화영역에 있어 민간부문의 역할과 능력이 미국의 그것보다 상대적으로 크다는 것을 반증한다. 따라서 영국에 있어 정부의 역할은 미국에 비해 축소된 것이 아니라 반대로 영국의 민간부문이 상대적으로 더 크기 때문에 보이는 가시적인 상황이라고 이해된다.

이런 영국형 모델은 이후 한국의 문화영역이 지향해야 할 모델로 보인다. 하지만 이와 같은 영국적 모델을 현재 즉시 수입하기에는 한국 민간영역의 한계와 열악성이라는 측면이 장애가 되고 있다. 영국에 있어 민간영역의 확대와 정부 영역의 축소적 측면은 정부의 역할을 제한해서가 아니라 민간영역이 정부영역을 압도할 만큼의 성장을 전제하고 있기 때문이다. 이것이 전제되지 못한 한국의 상황은 어쩔 수 없더라도 문화영역의 인프라 구축을 위한 정부의 적극적 역할이 요구된다.

제3절 우리나라 문화 거버넌스의 모형

앞에서 살펴본 바와 같이 선진국의 문화정책과 문화축제는 주민참여가 효과적이다. 이를 기초로 한국 문화정책의 모형을 평가하고 그 방향을 제시하고자 한다.

1. 한국 문화정책 모형의 평가

현재 한국의 문화모형은 정부주관으로 인해 실시된 모형으로 지방자치제가 실시된 이후 중앙정부와 지방정부의 역할관계를 중심으로 논의되고 있다. 중앙정부와 지방정부 간의 역할분담관계는 후술하는 바와 같이 Wright(1978)가 정부 간 관계를 내포형(Inclusive Authority Model)과 분리형(Separated Authority Model), 상호의존형(Interdependent Authority Model)으로 분류하여 상호의존형을 이상적 모형으로 제시한 이후 다른 연구결과들도 이에 대체로 동의하는 경향이 있다(Wright, 1978; Rhodes, 1983; 村松岐夫, 1991).

이에 대하여 박혜자(1997: 210-211)는 내포형을 중앙정부주도형, 분리형을 지방정부주도형, 상호의존형을 공동주도형으로 구분하고 이러한 전제를 바탕으로 할 때 일반적으로 중앙정부주도형은 자율성과 민주성의 원칙에서 배제되며, 지방정부주도형은 비현실성과 효율성면에서 배제되는 경향이 있다. 그러나 Hillman-Chartland(1989: 43-80)의 중앙과 지방 간의 관계를 기능배분의 관점에서 보는 연구는 타 영역과 달리 문화정책은 지역적 자율성과 다원성이 중시되기 때문에 보다 지방정부주도형에 근접할 필요가 있다는 주장을 했다.

공동주도형도 최근 국가 간의 경쟁이 치열해짐에 따라 나타나는 신중앙집권화 현상을 설명하지 못하는 한계를 노정하고 있으며, 공동주도형을 택하더라도 전문성과 분업에 근거하지 않은 채 정책결정기능과 집행기능으로 분리하는 식의 일방적 역할분담은 중앙정부주도형과 크게 다르지 않다. 그러므로 영역별 구분 없이 일괄적으로 공동주도형을 적응하기보다는 기능배분의 논리와 접목시켜 정책의 영역별로 모형의 적합성을 검증해 나가는 시도가 뒤따라야 할 것이다.

〈표 3-9〉 중앙정부와 지방정부 간의 관계모형 연구

모 델	모 형		특징	공동목표	기대효과
Ⅰ 형	정부주도형(내포형)		중앙정부	문예투자	문화복지
Ⅱ 형	지방정부주도형(분리형)		지방형	문예투자	경제활성화
Ⅲ 형	공동주도형 (상호의존형)	지방정부	상호의존	문예투자	문화복지 경제활성화
		중앙정부			

자료: 박혜자, 「지역문화정책에 있어 중앙정부와 지방정부 간의 관계모형 연구」 (1997)에서 재정리

 문화 분야에 있어 각국이 어떠한 정부 간 관계를 구성하고 있는지는 문화행정조직에서 가장 명확히 나타난다. 각국의 문화행정모형은 그 조직형태와 진행하는 방식에 따라 문화부모형을 비롯하여 부처분산모형, 위원회모형으로 대별된다.[32] 이러한 모형은 각기 장단점을 가지고 있는데 이를 비교해보면, 문화부모형의 경우 정부의 적극적인 문예지원으로 문화의 향수권과 접근성이 재고될 뿐만 아니라 안정적인 지원으로 지속적인 성장을 도모할 수 있다(Cummings & Katz, 1989: 9-12). 그러나 장기적으로는 이러한 정부의 적극적인 지원과 개입이 관료주의적 폐해를 가져와 창조적인 발전을 저해할 수 있으며 지역적인 다원성과 자율성을 후퇴시킬 수 있다는 문제점이 있다.

 부처분산모형은 문예의 질을 높이는 데 주력하기 때문에 경쟁력을 높일 수 있다는 장점이 있으나 문화의 엘리트주의에 빠질 우려가 있다. 또한 행정조직의 다기능성으로 인하여 타 부문과의 연계성을 높일 수 있는 반면 문예업무의 불안정성을 야기할 우려가 있다.

 위원회모형은 문예의 정부 의존성을 낮추고 민간과의 관계를 활성화함으로써 다원적인 예술 활동을 촉진할 수 있다는 장점이 있다. 따라서 중앙정부의 획일적인 규제나 통제는 차단할 수 있으나, 반대로 지방정부 차원에서의 지나친 경쟁의 난립이나 지역 간 문화의 격차를 심화시킬 수 있는 단점이 있다.

 이러한 모형선택과 관련된 요인으로는 다음 몇 가지를 생각할 수 있다. 첫째, 이러한 모형은 대체로 중앙정부의 문화정책에 대한 개입의 정도를 반

---

32) Schuster는 정부부처모형, 위원회모형(J.M.d. Schuster, Supporting the Arts: An International Comparative Study. A Report for the National Endowment for the Arts. 1995: 14)으로 나누고 있으며, Cummings와 Kate는 문화부모형, 부처분산화모형, 위원회와 공익재단모형, 정부흥행주모형 (M.C.Jr. Cummings & R.S. Katz, The Patron State. New York: Oxford Univ. Press 1987: 12-13)의 4유형을 제시하고 있으나, 본고에서는 후자의 분류를 따르되, 정부흥행주모형은 정부가 직접 문예프로그램을 생산하고 판매하는 것으로 특수한 경우에 해당하기 때문에 제외하였다.

영한다. 문화정책에 대한 중앙정부의 개입의지가 강할수록 문화부모형을 택하는 경향이 있는 반면 정부의 개입에 대한 우려가 높은 경우에는 위원회모형을 택하는 경향이 있다. 둘째, 이러한 모형은 중앙정부와 지방정부의 관계에 의해서 영향을 받는데, 중앙정부의 권한이 강하고 지방정부의 자율성이 낮은 경우 문화부모형을 택하는 경향이 있다. 셋째, 재원구조상 중앙정부의 재정규모가 크고 문예지원방식이 보다 구체적이고 직접적일 경우 문화부모형을 택하는 경향이 있다(Hillman-Chartrand & McCaughey, 1989: 43-80). 넷째, 문화정책의 목표가 국민의 복지적 측면에 있을 경우 중앙정부는 재분배 역할을 수행하기 위해 문화부모형을 택하는 경향이 있는 반면, 지역적 다원성을 추구하는 경우 위원회모형을 택하는 경향이 있다(박혜자, 1997: 210-212).

한편 박혜자(1997)는 현행 한국의 정책 모델을 〈그림 3-4〉와 같이 세 가지로 분류하고 중앙정부의 문예정책은 문화 복지를 가치로, 지방정부의 문예정책은 경제활성화를 우선적 가치로 두고 있고, 지방정부와 중앙정부의 문예정책은 문화 복지와 경제활성화를 동시에 우선적 가치로 두고 있다.

이를 정리하면 우리나라의 문화정책은 후술하는 선진국의 문화정책과 같이 정부가 문화부분에 직·간접적으로 지원하거나 개입하고 있다. 각국의 지원방식은 다르지만 이들 선진국들은 자국의 문화예술 수준을 세계 일류급으로 격상하고 유지하는데 집중하고 있는 점에 비추어 우리의 문화정책의 방향제시에 많은 시사점을 준다고 하겠다. 따라서 문화정책의 접근방법을 이분법적으로 파악하기보다는 각 접근법이 지향하고 있는 장점을 상호 보완하여 현실에 맞게 추진하는 것이 바람직하다.

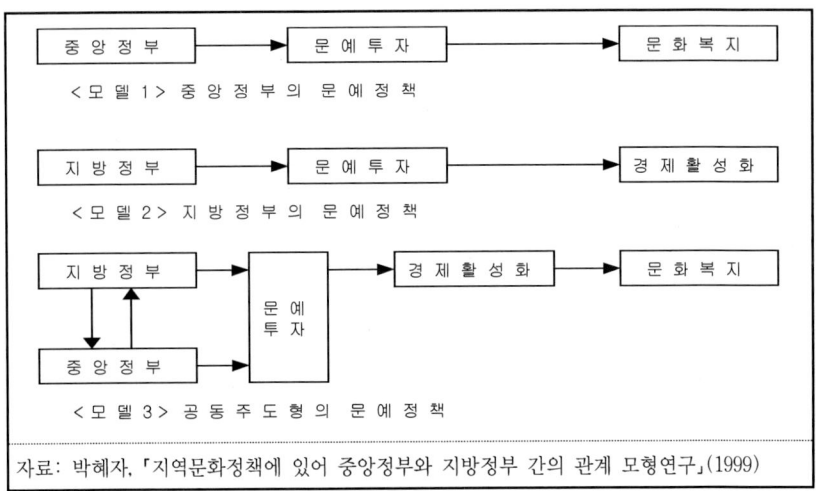

자료: 박혜자, 「지역문화정책에 있어 중앙정부와 지방정부 간의 관계 모형연구」(1999)

〈그림 3-4〉 중앙정부와 지방정부 간의 문예 정책

2. 한국 문화정책 모형의 방향

현행 한국의 정책 모형은 아래〈표 3-10〉의 Ⅰ-Ⅲ형까지이다. Ⅳ-Ⅴ형은 한국 문화정책의 나아가야 할 방향을 제시한 것이다. 이를 구체적으로 설명하면〈표 3-10〉과 같다.

〈표 3-10〉한국 문화정책의 새로운 모형

모형	모델		특징	공동목표	수단	기대효과
Ⅰ형	정부주도형		중앙정부	문예투자	문화복지	문화복지 구현
Ⅱ형	지방정부주도형		지방형	문예투자	지방 경제	경제활성화
Ⅲ형	공동 주도형	지방정부	상호의존	문예투자	경제활성화	문화복지
		중앙정부				
Ⅳ형	民주도	시민참여형	시민단체	문예투자	문화복지	문화생산 (문예창작)
		시장참여형	시장중심	문예투자	경제활성+문화복지	
Ⅴ형	Ⅲ+Ⅳ 형	상호협동형	정부 시장 시민사회	투자 문화향유 문화생산	국가: 재정+감사 시장: 문화상품화 시민: 문화의 향수	국가발전 문화복지(클러스터) 경제활성화

표에서 문화정책을 둘러싼 정부(중앙, 지방), 시장, 시민 간의 관계가 상호협동으로 나아가기 위해서는 먼저 상호협력을 가능케 하는 공동목표에 대한 동의가 이루어져야 한다. 중앙정부의 문화정책이 〈모형Ⅰ〉에 기초하여 문화 복지를 추구하는 것이고 지방정부가 〈모형Ⅱ〉에 기초하여 지역경제 활성화를 추구하는 것이라고 할 때, 양자간에는 서로 다른 정책목표 때문에 협력관계가 형성되지 않는다. 오히려 중앙정부가 문화부모형을 통해 문화 복지를 지향할 경우 재정상 더 많은 분담을 갖고 있는 지방정부와의 마찰은 필연적이게 된다. 또한 중앙정부와 지방정부가 서로 다른 모형을 추구할 경우 현실적으로 중앙정부는 문예예산 부족으로 어려움을 겪게 되는 한편 지방정부는 전문성이나 경영능력의 부족에다 지방정부 간 과다경쟁 등으로 재정 위기의 가능성에 직면하게 된다. 〈모형Ⅲ〉은 지방정부의 경제 활성화 목표와 문화 복지 목표를 공동으로 추구하기 위한 것이고, 〈모형Ⅲ〉까지는 현 정부의 모형이며 후술하는 문화축제의 사례를 통하여 보면 〈모형Ⅳ〉를 새롭게 도출할 수 있다. 〈모형Ⅳ〉는 순수 민간단체들이 문화예술의 창작과 문화생산에 목표를 두고 있는 것으로 지방정부는 일차적으로 지역의 경제 활성화를 추구하되 이를 통해 궁극적으로는 문화 복지를 지향하고 민간단체는 전문성을 살린 문화 생산에 역점을 둔다. 한편 중앙정부는 지방정부의 문예정책을 적극 후원함으로써 문화 복지로 연결될 수 있도록 도와주되 중요한 중앙정부 차원의 문화 복지를 포기해서도 아니 된다.

따라서 중앙정부와 지방정부의 문예투자를 공동목표로 연결시킨 이상적인 모형을 도출하기 위해서는 〈모형Ⅲ〉과 〈모형Ⅳ〉가 합쳐진 〈모형Ⅴ〉의 새로운 문화정책이 필요하며 삼자(정부, 시장, 시민사회)의 관계형성이 필요하다. 그러나 이러한 모형은 중앙정부와 지방정부 및 시민사회간의 행정상·재정상의 상호협력과 신뢰관계에 기초하여 그 역할을 적절히 분담할 때 가능하게 된다. 이와 같은 역할분담에서 중앙정부는 일차적으로 지역 간·계층간 문화수준의 격차를 줄이는 역할이 필요하고 지방정부는 지역경제 활성화를 위해 기술상, 행정상, 재정상의 지원을 하는 동시에 자치단체간의 지나친 경쟁을 적절히 조정하는 역할 수행과 중앙정부를 대신하여 문화서비스를 직접 제공하는 역할도 수행한다. 이러한 문화서비스는 시민 사회와 정부가 함께 한다면 지역의 경제 활성화 촉진은 물론 결국 국가적 목표인 문화 복지로 연결되어지는 것이다.

　이 책에서는 위의 내용을 기저로 하여 후술하는 3가지 유형, 4가지 사례 의 문화축제 평가와 개선방향을 제안하고자 한다.

제4장
연구설계

제1절 연구의 구성체계

이 절에서는 전술한 기초이론의 논의를 종합하면서 연구의 구성체계를 갖추고자 한다. 연구의 구성체계는 기존의 문화담론들을 분석하고 문화 거버넌스의 모형을 평가할 수 있는 이 연구의 분석틀을 구성할 수 있게 함으로써 우리나라의 새로운 문화정책을 구현하고자 하는 이 책의 목적에 도움을 줄 수 있을 것이다.

연구의 구성체계를 바탕으로 설계한 연구의 분석틀을 통하여 거버넌스 이론, 한국과 외국의 문화정책, 거버넌스의 현황과 사례를 살펴보고 더불어 담론들을 유형화하여 대표적 축제 사례를 분석함과 동시에 담론을 통계분석 방식을 이용하여 내용들을 분석하고, 문화정책의 제도적 여건과 관련된 내용을 파악하여 문화 거버넌스의 합리적 모형을 도출하고 그 개선방안을 제시하려고 한다.

이러한 연구를 하기 위한 기본 연구 구성체계를 〈그림 4-1〉과 같이 설계하였다.

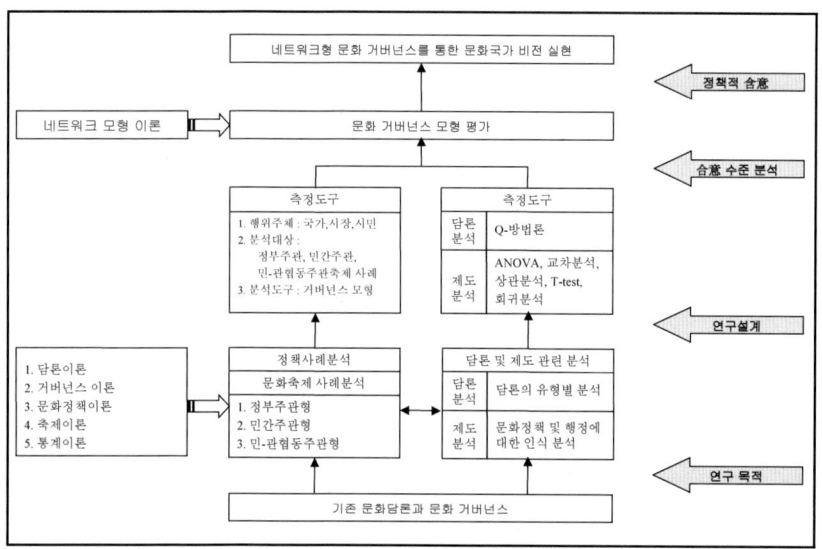

〈그림 4-1〉 연구의 구성체계

제2절 분석의 틀

이 연구에서는 연구의 구성체계를 기본으로 연구 담론들을 분석하기 위하여 수준별 분석과 내용별 분석으로 구분하였다. 수준별 분석은 주체는 누가 할 것이고, 분석대상은 누구에게 할 것인가, 그리고 분석도구는 어떤 것으로 할 것인가의 문제를 다룰 것이며, 내용별 분석에서는 정책사례와 담론들을 어떠한 유형과 기준으로 무엇을 분석할 것인가를 다룰 것이다.

즉 첫째, 수준별 분석에서는 행위주체와 분석대상 그리고 거버넌스 모형 (정부중심, 시장중심, 시민사회중심)을 분석의 도구로 하여 문화 거버넌스를 평가·분석하고, 제도관련 부분은 사례에 적합하다고 판단되는 통계기법을 도구로 삼아 새로운 문화 거버넌스의 내용에 알맞은 설문문항을 작성·분석하여 거버넌스 모형을 도출하고 이에 따른 문화정책의 개선방안을 제시하려는 것이다.

둘째, 내용별 분석에서는 이 연구에서 파악하려는 내용을 구체적으로 진술하기 위한 제반 내용들로서 다양한 문화영역의 담론들 중 문화 거버넌스에 가장 적합한 문화축제를 선정한 후 선정된 축제의 요인들을 기초로 하여 유형별로 구분하고 축제정책의 성공과 실패 원인 그리고 장·단점을 비교·분석하고 다음으로 담론을 유형별로 살펴본 후 향후 우리나라의 성공적인 문화 거버넌스의 모델을 갖추기 위해 제도적 여건 관련 부분을 중심으로 고찰하면서 논의를 전개할 것이다.

이 연구의 분석틀을 위한 수준별 분석과 내용별 분석을 구체적으로 살펴보면 다음과 같다.

1. 수준별 분석

문화 거버넌스는 여러 가지 측면에서 관찰할 수 있다. 우선 연구의 기준과 내용을 선정을 함에 있어서 문화영역의 수준별 분석의 구조에서 정리하고자 한다. 즉 문화영역의 거버넌스에는 다양한 이론들이 존재하고 이 경우 분석단위나 수준, 주체들 간의 관계, 네트워크, 행위자 등이 다양하기 때문에 시각이 서로 다르더라도 이론의 다양성을 수용해야 할 것이다. 여기에서는 이를 문화 거버넌스의 새로운 패러다임으로 보아 서로 다른 이론들을 통합하는 하나의 패러다임으로 접근하고자 한다. 따라서 수준별 분석은 다음 세 가지의 범주에서 정리할 수 있다.

1) 행위주체 측면에서의 수준별 분석

첫째, 행위주체는 누가 할 것인가의 문제이다. 이는 문화 거버넌스의 행위주체는 누가 될 것인가의 문제이다. 거버넌스의 주체인 행위자 또는 참여자는 정부, 민간인, NGO, 제3섹터, 국제체제 등으로 보거나 분석대상과 수준을 개인, 집단, 조직, 기구, 체제 등을 다양화하여 여러 가지 접근방법으로 서로 다른 선택을 할 수 있다.

이 책에서는 유형 중 가장 보편적이라고 할 수 있고 지금까지 이론적으로 고찰해 왔던 국가(=정부. 이하 '정부'라고 함.), 시민사회, 시장의 세 가지로 나누어 진행하고자 한다.

'문화 거버넌스' 모형에 대한 개념을 고찰하면 일반적으로 사회에 적용될 수 있는 거버넌스의 모형은 많은 선행연구가 있었으나 문화영역에 있어 문화정책과 문화행정의 상위 개념이라고 할 수 있는 문화 거버넌스에 대한 연구는 아직 매우 미흡한 실정이다. 하지만 문화영역이 정부 및 사회 일반 영역과 대립되는 것이 아니라 그 내부에 포함되는 일부영역임을 감안한다면 문화영역에 대한 '네트워크 거버넌스'의 모형은 정부 및 사회의 일반적 차원에서의 '거버넌스'와 크게 차이가 없으며 문화영역의 특수성을 반영하는 모델로 대체 가능하다고 판단된다. 따라서 이 책의 문화 거버넌스 모형에 있어 정부-시민-시장(기업) 등 일반적 거버넌스 세 주체가 문화영역에 있어 정부-관객-예술인단체(문화기업 포함)로 대체 가능할 것으로 여겨진다.

이와 같은 대체에 있어 정부는 정부 및 사회 일반의 거시적 거버넌스에서 수행하는 역할을 동일하게 수행하고 있기 때문에 문화영역에 있어 정부의 역할은 크게 다르지 않을 것으로 이해될 수 있다.

그리고 사회적 재화를 생산하는 기업의 역할은 문화영역에 있어 문화 및 예술의 전문가이자 생산자인 예술인 또는 예술인단체가 대신 수행하고 있는 측면을 고려한다면 거시적 거버넌스 내에서의 기업의 역할은 예술인 또는 예술인단체로 대체할 수 있다. 이와 함께 문화산업의 기업체들도 문화의 생산과 창작, 그리고 시장 형성과 유통에 관여하는 것을 고려할 때 당연히 예술인 또는 예술인단체와 동일하게 시장영역으로 이해될 수 있을 것이다.

또한 거시적 거버넌스의 한 주체인 시민도 문화영역에서 실제 국가의 문화정책의 최종 수혜자이자 대상인 관객의 절대 다수가 되며 또 관객은 예술인단체(기업)가 생산한 예술적 재화를 소비한다는 측면에서도 문화영역에서 시민의 대체 개념으로 이해될 여지가 충분하다. 뿐만 아니라 관객은 정부와 사회 일반의 거버넌스에서 시민영역의 역할과 마찬가지로 정부영역과 시장영역에 대한 견제와 협력을 유지하고 있는 측면이 있는 점들도 문화영역에서 관객을 시민으로 설정할 수 있는 근거가 될 것으로 판단된다.

이와 같이 시민사회의 네트워크 거버넌스에 관한 문화적 특수성에 대한 반영한 정부, 시민(관객), 시장(예술인단체와 문화기업) 등 세 주체의 설정은 주체의 영역뿐만 아니라 상호관계에 대한 기능과 역할에 대해서도 관계성을 설명할 수 있다.

또한 수준별 분석을 위한 행위자를 규명함으로써 논점을 분명하게 하고, 문화 거버넌스의 행위주체로서 정부영역, 시민사회영역, 시장영역 등 행위자별로 구분하여 좀 더 구체적으로 살펴보면 다음과 같다.

(1) 행위주체로서의 정부

정부중심의 행위 및 참여자는 시민사회의 확대와 시장영역의 발달로 문화영역의 거버넌스 행위주체로서의 그 기능이 약화되었다 하더라도 여전히 정부조직은 중요한 행위자 중 하나이다. 문화의 행위주체로서 한국의 정부조직은 중앙정부와 지방정부로 나뉜다.

전술한 바와 같이 문화 거버넌스는 일반적 거버넌스의 부분영역으로서 일반적 거버넌스의 모형과 동일한 측면이 많다. 자세히 살펴보면 중앙정부는 문화관광부와 같이 중앙부서의 단일 기관으로 1948년 11월 공보처로 신설하여 1998년 2월 문화관광부로 개편되어 오늘에 이르고 있다. 문화관광부의 조직은 2실 6국 27과로 편제되어 있고 소속기관으로는 예술원 사무국, 한국예술종합학교, 국립중앙박물관과 9개의 지방박물관, 국립국어연구원, 국립도서관, 국립중앙극장, 국립현대미술관, 국립국악원, 국립민속박물관 등을 두고 있으며 외청으로는 문화재청을 두고 이외에 문화정책개발원, 관광연구원, 한국청소년개발원, 방송연구원 등의 연구기관을 관장한다. 지방정부는 지방자치단체에 따라 다양한 조직들이 문화정책을 관장하고 있다.

일반적으로 거버넌스 차원에서 정부의 행위는 비정부적 행위주체들의 정당성을 인정하는 근거를 제공하며 효율적인 거버넌스의 실행을 책임지고 있다. 이와 같은 측면은 문화영역에 대한 국가예산의 지원과 합리적이고 공공성을 확보한 행정력에 근거한다. 재정적 기반이 취약한 문화영역에 있어 실질적인 시장의 자본이 투여되기를 기대한다는 것은 지금의 상황에서는 무리이다. 따라서 현재 정부의 재정지원은 각종 문화행사의 완성도를 위하여 필수적인 요소이며 또한 다수 관객의 참여와 향유를 촉진하는 측면에서도 절대적인 역할을 하고 있다. 또한 아직까지 문화행정에 대하여 전문성이 미흡한 문화예술계에 재정지원이 수반되는 행정지원과 지도, 감사의 역할은 문화행정의 투명성을 더욱 높이며 이에 상응하는 공공성 또한 확보하게 해주고 있다. 따라서 문화영역의 거버넌스에 있어 정부의 기능과 역할은 재정적 지원과 행정적 지원이라는 두 가지 큰 틀에 의해 이루어지고 있다고 정리된다.

(2) 행위주체로서의 시장(예술인, 예술인단체, 문화기업)

예술인, 예술인단체, 문화기업(시장, 기업) 역시 문화정책의 주체가 될 수 있다. 예술인(단체)과 문화기업은 자신의 문화·예술적 전문성을 근거로 문화정책에 기여하고 문화예술 활동의 창작(생산)과 보급 활동 등으로 문화정책에 참여한다. 하지만 문화영역에 있어 시장의 규모와 역할은 아직 미흡한 실정이다. 이것은 현재까지 문화가 상품성을 갖추기는 상당부분 곤란하고, 또한 자본주의에 근거한 시장형성이라는 치명적인 한계가 있기 때문에 상품성이 부족한 문화영역의 시장은 아직 초기적 자본축적이 이루어지지 못하고 있다.

다시 말하면, 현 문화영역의 시장은 상품성 부재로 인한 자본의 부족으로 매우 초보적인 상태에 머물고 있다고 정리될 수 있다. 따라서 문화영역의 시장은 이와 같은 특수성으로 인하여 영리 추구를 목적으로 하는 '시장'이라는 이름에 걸맞지 않게 비영리조직으로 구성되어 있다. 현재 전통(민속, 연희, 음악 등), 문학(시, 시조, 소설 등), 음악(작곡, 교향악단, 합

창단 등), 연극(극단, 인형극 등), 무용(한국무용협회, 현대무용협회, 발레 등), 건축(건축협회 등), 사진(동호회 등), 영화(제작협회 등), 연예(대중 예술협회 등), 문화일반(문화원, 공연장, 전시장 등) 등으로 분류된 다양한 비영리조직들이 정부의 문화정책 역할을 대신하고 있다. 이와 같은 비영리 단체가 주류를 이루고 있는 현 문화영역의 상황은 수익성 창출을 목적으로 하지 않는 한 정부의 재정지원이 필수적이며 문화영역의 시장 또한 이로 인하여 당분간은 수익 창출이라는 영리행위보다는 정부재정의 지원에 따른 의한 비영리 공공성을 상대적으로 강하게 추구할 수밖에 없을 것으로 보여 진다.

(3) 행위주체로서의 시민사회(관객, 시민)

관객(시민)은 문화정책의 수혜자이지만 문화 창조의 주역이기도 하다. 관객은 문화행사에 참여하고, 스스로 문화생활을 즐김으로서 문화정책에 참여한다. 정보통신기술의 발전은 관객의 문화향유 기회를 증대시키고 참여를 유도함으로써 생활의 예술화를 촉진하였다. 예술에 대한 정보와 지식을 보다 쉽게 습득할 수 있으므로 문화를 즐기는 기회와 직접 참여하는 기회가 증대되어 새로운 문화를 창조할 수 있게 된 것이다. 이러한 관객의 역할은 먼저 정부가 문화영역에 정부재정을 지원하는 명목을 만들어 주고 있다. 이것은 일반적 거버넌스에서 정부가 시장 및 기업에 공적자금 투자, 세제혜택 등의 지원을 실시하는 근거가 되어 시장의 활성화를 조성하여 고용창출, 국민(시민) 소득 증가 등을 이룩하여 국민(시민)들의 안정적 삶과 복지를 향상시키는 목적을 달성하고자 하는 맥락과 동일하다.

즉 문화영역의 시장에 정부재정을 투자하는 이유는 시민(관객)의 문화 복지 향상과 삶의 질 향상을 달성하고자 하는 목적에서 기인된다고 이해된다. 또한 관객은 생산된 문화를 소비하여 문화영역의 시장을 활성화시키고 정부의 문화재정 확보를 위한 세금을 납부하는 측면에서도 일반적 거버넌스 내의 시민의 역할을 문화적 영역에서 동일하게 수행하고 있다고 이해된다. 실제 관객의 절대 다수는 시민이며 또한 정부의 문화정책에 대한 비판과 협력을 동시에 수행하며 시장의 자유주의적 독주에 대해서 비판과 견제를 수행하는 측면도 관객을 문화영역의 시민으로 설정하는 데 결정적인 근거를 제공하고 있다고 생각된다.

2) 분석대상 측면에서의 수준별 분석

분석대상은 누구에게 할 것인가의 문제이다. 이 연구에서는 정책(축제) 사례분석의 경우 첫째, 정부주관 축제, 둘째, 민간주관 축제, 셋째, 민－관 협동주관 축제로 유형을 구분하고 정부주관, 민간주관, 민－관 협동주관의 장·단점을 평가, 분석하였다. 또한 기존 문화 거버넌스의 장·단점을 비교하기 위해서는 행위의 주체인 정부, 시장, 시민사회가 무엇을 하고 새로운 문화 거버넌스 체제가 왜 필요한가의 문제에 대한 합의와 조화를 필요로 한다.

한편 담론분석에 있어서의 분석대상은 거시담론과 미시담론들이며 이를 좀 더 세분화하여 Q-질문법으로 설문할 수 있도록 질문지를 작성하여 설문한 후 그 결과를 분석하였다.

또한 제도적 여건 관련 대상은 첫째, 문화축제 정책에 대한 평가와 향후 문화축제의 방향성에 대해 설문하였다. 그 내용으로는 분야별 투자비율을 통한 ① 예산지원, ② 물자지원, ③ 인력지원이라는 하드웨어 측면과 ④ 컨텐츠 개발이라는 소프트웨어 측면으로 구분하여 정부와 민간의 분야별 투자비율을 파악하였다. 둘째, 문화축제의 평가항목으로는 ① 목표달성, ② 효율성, ③ 경제성, ④ 민주성으로 나누어 조사하였고, 축제의 성공여부와 응답자의 근무처도 알아보았다. 셋째, 문화 거버넌스의 향후 방향성에 대한 질문은 로지스틱 회귀분석방법으로 분석하여 물자지원, 예산지원, 인력지원, 컨텐츠 개발에 대한 정부와 민간이 투자할 수 있는 이상적인 비율에 대한 내용을 알아보았다. 즉 하드웨어와 소프트웨어의 부담 비율 등 축제환경에 영향을 미치는 분야를 주로 고찰하였다. 이는 제6장에서 설명을 할 것이다.

3) 분석도구 측면에서의 수준별 분석

분석도구로는 무엇으로 할 것인가의 문제이다. 이 책에서는 정부, 시민사회, 시장의 협력경쟁 네트워크 모형을 분석도구로 삼아 우리나라 축제정책과 관련된 거버넌스 체계와 축제와 관련된 제도적 요인 중 후술하는 몇 가지 축제 정책의 제도적 여건에 관해서 연구하고자 한다.

한편 분석도구는 크게 다음의 두 가지로 구분할 수 있는데, 첫째, 정책(축제) 사례분석은 거버넌스 모형을 도구로 삼고, 둘째, 담론분석 도구와 제도적 여건 관련 분석은 통계기법을 도구로 사용할 것이다. 정책(축제) 사례 및 담론분석 도구들을 구체적으로 살펴보면 다음과 같다.

(1) 정책(축제)사례 분석도구

정책(축제)사례 분석은 분석 모형(거버넌스 모형)을 측정도구로 하고 다시 측정지표를 만들기 위하여 새로운 평가기준을 추가하였다. 우선 정책(축제)사례 측정도구인 거버넌스 모형을 살펴보면, 전술한 바와 같이 거버넌스의 모형은 학자마다 다양하게 분류되지만 이 연구에서는 Peters가 주장하는 거버넌스 모형을 중심으로 분석하고자 한다. 즉 정부 - 시장 - 시민사회의 상호관계를 관찰하면서 독립형, 연립병존형, 네트워크형의 상호관계를 모델로 하고자 한다. 거버넌스의 모형은 정책목표와 국민의 관심정도 및 경향에 따라 결정되는 것이다. 이상적인 문화 거버넌스의 모형은 상위 개념인 네트워크로 연결되는 모형을 말하며 하위 개념으로서의 문화 거버넌스 요소는 인력충원이나 이들의 동기방식 그리고 자원관리 방식이다. 따라서 거버넌스 모형의 결정 기저는 행위 주체자들의 역할이 무엇인지 규명되어야 하기 때문에 이 연구에서는 거버넌스를 모형화 하기 위해서 행위자들의 역할이 분명한 Peters의 논리에 기초를 두고 있는 네트워크형 거버넌스의 모형을 선택하게 된 것이다.

정책(축제)사례 평가와 관련된 평가지표나 기준은 명확히 설정되어 있지는 않다. 그 이유는 축제의 형태가 워낙 다양하고 목적에 따라 평가내용이 달라지기 때문이다. 일반적으로 축제(문화행사)에 적용할 수 있는 평가방식은 참여관찰조사, 설문조사, 심층면접조사(Focus Group Interview) 등 3가지 조사기법을 이용해 다양하게 진행한다.

일반적으로 축제의 평가 원칙과 기준은 축제의 목적, 성격, 역사성, 특수성 등 문화적 맥락의 반영여부에 중점을 둔다. 즉 지역성, 민주성, 참여성, 주제성, 프로그램의 유사성, 사회적 합의과정 등 축제에 대한 철학과 전문성, 투명성, 창의성, 소통성, 접근성 등 일반적 원칙에 중점을 두고, 특히 축제의 목적과 성격에 따라 가중치를 달리하는 것을 원칙으로 하는 것이다.

한편 축제를 행위주체인 정부 - 시민(관객, 지역민) - 시장(축제관계자) 등을 중심으로 구분하되 평가대상을 세분화하여 시민(관객)은 관광객, 지역민, 외국인 관광객으로, 시장은 문화를 생산해내는 축제기획가, 행사운영자, 자원봉사자, 협찬후원자들로 세분화하여 조사하고 이에 따른 항목과 축제범주별로 적용 가능한 평가항목을 설정하고 평가기준을 만들기로 한다.

그러나 이와 같은 방법은 기존의 조사에서 시행되고 있으나 평가의 제약과 각 조사방법에 따른 평가항목의 세심한 분류가 이루어지지 않는 등의 이유로 연구결과의 활용도와 신뢰도가 떨어지고 있는 실정이다. 따라서 이에 대한 보완이 이루어져야 하며 또한 객관적인 2차 자료의 수집을 병행함으로써 세 가지 조사기법을 통해서도 확보되지 않는 내용을 확보해야만 평가의 질을 높일 수 있을 것이다. 이러한 평가기준표는 〈부록 1-1〉, 〈부록 1-2〉의 기준이 일반적이다.

그러나 이 연구에서는 이와 같은 점을 고려하여 문화 거버넌스의 모형을 평가하고 개선 방안을 마련하기 위해 기존의 방식이 아닌 정책(축제)사례를 분석할 수 있는 〈표 5-2〉와 같이 별도의 지표를 개발하여 정책(축제) 사례분석을 하고자 한다.

(2) 담론분석 및 제도적 여건과 관련한 통계분석 도구

담론분석은 제6장에서 후술하는 바와 같이 담론을 유형별로 분류하여 분석하고 기존의 사례분석이 가지고 있는 한계점을 극복하기 위하여 정책 (축제)사례를 실증적으로 보완하고 향후 방향을 제시하기 위하여 통계분 석방법을 병행하여 실시하였다.

담론분석 중 Q 방법론은 인간의 주관성을 검토하는 체계적이고 정량적 인 수단으로, 그동안 순수하게 주관적인 것으로만 정의된다고 믿어진 의미 의 세계를 객관화시키고 드러내는 데 효과적인 방법론이라 할 수 있다. 따 라서 Q-질문법을 사용하였다.

제도적 여건 관련 분석은 그 연구목적에 따라 척도의 신뢰도 분석은 '신 뢰도 분석'을, 변수 간 관계의 유무와 정도 및 유의미성은 '상관분석'과 '교 차분석'을, 인구학적 특성 및 사회학적 특성에 따른 집단 간의 차이는 'T-test 방법'과 'ANOVA'를, 그리고 바람직한 문화 거버넌스 모형은 '로지 스틱 회귀분석'을 분석도구로 사용하였다.

2. 내용별 분석

1) 정책(축제)사례 분석

이 책에서 수집한 사례가 갖는 의미는 모집단의 변수와 더불어 핵심연 구 개념을 확실하게 하고 발견단위의 문제를 구체적으로 확인할 수 있기 때문에 정책(축제)사례의 내용별 유형을 다음과 같이 첫째, 정부의 적극적 개입을 통한 문제해결형(2001년 A 축제, B 축제 C 축제 D 축제), 둘째, 정부의 개입제한을 통한 민간자율론(1999년 F 축제, G 축제, H 축제), 셋 째, 정부의 개입과 민간이 적절하게 조화된 유형(2001년 I 축제, J 축제), 넷째, 거버넌스의 각 주체들이 자기영역의 전문성을 확보하지 못한 사례형 (2003년 L축제, M축제) 등의 네 가지 사례로 분류하였다. 구체적인 내용은

제5장에서 후술한다.[33]

2) 담론의 통계분석

(1) 담론분석

담론의 통계적 분석은 두 가지로 나누어 담론의 분석과 제도적 여건 관련의 분석으로 구분하여 진행하였는데 담론분석의 경우는 Q-질문법으로 분석한 결과 첫째, 정부주관 축제에 대한 담론 유형 둘째, 민간주관 축제에 대한 담론 유형 셋째, 민-관 협동주관 축제에 대한 담론의 세 가지 유형으로 도출되었기에 이를 분석·정리하였다.

(2) 제도적 여건 관련 분석

제도적 여건 관련 분석은 새로운 문화 거버넌스가 모색되었을 경우에 이 연구의 결과를 구체화시키기 위한 방증자료로 활용할 목적으로 ① 문화정책에 대한 평가, ② 향후 문화축제의 방향성, ③ 문화와 문화축제 인식도와 관련된 약간의 항목만 다루었음을 밝힌다. 제도적 여건 관련 분석은 미시적 담론들만을 분석한 것으로서 문화축제를 준비하고 참여했던 경험들을 기반으로 정부와 민간의 투자비율에 영향을 미치는 요인들을 파악하고자 하는 것이다.

이상에서 구체적으로 기술한 논의를 바탕으로 이 연구의 분석틀을 구성하면 〈그림 4-2〉와 같다.

요컨대 이 연구에서는 〈그림 4-2〉의 분석틀을 이용하여 문화담론을 유형별로 분류하여 문화영역의 담론들을 분석·정리하고, 문화예술 축제를 모델로 삼아 정책(축제)사례 분석을 하고(제5장), 담론분석과 이를 검증하

---

33) 연구대상으로 삼은 각 축제의 입장을 고려하여 고유명사를 사용하지 않았으며, 연구기간도 축제의 계속성을 고려하여 연구에 필요한 시한도 한시적 기간에 국한하여 적용되었음.

기 위한 자료로서 제도적 여건과 관련한 부분에 각기 유의미한 결과를 낼 수 있는 통계기법을 사용해서 실증적 연구(제6장)를 하고자 한다.

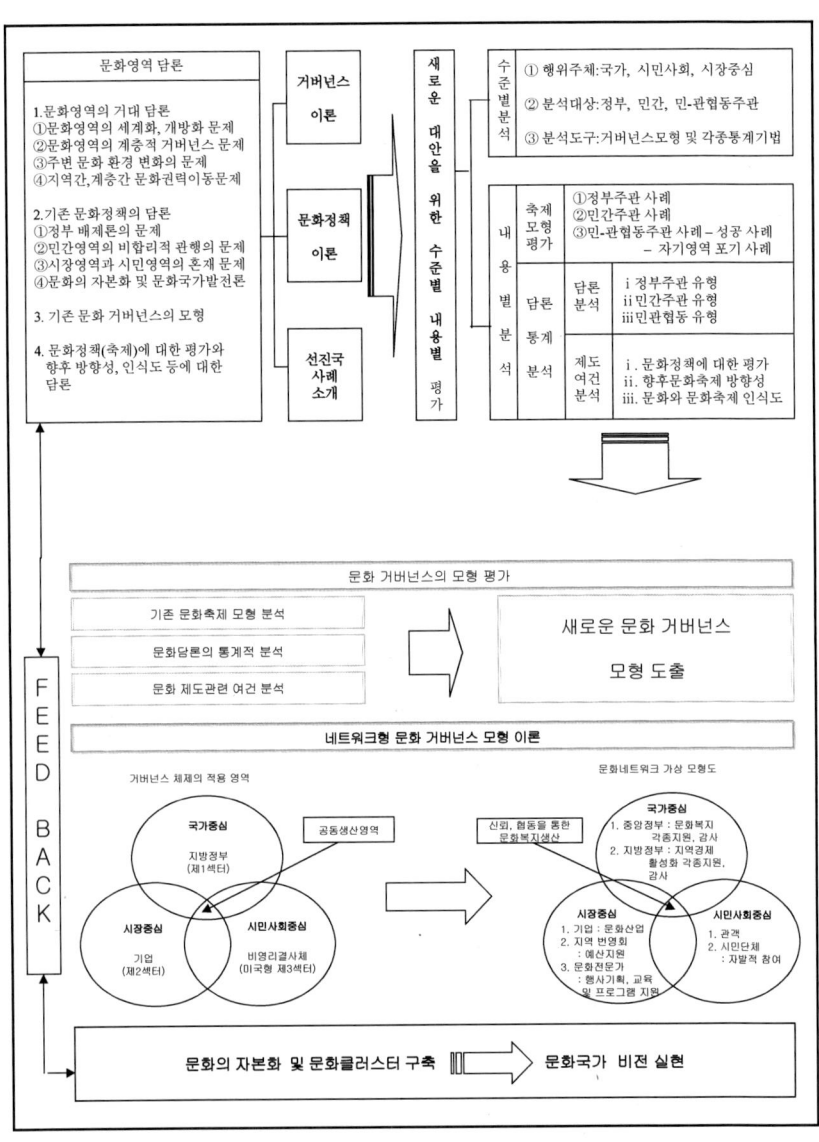

〈그림 4-2〉 연구의 분석틀

제5장
문화 거버넌스 모형의 사례 분석

제1절 사례분석을 위한 이론적 배경 및 평가지표

1. 문화축제[34]의 일반이론

1) 문화축제의 기본개념 및 역할

오늘날 한국사회에서 쓰이는 축제의 개념은 매우 다의적이다. 종교성을 담은 본래 의미에서 축제에서부터 상업적 목적의 '장터' 혹은 '박람회'(Fair)에 이르기까지 축제의 성격이나 내용에 관계없이 '축제'라는 말을 갖다 붙이는 추세이며[35] 심지어 문화관광부가 지정해 지원하는 '문화 관광 축제'조차 내용과 성격에 무관하게 모든 문화행사를 축제로 간주하고 있다. 따라서 개념의 혼란을 막기 위하여 이를 정리할 필요가 있다.

다시 말하면 축제는 그 자체가 갖는 의미로도, 문화정책에 있어서도 매우 중요한 지위를 갖지만 현재는 행사의 성격과 내용에 따라 축제라는 명칭을 분류하는 것이 무의미할 지경이다. 그럼에도 불구하고 축제가 가지는 본래 의미나 개념을 따져야 할 이유는 현재 한국사회의 몰개념, 무목적으로 이루어지고 있는 이른바 '축제'들에 대한 비판적 반성이 필요한 시점이기 때문이다(지금종, 2003: 55).

---

34) 여기서 문화축제의 개념은 본연구의 목적상 축제의 성격이나 유형 또는 내용에 따른 구분이 아닌 총칭개념으로 사용하고자함.

35) 축제의 어원과 개념에 대해 자세한 것은 「축제의 기원」(김영자, 1998), 「한국의 지역축제」(문화체육부, 1996), 「축제 바로 보기를 위한 문화감리」(김규원, 2003), 「2003 지역축제 모니터링단 1차 워크숍」(문화연대, 2003)을 참조.

이는 오늘날의 축제에 대한 평가 방법이 축제 개최목적에 상관없이 방문객 숫자와 경제적 효과 창출이라는 기준으로 모든 축제를 재단하는 현실이 이를 반증하고 있다. 이러한 인식은 문화적 공공성과 다양성을 파괴시킴으로써 오히려 문화를 퇴보시키는 결과를 빚는다. 우리가 올바른 사회인과 인재를 배출하기 위해 당장 이익이 드러나지 않는 교육에 공공재원을 투입하듯이 문화에도 이러한 관점의 적용이 필요하다. 이런 관점에서 볼 때 축제는 시민의 생존욕구를 해소함으로써 개인의 행복감과 사회적 안정감을 높이는 한편 문화예술의 발전에 기여하는 등의 문화적 가치를 창출한다는 측면에서 평가되어야 할 당위가 있는 것이다. 또한 이렇게 문화적 가치를 중시하고 지원하는 것은 우리 사회의 문화적 역량을 강화하여 문화경제 활성화의 토대로 환류 되기도 하는 것이다(김규원, 2003: 67).[36]

따라서 축제정책이 성공적으로 정착하기 위해서는 무엇보다 축제에 대한 올바른 정책적 관점이 필요하다. 축제의 추진 주체나 행정당국은 축제를 경제적 가치가 아닌 국민의 문화역량을 강화시키고 창조성을 발휘시키며 참여도를 높여 문화 민주주의를 구현하려는 문화정책의 방향설정과 원칙을 충실히 지켜야 한다.

이 책에서는 용어를 정의함에 있어서 문화정책 연구와 관련하여 축제의 목적이나 분류에 관계없이 본 연구에 충실하기 위하여 '문화축제'로 정의하고자 한다.

2) 문화축제의 현황

문화축제의 추진정책은 두 가지의 가치를 지닌다. 첫째, 지역경제 활성화라는 경제적 가치창출로 이는 문화산업의 활성화와 지역 이미지 재고 등을 말하며, 둘째, 문화 복지의 실현으로 일상의 탈출로 시작하여 축제를 통해

---

36) 김규원(2003)은 축제의 범주 구분에서 예술의 경우, "유럽에서는 '축제=페스티벌'이라는 등식이 대체로 성립되지 않는다"라는 정황을 이유로 예술 축제라는 용어대신 '예술페스티벌'이란 용어를 사용한 것으로 보인다.

삶의 질을 높여 가는 것이다. 한편 축제의 활성화는 국민통합에도 기여할 뿐만 아니라 문화적 방법을 통해 사회통합에 가장 공헌할 수 있는 것이다.

최근 우리나라는 지방자치제 실시 이후 각 지역에서 지역의 경제 활성화를 위하여 지역축제들이 양산되고 있는 실정으로 이러한 축제는 중소 규모의 갖가지 축제를 포함하면 현재 1000여 개에 달하고 있는 것으로 알려져 있다. 그러나 2000년 12월 문화관광부 자료에 따르면, 일정형식과 프로그램을 갖춘 축제는 412개이며 지역별로 살펴보면 경남 52개(12.6%), 전남 51개(12.4%), 경기 49개(11.9%), 서울 38개(9.2%), 인천/제주도 13개(3.2%), 대구 12개(2.9%), 대전 10개(2.4%), 광주 7개(1.7%) 등인데 기초자치단체 행정 단위별로는 시 단위 축제가 전체의 36.9%인 151개, 군 단위 축제가 전체의 39.6%인 163개, 구 단위 축제가 전체의 22.3%인 92개 등이다. 월별 개최시기는 10월이 가장 많은 46.3%인 189개, 5월이 14.3%인 59개, 4월이 11.2%인 46개, 9월이 7.5%인 31개 순으로 나타나고 있다.[37]

이와 같이 각 지역별로 추진되고 있는 많은 축제는 다양성과 서로 다른 가치를 함유하고 있다. 이러한 다양성을 파악하기 위하여 문화관광부는 행사내용의 구성에 따라서 전통축제, 예술축제, 종합축제, 기타 축제로 분류하기도 하고 개최 목적에 따라 주민화합축제, 관광축제, 산업축제, 특수목적 축제, 기타(향토축제, 문화제, 종합예술제) 등으로 구분한다. 또한 문화연대에서는 문화예술축제, 전통문화축제, 지역특산물축제, 지역특성화축제 등으로 구분하고 있다.

그러나 축제평가와 관련하여 문화연대 분류방법의 경우는 애초 사업의 목적이 지자체가 벌이는 지역축제를 시민의 관점과 방법으로 모니터링해 문제를 제기하고 개선방안을 모색하자는 취지에서 택했던 것이기 때문에 문화영향평가제도로서의 축제 분류방법에 적용하기에는 한계를 가지고 있다고 할 수 있다(지금종, 2003: 50).

---

37) 문화관광부에서 1997년 이후 신규조사가 없었고 따라서 통계에 잡히지 않는 축제를 감안한다면 현재 전국에서 벌어지는 순수 민간단체가 주최하는 축제까지 포함한다면 약 1700여 개의 축제로 추산된다.

이 책에서는 연구의 주제에 알맞도록 객관적인 평가를 위하여 개최 목적에 따른 분류 방식을 기초로 내용을 전개하고자 한다.

3) 우리나라의 축제정책의 문제

(1) 문화적 측면에서 본 지역재생과 지역축제의 관계

우리나라는 문화정책(축제와 관련된 정책 포함)을 정부의 재정지원과 동일시하는 경향이 있다. 그러나 문화정책이란 더 많은 의미를 내포하고 있다. 1988년 한국문화예술진흥원에 의하면 '문화정책이란 문화와 관련된 공익의 달성을 위한 행동지침'이라고 포괄적으로 정의내리고 있다. 우리나라에서는 1995년 지방자치제가 본격적으로 실시되면서부터 중앙집권적이며 홍보 사업적 성격의 문화정책에서, 지역민의 삶에 직결되는 실천적 문화복지정책으로 방향이 전환이 일어났고 이에 따라 중앙정부 차원에서는 기초예술 진흥정책이나 문화재 보호 정책들이 추진되고 지역에서는 지방자치제도가 활성화됨에 따라 중앙정부 의존방식에서 벗어나 각 지방자치단체들은 지역적 특성에 맞는 정체성을 확립하려는 노력을 해왔다. 따라서 사회 구조의 급격한 변화와 지역 주민의 다양한 가치관의 변화로 인하여 지방자치단체의 행정 역시 문화적인 가치가 행정의 중요한 부문으로 자리잡아왔던 것이다. 그리고 지방자치단체는 스스로 본격적인 지방자치시대에 걸맞게 중앙정부에 의존하지 않고 지역의 자원과 에너지를 활용하여 지역 활성화를 시키고자 노력하며 이를 위한 수단인 지역축제를 통한 도시재생과 지역 활성화를 꾀해 왔다. 이와 함께 여러 도시들은 도시의 문화적 환경, 도시경관 등 도심재생에 대한 문화적 차원의 의제로 지역축제가 확산되고 있는 것이다. 그동안 지방자치단체들은 지금까지의 이러한 기능을 대신하기 위한 정책적 수단으로 지역의 축제를 주로 활용하였는데 지방자치단체는 이벤트나 축제를 통하여 지역경제의 성장을 도모함은 물론 지역주민의 삶도 보장하고 외지인을 끌어들여 관광소득증대를 기하며 지역의 고유성(CI Community Identity)을 홍보하기 위한 수단으로 활용하고 있다. 本 稿는 축제 시스템의 패러다임 전환으로 도시재생의 미래형 발전모델을 만들기 위하여 현행 축제의 목적과 방식 그리고 문제점을 파악하고자 하며, 새로운 문화거버넌스의 모형을 통해서 도시재생의 다양한 함의를 찾아 보려고 한다. 그리고 특히 축제 시스템에 있어서 누가 주체가 되어 축제를 운영해야하며 이에 따른 문제점과 해결방안이 무엇인가의 문제를 살펴봄으로써 문화를 통한 도시 활성화와 도시경쟁력을 강화 할 수 있는 정책적 시사점을 찾아 보고자한다.

(2) 최근 지역축제와 관련된 담론들과 과제

지방자치제이후 중앙정부 차원에서 기초예술 진흥정책이나 문화재 보호 정책들이 추진되었다면 지방자치단체의 문화정책은'생활 속 문화를 즐기는 여건 만들기, 우리 문화의 지평 넓히기'[38]같은 지역시민운동의 형태를 띠게 되었다. 그러나 문화관련 자치 재정권, 행정권, 조직권의 지역 이양과 문화시설, 문화인력, 문화정보의 지역 분산 등이 선행되기도 전에 정치적 혹은 선심성 목적에 의한 문화재정 확보 경쟁은 독창적 지역 컨텐츠의 생산과 축적이 없이 무분별한 중앙문화의 이식, 중앙정부와 자치단체와의 갈등, 지역단체 상호간의 경쟁심화 등의 부작용을 초래하고 있다.[39]

특히 지역축제의 경우, 2006년도 7월 현재 전국에서 1,017개(06년 문화관광정책연구원 통계)의 축제가 진행되고 있으나 이미 지역축제는 지역문화 살리기, 지역민 화합차원이 아닌 지역 마케팅 수단으로 고착되어가고 있다. 그렇다면 지역 축제가 지역민의 삶이 녹아 있고 지역문화 계승의 장으로서 진전되지 못하는 이유는 무엇인가.

---

38) 임학순, 「우리나라 문화정책의 연구 경향에 관한 실증적 분석」, 1996
39) 또한 축제와 관련된 담론으로는 축제의 질 저하, 관 주도의 축제, 참여자의 매력 부재 축제 컨텐츠 및 테마선정의 문제 축재와 산업의 연계, 축제 평가와 피드백문제 등이다. 본고에서는 이중 4가지의 문제 즉 축제정책의 문제, 축제 주체의 문제, 교육(컨텐츠 부재)의 문제, 축제 예산 및 지원의 문제를 검토 하고자 한다.

- 일률적인 축제정책(문화관광축제 선정)의 문제

'문화관광축제 선정'의 본래 목적은 산발적이고 무계획적인 지역축제를 관광 마케팅적 방향성을 제시하여 지역문화 살리기와 지역 활성화의 두가지 목적을 위하여 96년도부터 문화관광부와 廣域市, 道에서 우수한 축제를 선정 지원해오고 있다. 올해도 관광 수익증대에 기여한 안동국제탈춤페스티벌, 강진청자문화제, 김제지평선축제, 진주남강유등축제, 보령머드축제 등 5개의 축제가 관광 수익증대에 기여한 공로로 최우수 축제로 선정되어 각 3억 원씩 지원받았고, 9개의 우수축제, 13개의 유망축제, 25개의 예비축제가 문화관광축제로 선정되었으며 27개의 축제에 2,500백만 원이 지원되고 있다.[40] 그런데 매년 실행되는'문화관광축제 선정'을 통해 경제적인 효과와 내외국인 방문객에 의해 관광수지 개선효과에도 불구하고 문화관광축제가 문화효과보다는 관광효과가 우선시 되었다는 비판을 피해갈 수는 없다.

현재 지역에서 진행되고 있는 축제는 크게 해외 관광객을 유치할 수 있는 관광축제와 해외관광객을 유치할 수 없으나 지역의 문화진흥이 목적인 지역 문화축제로 크게 구분할 수 있다. 해외관광객 유치가 목적인 관광축제는 지금과 같은 '문화관광축제 선정'기준에 맞춰 평가하고 중앙기구인 문화관광부에서 선정해도 선정에는 별 무리가 없는 듯하다. 그러나 지역민의 문화향수 제고가 목적인 지역문화축제는 관광 상품적 기준이 아닌 문화적 선정 기준 (예를 들어, 지역 전통적 고유성의 계승성, 독특한 문화자산의 생산성 등)이 필요하다. 현재의 평가 기준으로는 전래되어 오는 지역 민속문화가 발굴되고 전승되어 지역의 문화자산으로 축적되어가는 시간을 기다려 줄 수가 없으며 축제 등급화에 대한 조급함으로 지방자치단체는 행정 편의적 홍보 효과만으로 성과를 제시하고 천편일률적인 모방하기 내지는 일회성 이벤트 행사로 결과를 과대 포장하고자 하는 유혹을 뿌리칠 수 없다. 문화는 단기간 내 성과를 내거나 결과를 예측할 수 있는 성질의 것이 아니므로 중앙정부의 독점적 평가기준이 아닌 지역의 문화행정 정책

---

40) 문화관광부, 2004 문화관광축제 지원내역 참조

으로서 지역 문화가 축적되어 지역의 자산이 되는 새로운 문화행정적 평가기준이 제시되어야 한다.

- 지역축제 시스템(주체)의 문제

지역축제 시스템에 대한 문제점을 살펴보면, 우선 첫째 지역의 축제의 주체의 문제이다. 축제의 현장을 보면 지역 주민은 축제의 연출자에 의해 주인공의 자리가 아닌 주변인의 자리로 밀려나게 되고 축제의 중심에는 행정 관료나 지역의 유지에게 내어주고 지역주민 스스로가 즐기는 축제가 아닌 이들에게 보여주는 축제가 되어버린다. 현재 진행 중인 축제는,

① 정부주관 시스템 - 정부의 적극적 개입을 통한 문제해결형 ② 민간주관 시스템 - 개입제한을 통한 민간자율론 ③ 민관 협력적 시스템 - 정부의 개입과 민간이 적절하게 조화된 유형 ④ 민관 비협력적 시스템 - 거버넌스의 각 주체들이 자기 영역의 전문성을 확보하지 못한 사례로 분류할 수 있다. 이 중에서 대부분의 지역 축제는 지역 정부가 행사를 적극적으로 주도하고 집행하는 ① 정부주관 시스템이다. 정부주관 시스템은 효율성은 높지만 조직의 경직성과 예산운영의 방만성, 집행과정의 독단적인 의사결정이 있을 수 있다. 현대의 문화예술축제 경영의 주체는 축제의 기획주제에 따라 관객들을 가장 잘 개발하고 운영할 수 있는 경영조직 유형을 따르면서도 축제가 가지는 예술적인 속성을 잘 반영하고 있어야 한다. 따라서 축제의 경영조직은 축제의 기획과 실현에 대한 가치와 믿음을 형성하고 변화하는 환경에 민감하게 적응할 수 있는 능력을 갖고 있어야 하며 탄력성을 갖춘 열린 조직구조여야 한다. 특히 축제의 경영조직 라인체계는 단일성을 원칙으로 하고 스텝 조직은 전문성을 원칙으로 해야 한다.

- 축제 예산지원의 문제

축제 예산의 문제는 일률적인 '문화관광축제 선정'의 문제와도 연계되어있다. 지금과 같이 모든 축제를 일괄적으로 관광 마케팅적 관점으로 평

가하고 그 기준에 의해 지원한다면 모든 축제가 현재와 같이 획일화 되고 규격화될 뿐만 아니라 오랜 노력을 들여 지역의 문화자원을 발굴하고 계승하고자 노력하는 지역과 예술단체, 시민단체들에게 돌아오는 것은 관광수지를 맞추지 못했다는 자괴감뿐일 것이다. 이래서는 진정한 지역문화가 지역민의 삶으로 뿌리 내릴 수 없고 계승되거나 전승될 기회조차 박탈당하고 말 것이다. 이는 과거 일제치하나 유신정권하에서 자행되었던 '우리문화 말살 또는 폄하의 이분법적 논리'와 결코 다르지 않다. 우리나라는 '2008년 문화산업 5대 강국진입 선언'하고 '콘텐츠 코리아 비전21' 등 최고 수준의 IT 인프라와 문화예술을 통해 문화산업을 국가 전략산업으로 육성할 계획이며 '韓流'와 '韓브랜드'를 통해 한국문화의 세계 경영을 꿈꾸고 있다. 그러나 그 기반이 되는 최고의 문화가 동반육성 되어야하며 지역 축제는 우리문화를 근원적이고 자생적으로 발전시켜 새 시대 동력으로 작용할 문화자산이다. 정부는 관광수지 효과가 큰 축제의 선발과 함께 지역 문화진흥에 크게 기여한 축제도 역시 선발하고 지원해야 한다.

- 지역 문화교육의 문제

교육의 역할은 아무리 강조해도 지나침이 없다. 우리나라가 차세대 문화강국으로 도약하기 위해서는 문화관련 교육이 강조된다. 즉 교육 시스템을 통한 문화컨텐츠 개발 등은 축제 프로그램에 창의성을 가져오며 경쟁력이 생긴다. 현행 축제는 프로그램이 지역의 특성과 관계없이 매우 유사하다. 각 지역마다 유사한 내용의 프로그램을 진행하는 한 특성화된 지역발전의 현실적 한계를 극복할 수 없다. 이러한 모든 문제는 창의력 있는 아이디어의 발굴이 필요하다. 교육을 통한 문화컨텐츠 개발 이 필요한 시점이며 이러한 문제를 해결하는 것이 진정한 지역화(Localization)를 실현하는 길이다.

4) 문화 거버넌스 모형 개발[41]

축제의 시스템을 문화거버넌스를 통해 논의해 보도록 하자. 전술한 바와 같이 지역축제에서 나타난 문제점들은 우리에게 몇가지 해결과제를[42] 안겨 준다. 따라서 여기서는 축제의 가장 큰 담론으로 회자되고 있고 거버넌스에서 중요한 고려 요소가 되는 축제 주체들의 역할 중 누가 축제의 주체되어 어떻게 운영되어야 하는가를 진단해 보고자 한다.

현실적으로 우리나라의 축제 시스템은 각 축제 마다 추진위원회, 조직위원회, 준비위원회 등의 다양한 주최로 축제가 개최되지만 실질적으로는 예산의 마련, 집행 등의 이유로 공무원이 깊게 개입하게 된다. 이는 행정조직의 불합리성과 부작용을 그대로 답습하게 되고 민간 부분의 투자와 육성에 소홀히 하게 된다.

---

41) 문화거버넌스는 한마디로 규정 짖기 어렵지만 일반적인 거버넌스의 개념을 비춰 볼 때 문화거버넌스는 문학문학과 예술을 포함하여 국민의 정서적 욕구를 충족시키기 위한 사회의 총체적 생활양식이나 규범 체제 속에서의 '문화조정 기제'라고 해석할 수 있다. 즉 문화거버넌스의 의미를 여러 가지로 해석 할 수 있지만 사회의 총체적 규범과 생활양식 체제에서 "정부(국가), 문화시장(예술인, 예술인단체, 문화기업), 시민사회(관객, 시민) 등을 광범위하게 포괄하는 문화조정시스템으로 정리된다. 김홍수 「문화거버넌스 모형평가에 관한 연구」 박사학위논문 2004,

42) 해결과제로는 ① 낙후된 축제시스템의 해결은 누가할 것이며, 무엇으로 어떻게 새로운 패러다임 전환으로 도시재생에 기여하는 것이 가능한가 ② 전술한 축제운영의 문제들을 해결하는데 문화거버넌스로 가능 한 것이며, 그렇다면 어떤 영향을 줄 것인가. ③ 문화 거버넌스가 아니라면 각 주체의 상호 유기적 협력을 유지 할수 있는 제3섹터 또는 민-관 파트너십으로는 문제 해결이 어려운 것인가 하는 문제들에 봉착된다. 이에 대한 결론을 한마디로 정리하기는 쉽지 않다. 그러나 문화거버넌스를 논하기 위하여 먼저 문화거버넌스에서 고려되어야 할 인적 물적 요인(행위주체, 문화가치, 네트워킹, 지역시장, 지역문화자원 유지 발전, 문화지원, 지역의 정체성 그리고 주민들이 가고 등)이 있다. 이러한 축제 요인들이 상호유기적 네트워크 관계를 유지하며 자기의 전문 기능을 이상적으로 살릴 수 있는가를 분석해야 한다.

전술한바와 같이 제 시스템에 있어서의 정부의 역할을 살펴보면 정부의 개입에 대한 찬반 논쟁은 계속되어 왔다. 우선 정부의 문화예술정책 지원 개입을 반대하는 이유는 문화예술에 대한 정부지원을 민간지원으로 한다면 비용이 크고, 타 분야에 대한 지원을 저하시킨다는 정부의 문예지원의 중요성에 대한 회의에서 출발한다(Griffith, 1993: 173-178).

외국의 비슷한 예를 보면, 프랑스는 과거 30-40년 동안 중앙정부가 문화정책 및 행정을 주도적으로 관장해 오고 있었고 이러한 전통에 대해 의문 및 논쟁이 최근 많이 제기되고 있으나, 프랑스 정부가 그동안 시행해 온 문화정책 및 행정에 대한 반성 차원의 노력이 있는 것이다 (한국문화정책개발원, 2002).[43]

그렇지만 문화예술에 대한 정부지원과 관련한 찬반 논쟁을 떠나서 현실적으로 문화예술 지원이 전혀 없는 나라는 없다. 단지 정부지원의 특성과 강도에 차이가 있을 뿐이다. 해결방안으로서의 문화거버넌스 모형에 대해서는 다음 장에서 설명하고자 한다.

5) 문화축제에 관한 평가범위

일반적으로 문화축제를 평가할 때는 축제의 목적, 주제설정, 주체의 형성, 기획과 집행, 평가와 환류 등 정책적 관점과 실행체계, 정책효과 등을 고려해야 한다(문화체육부, 1996: 15). 또한 예산지원, 인적자원, 물적자원, 컨텐츠에 대한 조사와 분석 그리고 이를 기초로 한 문화정책의 전망, 정책목표, 수단 등을 확보해야 한다. 축제를 제대로 평가하기 위해서는 목적에 따라 평가 가중치가 달라야 하기 때문에 평가의 기준도 달라져야 한다. 예컨대 관광객의 유치를 목적으로 하는 축제와 예술축제, 사회통합을 위한

---

43) 우리나라 문화시장 성장은 1982년 이후 지방정부의 문화분야 참여가 활발해진 이후 창작과 예술작품 유통에 많은 사회단체의 참여가 증가하였다. 그리고 활동의 중심이 각 지방정부, 여러 민간단체, 문화시장이 문화의 3대 축이 되어 문화활동이 이루어지게 되었다.

축제의 방문객 숫자에 대한 평가가 같을 수는 없는 것이다. 따라서 축제의 범주 구분에 따라 평가의 틀을 만들고 각 축제가 지향하는 목적에 따라 배치하는 것이 관건이 된다. 이렇게 됐을 때 축제의 목적에 따라 소구대상, 프로그램 및 행사장 구성, 마케팅 방법, 개최시기 등이 명확해질 것이며 평가 또한 명확해진다(지금종, 2003: 47).

또한 축제의 목적에 따라 범주를 예술축제, 주민화합(시민)축제, 지역산업축제, 관광자원축제, 특수목적축제와 기타(향토축제, 문화제, 종합예술제) 축제로 분류하고, 공통의 평가항목과 축제의 목적에 따른 평가항목을 설정하여 가중치를 부여하는 방식의 평가틀을 만들 수 있을 것이다.

한편 문화관광부는 새로운 축제평가방식을 지역축제 중심으로 하고 있으며 그 가치를 경제적 측면에 우선하고 있는 실정이다. 따라서 '사회통합축제'와 같이 경제적 가치와 함께 문화적으로 의미 있는 축제에도 지원하는 방식으로 전환하고 경제적 가치의 평가뿐만 아니라 문화적 가치에 따른 평가방식도 개발해야 할 것이다.

이 책에서는 축제에 대한 평가범위를 문화 거버넌스로 한정하고 기존의 일반적 축제평가의 틀에서 벗어나 문화 거버넌스를 평가하기 위한 새로운 지표를 개발하여 정량적 평가방식의 틀을 새롭게 만들어 적용하고자 한다. 이것도 또한 축제에 대한 가치관을 바꾸고, 문화적 다양성을 살려 궁극적으로는 문화 축제를 올바르게 평가할 수 있는 하나의 방법이라고 생각하기 때문이다.

2. 문화축제와 문화 거버넌스의 평가지표

1) 문화축제의 평가지표

이 책에서는 후술하는 바와 같이 3가지 유형, 4가지 사례의 축제 사례들을 선정하였다. 이를 선정한 지표는 다음과 같다. 선정된 축제의 사례는 현재 매년 진행되고 있는 한국 문화축제 중 문화 거버넌스의 사례를 분석하기 위한 것으로 정부-민간의 역할과 기능에 대해 알아보고 이들 축제의 긍정성과 문제점을 통한 '시민사회 문화 거버넌스'의 모형을 개발하기 위한 모델을 선정한 것이다.

문화관광부에서는 정부가 문화관광 축제를 육성할 목적으로 2003년도에 실시된 약 30여 개[44]의 축제를 종합평가하였다. 이 평가서에 의하면 문화관광축제로 지정된 23개의 축제와 7개의 예비축제로 이원화시키고 있고 외지관광객의 비율, 방문객의 만족도, 소비지출 규모, 방문동기, 기타 공통항목 등으로 각종 평가지표를 만들어 조사하였다.

이 책에서는 현재 국내에서 진행되고 있는 문화관광부 지정 축제(A 축제, I 축제, J 축제, L 축제 등)[45] 중 2003년도 방문객 만족도 조사에서 문화적 요소(문화정체성)와 소재 개발부분에서 높은 점수를 획득한 축제를 선정하였다(〈표 5-1〉 참조). 선정이유는 2004년 문화관광부 축제 종합평가서의 평가지표 중 새로운 거버넌스의 논의에 가장 적합하다고 판단하였기 때문이다. 다만 민간주도의 순수예술제는 문화관광부의 지정 축제가 아닌 관계로 그 지표가 없어 F 축제와 H 축제 등은 자체 조직위원회 평가서를 활용했음을 밝힌다.

---

44) 2003년도 문화관광 종합평가 보고서 참조.
45) 문화관광부, 「2003 문화관광축제 종합평가보고서」(2004)에서 사례를 발췌하여 몇 개의 지정축제 중 사례 선정하였고, 각 축제의 입장을 고려하여 축제명은 이니셜로 표기하였음.

〈표 5-1〉 2003년 축제별 만족도 비교

축제명	평균	접근 용이	사전 홍보	안내 시설	안내 책자	요원 친절	행사 재미	행사 다양	체험 프로	문화 이해
강진청자	5.19	6.01	4.81	5.50	5.47	5.54	5.32	5.43	5.41	5.57
강경젓갈	4.69	5.39	4.82	4.72	4.75	4.94	4.88	4.86	4.74	5.10
경주술떡	4.25	4.80	4.35	4.09	4.38	4.47	4.40	4.27	4.21	4.21
광주김치	4.67	5.68	4.59	4.55	4.74	4.62	4.89	4.80	4.35	4.64
금산인삼	5.06	5.75	4.81	5.20	5.37	5.59	5.16	5.19	4.99	5.43
김제지평선	4.97	5.60	4.79	5.07	4.99	5.00	5.59	5.65	5.55	5.52
대구약령시	4.24	5.34	4.48	4.46	4.54	4.43	4.56	4.51	4.34	4.56
대전사이언스	4.56	5.88	4.39	4.76	4.87	4.99	4.79	4.99	4.52	3.92
무주반딧불	4.84	5.91	4.94	4.70	5.13	5.03	5.19	5.25	5.14	5.17
보령머드	4.76	6.12	4.46	4.97	4.95	5.07	5.30	5.00	5.27	4.99
부산자갈치	5.16	6.1.	5.48	5.01	5.62	5.72	5.72	5.67	6.00	5.74
서울공연예술제	4.67	5.09	4.23	4.32	4.14	4.21	4.98	5.12	4.75	5.23
안동탈춤	5.72	6.42	5.67	6.05	6.05	5.82	6.06	6.22	5.78	6.07
양양송이	4.88	5.13	5.19	4.84	5.06	5.15	5.09	4.93	5.00	4.92
영동난계	4.56	6.02	4.37	4.45	4.88	4.74	5.19	4.91	4.83	5.10
영암왕인	4.04	4.72	4.04	4.30	4.27	4.27	4.38	4.34	3.78	4.38
온양문화제	4.08	5.10	4.50	4.20	4.50	4.30	4.70	4.70	4.50	4.50
이천햅쌀	4.51	5.18	4.33	4.44	4.65	4.96	5.11	4.88	4.97	4.78
전주국제영화제	4.90	4.88	5.57	4.89	4.23	4.23	5.42	5.12	4.08	5.75
전주세계소리	4.83	4.90	4.89	4.12	4.36	4.32	5.25	5.08	4.88	5.72
진도영등	4.29	4.64	4.54	4.42	4.60	4.41	4.52	4.53	4.42	4.54
진주유등	4.55	5.86	4.41	4.42	4.52	4.51	5.39	5.39	4.49	5.14
춘천마임	4.73	5.47	4.99	4.69	4.97	5.29	5.72	5.66	5.04	4.58
팔만대장경	4.23	5.14	3.39	4.18	3.95	4.44	4.39	4.15	4.32	4.47
풍기인삼	4.68	5.52	4.74	4.91	4.88	4.91	4.76	4.65	4.65	4.82
하동야생차	4.91	5.74	4.25	4.92	5.39	5.13	5.02	4.92	4.91	5.38
한산모시	5.11	5.93	4.59	5.02	5.46	5.44	5.53	5.36	5.44	5.55
함평나비	4.12	4.39	4.54	4.01	4.09	4.00	4.34	4.75	4.48	4.15

자료: 문화관광부, 「2003 문화관광축제 종합평가보고서」(2004)에서 재정리.

2) 문화 거버넌스의 평가지표

문화 거버넌스의 평가지표는 선행연구를 통하여 살펴보아도 관련된 지표가 없는 것으로 보인다. 따라서 아래에서 제시하고 있는 정책모형 사례를 문화 거버넌스 관점에서 문화정책의 의제설정, 정책형성, 정책집행, 상호의존, 자치활동(주민참여), 문화구현을 기준으로 지표를 개발하였다.

따라서 정책(축제) 사례분석에서는 각 사례별 거버넌스는 어떤 형태이며 또 정부의 기능과 역할은 어떻게 변화하였고 민간영역의 확대는 어떤 형태를 보여주고 있는지, 그리고 이와 같은 현상들이 정책집행 결과 어떤 결과를 나타내었는지를 다음과 같은 기준을 기초로 하여 각 모형별 특징과 긍정성 및 개선점을 분석하였다. ① 각 사례별 정책모형에는 문화영역의 어떤 거버넌스가 반영되어 있는가, ② 각 정책사례에서 정부 기능의 역할, 지위는 어떠하였는가, ③ 각 정책사례에서 민간영역의 기능과 역할, 지위는 어떠하였는가, ④ 거버넌스의 민간영역 내 시민사회영역과 시장영역의 분화 상태, 기능과 역할은 무엇인가, ⑤ 정부와 민간영역의 관계 설정은 어떠한가, ⑥ 각 정책사례에 나타나는 거버넌스는 '시민사회 네트워크 거버넌스'모형과 어떤 차이가 있으며 정책사례에 나타난 거버넌스가 '시민사회 네트워크 거버넌스'로 이행하기 위해서는 어떤 정책들이 필요한가이다.

이와 같은 기준들은 의제설정, 정책형성, 정책집행, 상호의존, 자치활동(주민참여), 문화구현 정도를 구분하여 분석하였으며, '시민사회 네트워크 거버넌스'는 정부 - 시민 - 시장의 영역이 설정되고 각 영역의 주체들이 자신의 영역이 가지는 전문성을 최대한 발휘하여 문화예술을 증진할 수 있는 적합한 기본 모형을 모색한다는 것을 전제로 하고 문화관광부에서 선정한 32개의 축제 중 연구에 적합하다고 생각하는 축제를 추출하였다.

3) 문화축제를 통한 문화 거버넌스 평가기준표

평가기준표 구성방법을 보면, 평가기준표 구성을 위해서는 향후 평가항목에 대한 조사방법의 선택, 범주구분에 따른 가중치 산정의 타당성, 세부

132

평가지표의 개발, 정량평가가 가능한 항목과 객관적 정성적 평가항목의 분류, 객관적이고 통일성 있는 평가기준의 수립 등이다. 〈부록 표 1-1〉은 축제평가기준표 구성을 예시한 것으로(지금종, 2003: 61-62) 향후 후속연구가 뒷받침 되어야 할 것이다.

〈표 5-2〉 문화축제를 통한 문화 거버넌스 평가기준표

구분 / 내용	축제명	점수	축제 A	축제 B	축제 C	축제 D
의제 설정	의제형성 자율성 (5)	5				
	의제형성 민주성(5)	5				
	정부와의 협상(5)	5				
정책 형성	정책형성 자발성(5)	5				
	정책과정의 공개(5)	5				
	수평적 조직구조(5)	5				
	조정과 협상기능(5)	5				
정책 집행	목적의 달성(5)	5				
	시장의 메커니즘(5)	5				
	기금집행 민주성(5)	5				
상호 의존	상호의존성(5)	5				
	상호신뢰(5)	5				
	자원의 공유(5)	5				
	협조적 풍토(5)	5				
자치 활동	제도적 유연성(5)	5				
	주민참여 적극성(5)	5				
	사회기반 개선효과(5)	5				
문화 구현	프로그램의 독창성(5)	5				
	예술교육 및 계승(5)	5				
	주민문화 역량강화(5)	5				
합 계		100				

그러나 이 연구에서는 '문화 거버넌스의 평가지표 선정기준'에 따라 정책사례분석은 정성평가를 위주로 하고 제도분석은 정량평가를 병행하여 진행하므로 〈부록 표 1-1〉을 변형한 〈표 5-2〉와 같은 평가기준표를 기준으로 하여 현재 진행되는 축제를 통한 새로운 시민사회 거버넌스를 계량화하였다.

축제는 지역민들의 자발적인 참여로 이루어지는 귀납적 운영구조가 바람직하다. 그러나 현재 진행되는 지역축제들은 지방자치단체에 버겁고 과도한 목표설정과 정치적 목적이 맞물려 예산과 행정뿐만 아니라 운영과 프로그램의 설정까지 지역민들의 내부적 통합 없이 정부가 주도하고 있는 형편이다. 이에 이 연구에서는 '문화 거버넌스의 평가지표 선정기준'을 정량평가와 정성평가를 병행하여 평가기준의 계량화를 통해 정부, 시장(예술가단체), 시민(관객)이 다같이 참여하고 문화발전에 이바지하는 바람직한 문화 거버넌스 모형의 개발에 목적이 있다.

우선 문화축제 평가지표 선정기준을 크게 의제설정 부분, 정책형성 부분, 정책집행 부분, 상호의존 부분, 자치활동 부분, 문화구현 부분의 여섯 부분으로 나누어 축제의 진행상황과 괘를 같이했다.

(1) 의제설정 부분

① 의제형성 자율성에서는 〈의제 발제 초기단계에서 시민그룹의 자발적인 제의에 의해 이루어졌으면(5), 시민그룹의 영향력에 의해 의사결정이 주도되었으면(4), 정부의 영향력에 의해 의제발제가 이루어졌으면(3), 정부의 영향력이 지대하면(2), 지자체장의 일방적인 결정에 의해 명령이 하달된 경우(1)〉로 처리했다.

② 의제형성 민주성에서는 축제의 개최 목적이나 지역활성화 혹은 지역 특성에 맞는 축제의 필요를 제안하는 최초의 의사결정이 형성되는 축제 정책 초기 단계에서 〈다수의 시민그룹에 의해 발제가 추진되었으면(5), 소수의 시민그룹에 의해 추진되었으면(4), 일부 극소수 시민이 참여했으면(3), 극소수 시민그룹의 형식적인 참여와 공무원의 참여가 두드러졌으면(2), 업

무 하달식 정부의 상급기관에 의해 주도되어졌으면(1)〉로 처리했다.

③ 정부와의 협상에서는 축제 의제 설정 초기단계에서 축제 형성을 위한 〈정부-시민의 협조가 원활히 진행되었으면(5), 정부의 기금지원은 있었으나 행정지원이 없었을 경우(4), 정부의 행정지원이 있었으나 기금지원이 이루어지지 않은 경우(3), 정부의 지원도 없고 협조도 없었던 경우(2), 협상과정에서 관계가 악화되어 회복할 수 없는 경우(1)〉로 처리했다.

(2) 정책형성 부분

① 정책형성 자발성의 경우 축제 자체의 목적달성이나 원활한 집행을 위해 축제 추진위원회나 집행위원회 등이 구성되었다면 〈축제 추진위원회 구성이 다수의 시민그룹과 행정지원적인 공무원그룹으로 형성되었을 경우(5), 축제 추진위원회나 집행위원회 등의 자발적인 축제 추진 시민그룹이 형성되었을 경우(4), 추진위원회는 시민그룹이 참여하고 실질적인 집행위원회는 공무원이 주도하고 있는 경우(3), 추진위원장을 지자체장이 역임하고 실행위원은 시민그룹, 실무집행진은 정부에서 주도하고 있을 경우(2), 추진과 실질적 집행을 모두 정부가 장악하고 시민그룹, 예술가단체의 참여가 전무할 경우(1)〉로 처리했다.

② 정책과정의 공개에서는 〈예산과 결산, 축제 진행의 전체 상황, 축제 사후평가 등이 완전히 공개되었을 경우(5), 예산과 결산, 축제 사후평가 등이 공개되었을 경우(4), 예산과 결산이 공개되었을 경우(3), 축제 사후평가 등이 공개되었을 경우(2), 정보의 공개가 전혀 이루어지지 않고 있는 경우(1)〉로 처리했다.

③ 수평적 조직구조의 경우, 〈축제의 운영조직이 정부-시민-예술가단체의 수평적 의사결정이 가능하며 각각의 그룹의 의사반영이 이루어지고 있는 구조일 경우(5), 운영조직이 정부-시민 협조가 원활히 이루어지고 예술가단체의 측면 지원이 있는 경우(4), 운영조직이 민주도로 이루어지고 정부, 예술가단체의 지원이 있는 경우(3), 운영조직이 정부주도로 이루어

지고 시민과 예술가단체가 지원하는 경우(2), 운영조직이 정부주도이고 지역의 시민과 예술가단체가 소외되고 있는 경우(1)〉로 처리했다.

④ 조정과 협상기능에서는 〈정부－시민－예술가단체의 원활한 정보교환이 일어나 운영상의 갈등이 발생되지 않거나 의사 소통기구가 있어 갈등의 해소를 위한 창구가 확보되어 있는 경우(5), 실무 운영조직에서 의사소통기구는 구성되어 있으나 정부－시민－예술가단체의 어느 한 그룹의 정보교환이 부재한 경우(4), 시민－예술가단체의 조정과 의사소통은 원활하게 진행되나 정부와의 정보교환을 이끌어내지 못하는 경우(3), 시민이나 정부주도의 일방적인 정책집행이 이루어진 경우(2), 정부－시민－예술가단체의 협상이 두절되거나 조정이 불가능한 경우(1)〉로 처리했다.

(3) 정책집행 부분

① 목적의 달성에서는 〈축제의 원래 목적이 실현되어 소기의 목적이 이루어진 경우(5), 원래 목적은 달성되지 못하였으나 지역경제 효과가 발생하거나 지역민들 다수의 지지를 얻은 경우(4), 원래 목적은 달성되지 못했으나 지역이미지 재고가 극대화된 경우(3), 원래 목적은 달성되지 못했으나 지역민의 지지도가 높았던 경우(2), 원래 축제의 목적달성이 이루어지지 못했을 뿐만 아니라 지역민의 지지도 이끌어내지 못한 경우(1)〉로 처리했다.

② 시장의 메커니즘에서는 〈정부－시민－예술가단체가 상호 유기적이며 각자의 역할에 충실하여 각 그룹의 역할 실현에서 생산성이 극대화되어 축제의 생산성이 극대화된 경우(5), 정부－예술가단체의 상호협조는 이루어지지 못했으나 시민의 자발적 참여와 지역경제 활성화가 이루어진 경우(4), 정부－시민의 상호협조는 실현되지 못했으나 예술가단체의 문화예술 생산성이 극대화된 경우(3), 정부－시민－예술가단체의 협조도 없었고 형식적인 문화예술 활동이 이루어진 경우(2), 정부－시민－예술가단체의 상호 협상력 부재로 축제가 파행된 경우(1)〉로 처리했다.

③ 기금집행 민주성에서는 〈기금집행이 정부－시민－예술가단체가 적극적으로 참여한 축제 추진위원회에서 민주적으로 적법하게 처리된 경우(5),

기금집행이 축제 추진위원회에서 이루어지기는 하지만 정부의 통제를 받는 경우(4), 기금집행의 기관이 추진위원회로 되어 있으나 실질적 집행기관이 정부주도일 경우(3), 기금집행이 시민에 의해 일방적으로 처리된 경우(2), 기금집행이 일방적인 정부주도일 경우(1)〉로 처리했다.

(4) 상호의존 부분

① 상호의존성의 경우, 〈정부 - 시민 - 예술가단체가 상호 유기적이고 역할분담이 적절하게 이루어졌으며 상호역할에 대한 존경심이 있는 경우(5), 정부 - 시민이 상호 유기적이고 상호 역할에 대한 존경심은 없으나 예술가단체의 예술적 지원이 있는 경우(4), 시민 - 예술가단체가 상호 유기적이고 정부의 지원이 있는 경우(3), 정부주도의 집행이 이루어지고 시민과 예술가단체가 형식적으로 참여하는 경우(2), 일방적 정부주도로 정책이 집행되고 운영되어 지역민과 예술가단체가 소외된 경우(1)〉로 처리했다.

② 상호신뢰에서는 〈정부, 시민, 예술가 단체의 상호신뢰를 바탕으로 정보의 원활한 공유가 있는 경우(5), 정부 - 시민의 상호신뢰와 정보공유가 있고 예술가단체의 지원이 있는 경우(4), 시민 - 예술가단체의 상호정보 공유가 이루어지고 정부의 협조가 있는 경우(3), 정부 - 시민 - 예술가단체의 정보공유가 이루어지지 않고 형식적인 참여만 이루어지고 있는 경우(2), 정부에 의해 일방적으로 주도되고 시민참여도 없고 예술가단체의 참여 없이 매년 문화예술이 타 지역에서 수입되는 경우(1)〉로 처리했다.

③ 자원의 공유에서는 〈정부 - 시민 - 예술가단체가 상호신뢰를 바탕으로 각 그룹에서 보유하고 있는 우위자원들, 예를 들면 정부의 홍보력과 행정력 우위 부분, 시민의 프로그램기획과 운영기술 부분, 예술가단체의 문화예술창작 부문의 원활한 공유가 있는 경우(5), 정부 - 시민의 우위자원 공유가 있고 예술가단체의 지원이 있는 경우(4), 시민 - 예술가단체의 우위자원 공유가 이루어지고 정부의 협조가 있는 경우(3), 정부 - 시민 - 예술가단체의 우위자원 공유가 이루어지지 않고 형식적인 참여만 이루어지고 있는 경우(2), 어느 한 그룹에 의해 지역축제가 일방적으로 주도되고 우위자원

의 공유가 무시된 경우(1)〉로 처리했다.

④ 협조적 풍토에서는 〈정부 – 시민 – 예술가단체가 지역축제의 목적을 위해 자발적인 참여와 유기적 연대를 구성할 경우(5), 정부 – 시민 – 예술가 단체 중 두 그룹만 협조가 이루어지며 한 그룹의 소극적 참여로 갈등이 유발된 경우(4), 민간주도 축제로 예술가단체의 지원은 있으나 정부의 비협조로 축제가 활성화 되지 못하는 경우(3), 정부주도 축제로 시민의 형식적인 참여와 예술용역에 대한 과다 경비가 초래되었을 경우(2), 정부 – 시민 – 예술가단체의 갈등으로 축제가 파행된 경우(1)〉로 처리했다.

(5) 자치활동 부분

① 제도적 유연성에서는 〈축제 운영제도의 유연성이 확보되어 있으면 (5), 보통이면(3), 제도의 운영이 경직되어 있으면(1)〉로 처리했다.

② 주민참여 적극성에서는 〈지역민의 자원봉사 활동이 자발적 적극성이면(5), 지역민 참여가 동원의 성격인 경우(3), 지역민이 축제에 무관심하고 참여도가 전혀 없으면(1)〉로 처리했다.

③ 사회기반 개선효과에서는 〈축제를 통한 지역 사회기반 개선효과가 현저할 경우(5), 사회기반 개선효과가 보통인 경우(3), 사회기반 개선효과가 전혀 없을 경우(1)〉로 처리했다.

(6) 문화구현 부분

이 연구의 축제사례분석은 지역의 문화축제를 대상으로 하였으므로 축제를 통한 정책형성, 정책실현, 운영뿐만 아니라 지역 문화예술의 생산부분, 지역축제를 계기로 한 지역의 문화예술 네트워크의 구축 및 인프라 구축, 축제를 통한 지역민의 문화예술에 대한 역량의 강화 및 지역 특화된 문화의 교육 및 계승에 관해서도 연구 및 지표분석이 필요하겠으나 이번 연구에서는 축제 프로그램의 독창성, 예술교육 및 계승, 주민 문화역량강화 등에 관해서만 간단히 지표 처리했다.

① 프로그램 독창성에서는 〈문화축제 프로그램이 창의적이거나 지역 특화적인 측면(5), 문화예술 프로그램이 나열식이거나 타지에서 수입된 경우(3), 문화예술프로그램이 독창적이지 않을 경우(1)〉로 처리했다.

② 예술교육 및 계승에서는 〈문화축제로 인해 지역의 문화예술 인프라가 구축된 경우(5), 문화축제를 계기로 예술교육 및 계승의 조직이 구성된 경우(3), 지역민이 문화예술교육 및 필요성에 대해 인식하지 못하는 경우(1)〉로 처리했다.

③ 주민문화 역량강화에서는 〈문화축제를 계기로 문화예술에 대한 주민의식이 고양된 경우(5), 문화예술에 대한 주민 호응이 있는 경우(3), 문화예술에 대해 무관심한 경우(1)〉로 처리했다.

따라서 후술하는 정책사례의 선정기준은 〈표 5-1〉 2003년 축제별 만족도 비교와 〈표 5-2〉 문화축제를 통한 문화 거버넌스 평가 기준표를 근거로 하여 선정하였다.

제2절 문화축제 사례 유형

문화 거버넌스의 관점에서 볼 때 축제의 성공여부는 여러 가지 요인이 영향을 미치지만 특히 중요한 요인은 축제의 추진 체계와 과정이다. 즉 누가 어떤 축제를 만들고, 축제가 미치는 사회·경제적 영향 및 그 효과에 따라 축제의 성공 여부를 가릴 수 있는 것이다.

따라서 이 연구에서는 문화 거버넌스의 관점에서 축제의 행위주체가 누구였는가와 축제의 추진과정 및 목적, 축제의 진행과 내용, 축제에 대한 평가, 거버넌스의 모형 등에 초점을 맞추어 문화축제의 사례를 유형화하였다. 따라서 축제 유형을 ① 정부주관, ② 민간주관, ③ 민-관 협동주관으로 유형화하고 민-관 협동주관을 다시 성공사례와 자기영역 포기 사례로 유형화 하였다.

1. 축제 사례의 유형별 분류

한국의 문화정책은 문화 거버넌스의 변화와 새로운 문화 거버넌스의 정착과정에서 다양한 사례를 보이고 있다. 이것은 과거 '계층적 거버넌스' 형태의 문화영역에 대한 지배와 이에 대한 반작용 및 거부 형태가 시민사회의 영역 확장이라는 현대적 조류와 맞물려 발생하는 과도기적 형태로 볼 수 있다. 이것은 계층적 거버넌스부터 시작된 정부의 역할과 기능이 어떻게 설정되어야 하는가 하는 질문을 논란의 대상으로 삼고 있다.

이를 기초로 하여 다음 13개 축제를 유형화 해보면, 정부 개입의 정도와 민간영역 간의 관계를 기준으로 〈표 5-3〉과 같이 ① 정부의 적극적 개입을 통한 문제해결형(정부주관), ② 개입제한을 통한 민간자율론(민간주관), ③ 정부의 개입과 민간이 적절하게 조화된 유형(민 - 관 협동주관의 성공 사례), ④ 거버넌스의 각 주체들이 자기 영역의 전문성을 확보하지 못한 사례형(민 - 관 협동주관의 자기영역 포기 사례)으로 분류하였다.

〈표 5-3〉 문화축제 사례분석의 유형별 분류(예)

구 분	사 례	축 제 명	축 제 내 용
정부주관 형태	정부의 적극 개입 사례	A 축제	판소리, 성악 축제
		B 축제	지역축제
		C 축제	지역축제
		D축제	순수예술제
		F 축제	음식축제
민간주관 형태	민간자율론에 의한 사례	G 축제	음식축제
		H 축제	음식축제
		I 축제	대학생 종합축제
민 - 관 협동주관 형태	국가의 개입과 민간이 조화된 사례	J 축제	영화축제
		K 축제	순수예술제
		L 축제	순수예술제
	각 주체의 자기영역 포기 사례	M 축제	연극, 무용 등
		N 축제	지역축제

2. 유형별로 구분한 문화축제 선정의 구체적 이유

1) 정부주관 축제(A 축제)[46]

A 축제는 대표적인 정부주관 축제이다. A 축제의 경우 동일한 장소에서 열린 2001년 영화제가 실질적으로 민간단체와 민간전문가가 중심이 되어 축제를 준비, 기획, 집행하였던 것에 비하여 A 축제의 경우 지방자치단체장이 준비위원장을 맡고 공무원들이 실제 행사와 관련된 제반업무를 수행하는 등 정부 및 지방자치단체가 행사를 적극적으로 주도하고 집행하는 전형적인 모형을 가지고 있기 때문이다.

A 축제의 경우는 정부주관 축제의 전형적인 모양새를 갖추고 있는데 조직위원장을 주최 측인 도의 도지사가 맡고 있고 집행위원회는 조직위원 중에서 위촉된 민간전문가들과 도지사, 문화관광국장이 참여하고 있다. 한 가지 특이한 사실은 집행위원회의 위원장도 도지사가 겸하고 있다는 것이다. 주최 측인 자치단체의 장이 조직위원회 위원장을 맡고, 게다가 실질적인 집행기구인 집행위 위원장까지 맡는 경우는 흔치 않다. 따라서 A 축제의 경우는 지자체가 직접 축제를 이끌어 나가고 행정공무원들이 행사의 각 부분을 책임지고 운영해 나가는 정부주관형의 전형적인 방식을 취하게 된다. 결국 상부구조와 실무적인 구조를 정부가 장악함으로써 전반적인 정책결정이나 집행을 주도하는 가장 전형적인 정부주관형의 특성을 보이는 것이다(김은정, 2001: 42).

이와 같은 A 축제의 조직위원회와 집행위원회의 구성은 같은 지역에서 개최된 축제(영화제)의 조직 및 집행위원회 구성과는 매우 대조적인 것이다. 이 두 축제사례를 비교·검토하는 것은 정부의 적극적 개입을 통한 문제해결형과 정부의 개입과 민간이 적절하게 조화된 유형의 장·단점을 상호 비교하는데 매우 유용한 방법이라고 생각된다.

---

46) 이 내용은 김은정「민간주도와 관주도 축제의 차이에 대한 사례 연구」(서강대학교, 2001)를 문헌 조사의 대상으로 설정하고 이를 기초로 하고 있다.

2) 민간주관 축제(F 축제)

F 축제를 해당 사례로 선정한 이유는 F 축제는 독특하게 정부의 재정 지원은 물론 행사장 질서 유지에 필요한 경찰력 지원 등의 개입 자체를 거부하고 순수 민간단체 자력으로 행사를 진행한 80년대 이후 거의 유일한 축제 사례이기 때문이다. F 축제가 이와 같이 순수 민간축제가 되기까지는 지방자치단체와의 불화 등 여러 가지 요인이 있었지만 결과적으로 순수 민간단체의 자력만으로 행사를 진행하였을 때 발생할 수 있는 여러 가지 문제점을 다른 변수의 작용 없이 고스란히 드러낸다는 측면에서 분석대상으로 매우 적절하다고 판단되었다.

3) 민-관 협동주관 축제: 성공 사례(I 축제)

앞에서 기술한 바와 같이 I 축제는 민간영역이 문화행사를 주도적으로 집행하고 정부 및 지방자치단체가 이를 지원, 보조하는 형태로 집행이 이루어졌다. I 축제의 주최는 당해 영화제 조직위원회이고 주관은 당해 영화제 집행위원회이다. 조직위원회는 영화전반을 운영하는 역할을 맡고 있고 운영위원회는 실질적인 정책결정과 집행을 맡고 있다. 예산지원이나 행정적 지원에 있어 전주시의 역할이 적지 않지만 영화제에 관련된 모든 업무와 결정, 집행은 조직위가 자율적으로 해 나가고 있어 민-관 협동주관(성공 사례)형의 대표적 성격을 띠고 있다(김은정, 2001: 36).

I 축제는 시의 문화관광국장이 당연직 조직위원으로 참여하고 있을 뿐 민간전문인들로 조직위가 구성되어 있으며 위원장 역시 조직위원들이 선출한 민간전문인이 맡고 있다.

조직위는 영화제의 전반을 운영하는 역할을 맡고 있는 기구다. 그러나 실질적인 집행은 조직위의 하부 조직인 운영위원회가 주도한다. 따라서 실질적인 정책결정은 운영위원회가 맡고 있다. 조직위원회는 사무집행을 위해 사무국을 설치, 이를 중심으로 각 부서들의 역할이 배치되어 있고 사무국과는 별도로 행정지원팀을 두어 영화제 전반에 요구되는 행정적 지원을 전담하고 있는데 이 행정지원팀의 직원들은 전주시 산하 공무원들이다.

이와 같은 시스템은 정부주관의 A 축제와는 확연히 다른 조직 및 구성을 보이고 있으며 '민간자율론'에 입각하여 국가의 개입을 배제한 민간주관형과도 달리 정부가 재정지원뿐만 아니라 국가의 행정전문성까지 행사진행을 위하여 투자하는 모범적인 사례라고 할 수 있다. (김은정, 2001)

따라서 A 축제와 I 축제를 상호 비교·검토하는 것은 비슷한 시기 동일한 장소라는 두 사례의 배경을 최대한 살려 다른 변수요인을 최대한 차단하고 정부주관의 집행 유형과 민-관 협동주관 집행 유형을 비교·검토하는 데 매우 적절한 사례라고 판단되어 진다.

4) 민-관 협동주관 축제: 자기영역 포기 사례(L 축제)

L 축제는 05년 5회를 지속하고 있는 축제이며 현재는 성공적인 축제로 평가 받고 있다. 그러나 초기 단계 (본 연구에서는 연구목적을 위하여 當該 축제의 1-2회를 근거로 하였음) 민-관이 자율적으로 협력한 축제이기는 하나 자기영역을 포기한 사례로서 해당 축제에 대한 각종 언론의 보도자료와 행사 참여자의 평가, 행사 주관자 및 관계자의 평가, 행사 주최 측의 자체 평가와 사업 변경 계획, 준비위원회 및 조직위원회의 기구표 및 정부와 민간의 역할 분담표, 업무 수행표, 재정 형태, 통계 및 설문조사 등의 자료를 분석하였을 때 정부의 역할 포기, 예술인단체의 월권 및 비합리성, 관객영역의 미설정 등 정부-시장(예술인단체)-시민(관객)이 자기영역을 확보하지 못하고 역할을 제대로 수행하지 못한 측면들이 여러 각도에서 도출되었다. 특히 언론보도 및 전문가들의 판단에 나타난 상기와 같은 문제점은 모두 비판적 관점을 나타내고 있어 문제의 심각성을 더하고 있다. 이에 해당 축제를 민-관이 자기영역을 포기한 사례로 선정하였다.

이와 같은 모형 사례들은 모두 나름대로 위에서 기술한 것처럼 문화영역 거버넌스의 반영이 전제되어 있다. ① 정부의 적극 개입형은 계층적 거버넌스의 반영이, ② 민간자율론은 시장중심 거버넌스의 영향으로 인한 불완전한 시민사회형 거버넌스의 반영이, ③ 정부의 개입과 민간이 조화된 유형은 상대적으로 완성적인 시민사회의 독립형 거버넌스의 반영이, ④ 거버넌스의 각 주체들이 자기 영역의 전문성을 확보하지 못한 사례형은 현실적 토대구축 없이 성급하게 시민사회 거버넌스를 수용한 측면이 뚜렷하게 나타난다. 그리고 이와 같은 모형의 변화에는 국가의 역할과 기능, 지위가 그때마다 변화한 형태로 나타나고 있다.

제3절 유형별 문화축제 사례분석

1. 정부주관

1) A 축제의 내용과 제(諸)문제

(1) A축제의 조직 속에 나타난 문제

A 축제는 지방자치인 도가 주최하고 A 축제 조직위원회가 주관한다. 형식면에서는 I 축제와 같은 틀을 갖고 있지만 실질적인 구성은 전혀 다르다. A축제의 경우는 정부주관형 축제의 전형적인 모양새를 갖추고 있는데 조직위원장을 주최 측인 도의 도지사가 맡고 있으며 조직위의 규모도 지나치게 방만한 특성을 갖고 있다. 여기에 예술행사라는 특성을 살려 별도의 기획위원회를 두고 행사의 프로그램을 기획하고 있는데 조직위원이나 집행위원과는 달리 음악 전문가들로만 구성되어 있다. 그리고 예술 및 공연 행사와 관련된 직접적 업무를 관장하는 예술총감독이 있는데 사무총장이 요청하는 사항에 관하여 실무적인 자문을 하는 역할을 하며 조직위원장이 위촉하게 되어 있다. 역시 사무집행은 조직위 하부기구로 상설된 사

무처에서 맡고 있으며 이 사무를 통합하는 사무총장이 사무국을 관할하게 된다. A 축제의 이와 같은 조직구성은 매우 독특한 형식이다. A 축제 조직위원회를 별도로 창립하고 사단법인화 하는 등 민간기구로서의 모양새를 갖추어 놓아 민간주관형을 내세우는 듯이 보이지만 실질적으로는 官이 전반적인 정책결정이나 집행을 주도하는 가장 전형적인 정부주관의 특성을 보이기 때문이다. 게다가 사무처의 직원들도 공무원들이 주축이 되면서 실제로는 정부가 전반적인 행사를 운영하는 틀을 갖추게 된다.

따라서 A 축제의 경우는 지자체가 직접 축제를 이끌어 나가고 행정공무원들이 행사의 각 부분을 책임지고 운영해 나가는 정부주관의 전형적인 방식을 취하게 된다. (김은정, 2001: 36).

축제의 경영조직은 축제의 기획과 실현에 대한 가치와 믿음을 형성하고 변화하는 환경에 민감하게 적응할 수 있는 능력을 갖고 있어야 하며 탄력성을 갖춘 열린 조직구조여야 한다. 특히 축제의 경영조직 라인체계는 단일성을 원칙으로 하고 스텝 조직은 전문성을 원칙으로 해야 한다는 것인데 A 축제의 조직은 이런 문화예술축제 경영조직의 특성으로부터 큰 차이를 보고 있다.

이러한 조직의 정부주관형 특성은 생산적인 조직운영이 불가능할 뿐 아니라 민주적이고 효율적인 정책결정과 집행에 한계를 드러내게 만드는 조직상 문제를 그대로 노출한다.

2) 유사사례분석(B 축제 사례)

2004년 B 축제의 경우, 전형적인 정부주관 축제의 전형을 보여주고 있다(〈표 5-4〉 참조).

〈표 5-4〉 B 축제의 정책결정과 집행에 대한 평가

축제명	구 분	내 용	정 부	시 민	예술가단체
B 축제	정책결정	정책결정	안성시	-	-
		예산집행	안성시	-	-
		조직위원회	준비위원회	-	-
	조직구성	운영위원회	준비위원회	-	-
	집 행	사무국	공무원이 주도	-	-
	컨텐츠지원	-	-	-	용역지원

2001년 시작된 축제는 축제의 시민적 합의와 당위성 없이 당해 시장의 발의에 의해 이루어져서 축제가 4년차 된 현재까지 성공적인 홍보에도 불구하고 지역민들의 빈축을 사고 있다.

이는 내부 통합이 이루어지지 않아 축제를 추진하는 공무원들은 행정 동원과 하달식 업무지시로 축제 스트레스에 시달리고 주민들은 자발적 참여 없이 동원되고 있으며 안성지역 문화예술인들은 외부 용역 예술단체들로 인해 문화예술에서 소외당하고 있다.

주최 측은 회계처리 부분에서 정부가 주도적으로 개입하고 있다고 하고 있으나 ① 예산의 형성이나 조직구성의 전 단계까지만 정부가 적극적 개입을 하고 ② 내부 통합 없는 하달식 정부주관 축제는 고객을 방관자로 만든다는 점, ③ 그 지역의 문화특성 개발이나 지역문화의 생산 없는 행정편의에 의한 문화예술의 용역화는 축제의 기대감을 저버리고 그 지역 문화예술인들의 소외감과 허탈감을 조성하여 결국은 지자체에 대한 반감으로 작용하게 된다는 점 등을 고려해 볼 때 그 설득력이 떨어진다.

정치적 시류와 문화부흥의 요구가 시대적 시류를 타고 정부주관 축제의 번성을 구가하고 있으나 정치적 목적에 의한 과도한 목표설정과 지역 정서에 맞지 않거나 지역민의 의견 통합 없이 이루어지는 축제는 기존의 수직적 문화 거버넌스로서 시민사회의 통합을 가져오지 못함을 여실히 보여주고 있다.(김은정, 2001).

4) A 축제의 정책결정과 집행에 대한 평가

당초 대내외적 주목을 받았음에도 불구하고 A 축제가 예비행사를 통해 정책적 측면에서나 경제적 측면, 문화예술적 측면 실패했다는 평가를 받은 이유를 보면, A 축제는 조직위를 사단 법인화하는 등 민간기구로서의 모양새를 갖추어 놓아 민간주관형을 내세우는 듯이 보이지만 실질적으로는 상부구조와 실무구조를 정부가 장악함으로써 전반적인 정책결정이나 집행을 정부가 주도하는 가장 전형적인 정부주관의 특성을 보인다. 물론 행사의 정책을 결정하고 집행해 가는 집행위원회나 행사의 내용을 기획하는 기획위원회가 민간전문인들이 중심이 되어 조직되어 있기는 하지만 조직위원장과 집행위원장을 지자체장이 장악하고 있고 실무를 담당하는 사무국조차 공무원들이 주도하고 있는 환경에서 이들이 제 기능을 발휘하기에는 한계가 많다. (김은정, 2001)

이에 대한 언론 보도는 외부의 개인 사업체를 통해 주요 프로그램이 확정되고 추진되었다는 점이 道의 공신력을 떨어뜨리는 결과를 자초한 게 아니냐는 지적이 있다(2001. 10. 19. 전북일보, 10면). 문화예술축제를 경영하는 조직은 관객들을 가장 잘 개발하고 운영할 수 있는 경영조직 유형을 따르면서도 축제가 가지는 예술적인 속성을 잘 반영해야 한다. 축제의 경영조직이 축제의 기획과 실현에 대한 가치와 믿음을 형성하고 변하는 환경에 민감하게 적응할 수 있는 능력을 갖고 있는 탄력성을 갖춘 열린 조직구조여야 한다는 것이다. 그러나 그러한 조직이 되지 못했을 때, 그 성과는 예상보다도 훨씬 참담하게 드러날 수 있다. A 축제의 경우가 바로 이러한 대표적인 사례다. 현재 정부주관 축제는 우리나라에서 벌어지고 있는 대부분의 축제 형태이며 지역분권화가 진행될수록 전문적인 인력의 부족으로 오히려 그 수는 증가하고 있는 추세이다. 대표적으로 B 축제(2004년), C 축제(2004년), D 축제(2004년), E 축제(2004년) 등이고 특히 D 축제처럼 급성장한 축제의 경우 성과물에 의한 갈등 끝에 좌초, 표류하는 경우도 없지 않다('급증한 지역축제 성공적으로 정착하기', 문화일보, 김승현).

김정렬(2001)은 영국 블레어 정부의 거버넌스를 체계수준, 관리수준, 정책수준으로 구분하여 체계수준에서는 탈이념화를 통한 개혁 기반 구축, 관리수준에서는 경쟁적 시장 기제의 활용, 정책수준에서는 협력적 네트워크의 구현이라고 설명하였는데, A 축제의 경우 관리체계의 효율화와 정책의 일관성을 위해 정부주관의 거버넌스 모형을 구현한다 하더라도 시민의식이 성장한 시민사회에서 시민이 문화생산자로 정책형성 과정과 집행과정에 참여할 수 없을 경우, 즉 협력적 네트워크를 구현하지 못할 경우에는 그 축제는 실패한다는 사례를 극명하게 보여주고 있다(〈표 5-5〉 참조).

〈표 5-5〉 A 축제의 정책결정과 집행에 대한 평가

축제명	구 분	내 용	정 부	시 민	예술가단체
A 축제	정책결정	정책결정	조직위원장, 집행위원장	-	예술총감독 (정책결정배제)
		예산집행	관주도 조직위원회	-	-
		조직위원회	관의 단체장이 장악(도지사)	조직위는 형식적	-
	조직구성	운영위원회 집행위원회	관의 단체장이 장악(도지사)	-	-
	집 행	사무국	공무원이 주축	-	-
	컨텐츠지원	-	-	-	형식적참여

5) 분석 모형과 축제평가표에 의한 사례분석결과

(1) 분석 모형에 의한 사례분석결과

A 축제의 실패는 전형적으로 계층적 거버넌스가 가지는 한계를 명확하게 드러냈다고 판단된다. 계층적 거버넌스는 한국이 개발도상국 수준에서 발전을 위한 인프라를 구축하고 또 정부의 모든 경쟁력을 하나로 묶어 일사불란한 체계를 유지하는 데 있어 효율적 측면이 있다. 하지만 개인의 창의

성과 자율성을 존중하는 문화영역에 있어 정부의 일률적인 지휘체계 속에서 획일적 통일성을 특징으로 하는 계층적 거버넌스의 문제점은 다른 영역에서보다 심각하다는 특수성을 감안할 필요가 있다. 이와 같은 문제는 이 책의 다음 장에 후술된 설문조사에 의하더라도 명확하게 나타난다. 먼저 정부가 문화적 전문성이 결여되어 있음에도 불구하고 문화정책의 주체임을 자임하면서 발생하는 문제를 살펴보면 명확하게 나타난다.[47] 이것은 정부의 문화전문성을 시급히 향상시켜야만 문화영역에 있어 정부의 기능이 순조로울 것이라는 지적으로 이해된다. 하지만 여기에서 유의해야 할 것은 정부가 문화영역의 전문성을 획득하였다 할지라도 문화의 주체로 나서는 것에 대하여서는 설문결과 상당부분 부정적인 견해가 지배적이라는 점이다.

문화영역에 있어 정부의 지나친 개입형을 조장하는 계층적 거버넌스의 형태를 모형도로 정리하면 〈그림 5-1〉과 같다.

이와 같은 모형은 정부(국가)의 비정부영역에 대한 일방적인 지시와 감독만이 존재하며 비정부영역인 시민(관객)과 시장(예술가단체)의 영역은 단순한 관리대상이자 수동적 참여의 대상이 될 뿐이다. 이와 같은 형태는 문화정책의 궁극적 목적인 '문화복지' 달성에 장애가 되고 있음은 두말할 나위도 없는 것이다. 정부와 사회 일반에서 시민사회의 영역과 시장의 중요성이 계속 확대되고 있는 만큼 문화영역에서도 비정부영역인 시민(관객)과 시장(예술가단체)영역의 참여와 자율성을 확대·보장하여 주어야 할 것이다.

---

47) 이 연구의 설문조사 중 문항4) 국가가 주도하는 문화정책이 민간이 자발적으로 주도하는 문화정책의 실적보다 저조하다는 의견에 대하여 어떻게 생각하십니까? 라는 질문에 응답자들은 매우 동의함(32명), 조금 동의함(55명), 보통 동의함(20명), 별로 동의하지 않음(15명), 전혀 동의하지 않음(11명)으로 나타났다. 이와 같은 설문결과는 국가가 문화영역이 창의성과 기율성을 침해하지 말아야 한다는 논리로 귀결될 수 있으며 또는 문화를 정책적으로 이용하여서는 안 된다는 의견으로 해석된다.

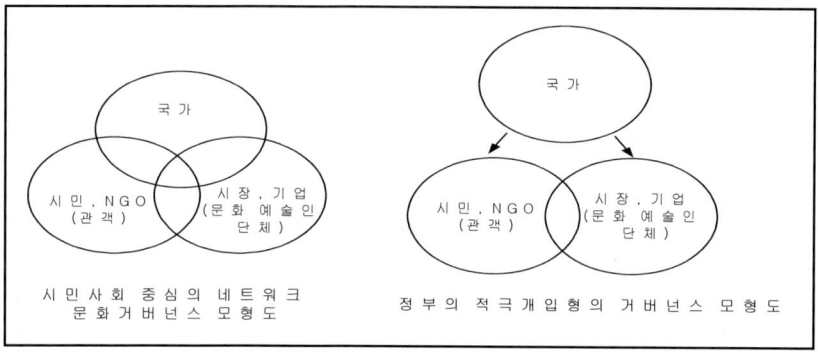

〈그림 5-1〉 계층적 거버넌스

(2) 축제평가표에 의한 사례분석결과

전형적인 정부주관 축제인 A 축제, B 축제, 강화고인돌축제, C 축제, D 축제 등 5개 지역축제는 축제평가지표 기준 100점 만점에서 56점 이하의 낮은 점수를 차지했다. 의제설정 부분에서는 지역 CEO의 문화 정책적 발제에 의해 축제가 시행되어 지역 연고 문화 특이성에도 불구하고 B 축제는 최하위점수를 기록했다. 그에 비해 A 축제는 민간주도 시민그룹에 의해 축제가 발제되었으나 정책형성과정에서 정부주관 축제로 이관되고 민－관 정책협상력 부재와 민－관의 상호존중, 상호신뢰 부분에서의 갈등으로 낮은 점수를 기록했다. 이상과 같이 문화축제를 통한 문화 거버넌스 평가기준표(이하 '축제평가표')를 통해 문화축제를 분석한 결과 5개의 정부주관 문화축제의 특징은 문화축제로 인한 문화구현 부분에서는 대체로 높은 점수를 받았으나 문화를 통한 지역축제의 시민주도 발제가 있었다 하더라도 정부주관으로 실질적 정책실행기관이 이관되면 문화예술의 구현에 있어서 지역에 문화예술의 역량강화나 지역민 문화향수 부분에서는 긍정적 효과가 있으나 시민사회 문화 거버넌스의 올바른 구현에 있어서는 취약한 모형이라고 할 수 있다(〈표 5-6〉 참조).

<표 5-6> 정부주관 축제평가표

구분	내용 / 축제명	A 축제	C 축제	C 축제	D 축제	E 축제
의제 설정	의제형성 자율성 (5)	4	1	2	4	3
	의제형성 민주성(5)	4	1	2	2	2
	정부와의 협상(5)	1	4	4	2	2
정책 형성	정책형성자발성(5)	2	3	2	2	2
	정책과정의 공개(5)	1	1	1	1	1
	수평적 조직구조(5)	1	2	2	2	2
	조정과 협상기능(5)	1	2	2	2	2
정책 집행	목적의 달성(5)	3	4	2	2	2
	시장의 메커니즘(5)	3	3	2	2	2
	기금집행 민주성(5)	3	4	2	2	2
상호 의존	상호의존성(5)	2	4	2	2	2
	상호신뢰(5)	2	2	2	2	2
	자원의 공유(5)	2	1	2	2	2
	협조적 풍토(5)	2	2	2	2	2
자치 활동	제도적 유연성(5)	3	1	1	1	1
	주민참여 적극성(5)	3	1	3	3	1
	사회기반 개선효과(5)	3	5	1	3	3
문화 구현	프로그램의 독창성(5)	5	5	1	3	5
	예술교육 및 계승(5)	5	5	1	1	3
	주민문화 역량강화(5)	5	3	1	3	3
합 계		55	54	37	43	44

2. 민간주관(F 축제)

1) 축제의 추진과정 및 목적

F 축제는 1998년부터 시작되어 번영회, 사단법인 한국음식업중앙회 군지부, 사단법인 축산기업중앙회 군지부 등을 중심으로 축제 추진위원회가 구성

되어 행사가 추진되었으나 추진위원회의 경험과 준비가 부족하여 제대로 추진이 되지 않고 있다가 1999년 1월 본격화되었다.

정부 개입과 관련하여 군 당국은 영리 목적의 불고기축제보다는 지역의 문화발전을 위하여 종합축제로 할 것을 주장하였고 추진위원회는 불고기축제를 주장하여 협상이 되지 않았다. 추진위원회는 행정 당국의 협조를 받지 않고 단독으로 축제를 개최하기로 하여 준비를 진행시켰다. 이러한 과정에서 제1회 F 축제는 추진위원회와 광고대행사의 의욕에도 불구하고 결과적으로 많은 문제점이 노출되고 말았다.

이상에서 살펴본 행사의 취지와 목적을 분석해 보면 소규모 지역의 축제치고는 너무 추상적이고 거창한 구호와 목적으로 현실성이 떨어지는 감이 있다. 행사의 취지를 구체적으로 분석해 보면 지역경제 활성화, 관광객 유치, 지역민의 자긍심 고취, 한우 불고기 비결 소개, 홍보의 극대화 등인데, 문화축제로서의 취지가 결여되어 있는 것이 문제라고 볼 수 있다.

2) 축제의 진행과 내용

위에서 지적한 문화축제로서의 취지 결여 문제는 결국 행사주관기구의 기획력 부재로 이해될 수밖에 없다. 또한 이 기획력 부재는 지역과 지역간의 네트워크망 형성 부재에서 기인되는 요소가 있다. 이런 네트워크망 부재의 문제는 국가의 행정기구 연계망으로 어느 정도 해소의 여지가 있는 것으로 생각된다. 결국 국가에 대한 비정부영역의 불신이 국가가 가지고 있는 전문성과 인프라까지도 거부하여 더욱 사태를 악화시킨 것으로 이해된다. 새로운 축제를 창조할 때는 경제적 가치만 우선순위로 잡아서는 안 되고, 지역의 특성에 기반을 둔 아이템을 선정해야 하며, 문화의 논리에 충실할수록 경제적 이득은 자연스럽게 따라오게 마련이다. 국내외 사례 중에서 벤치마킹을 하되 지역적인 색깔이 물씬 풍겨 나오는 행사로 기획하는 것이 바람직하다. 참여성을 강화하는 축제의 기획이 요구되는데, 먼저 주민이 행사의 준비과정부터 행사진행까지 참여할 수 있도록 문호를 개방해야 하며, 자원봉사자를 활용하여 개최 비용을 절약해야만 하겠다. 행사도 가급적이면 많은 주민이 참가할 수 있는 종목을 포함시켜야 하는 한편 축제가 주민들만의 잔치로 국한되어서는 안 된다. 외지 관광객, 더 나아가서는 외국인 관광객도 흥겹게 참여할 수 있는 종목을 개발해야 한다. 주인과 손님, 주최자와 외지 관광객의 구분 없이 흥겹고 즐거운 체험관광을 할 수 있는 다양한 종목을 넣어야 할 것이다. 공무원들은 지방자치시대의 지역문화축제는 대단히 소중한 문화자산일 뿐만 아니라 지역 주민의 유대를 굳건히 하고 지역 경제를 활성화시킬 수 있는 기회가 된다는 사실을 인식해야 한다. 정부 주도의 시대를 지나 지금은 민간의 역량이 앞서가는 시대가 되었기 때문에 공무원들이 전면에 나서기보다는 측면에서 지원해 주는 형태가 가장 무난하다고 판단된다. 축제에 관한 주도권 다툼은 더 이상 누구에게도 도움이 되지 않으므로 민간단체와 행정 당국은 서로 양보해야 했으며, 번영회 중심의 축제위원회를 발전적으로 확대 개편하여 지역의 문화·예술계 인사, 학계, 공무원, 재계, 상공인, 지역 유지 등을 포함하여야 할 것이다. 아울러 축제의 운영에 필요한 경비는 외부의 이벤트 회사에 맡겨 수익성 위주의 사업을 통하여 조달할 것이 아니라 축제위원회, 번영회를 중심으로 연중 비용을 조성하여야 하며, 행정 당국의 일부 보조, 광고 협찬 회사의 지원금 등으로 사전에 예산을 확보한 후 축제를 거행하여야 할 것이다.

3) 유사사례 분석(G 축제 사례, H 축제 사례)

(1) G 축제 사례

F 축제와 유사한 G 축제의 사례를 보면 다음과 같다. G 축제는 1994년부터 시작되었으며 1994년부터 1998년까지는 정부가 재정지원을 하고 행사 주최자로 되어 있었으나 실질적으로는 주관 대행사를 선정하고 광주 및 인근지역 식품제조업자 및 판매업자에게 운영 및 집행을 맡기는 민간 주관의 형태로 진행되어 왔다. 하지만 당초 예상과는 달리 외국인 관람객

수가 1994년에 176명, 1995년에 149명에 불과(2000년에는 3200명)한 등 실적이 저조(문화관광축제 평가 및 방문객 분석, 1999: 11-55)하고 일본과 김치 종주국 문제가 발생하면서 99년부터 정부가 축제의 기획과 집행에 직접 개입하여 주도하고 재정지원을 대폭 늘리는 등 정부주관 형태로 축제 유형을 변화시켰다. 또한 그 이후로도 많은 문제점과 비판이 계속 제기되고 있어 실패한 축제의 전형으로 남아있다(홍철희·김승희, 2003, 제10회 G 축제 평가보고서).

1998년 10월 열린 '김치세계화'를 내건 G 축제는 지역행사의 한계를 극복하지 못했다는 지적을 받았다(동아일보, 1998. 10. 20.). 또한 축제의 전국화 내지는 세계화를 목표로 한다면 쇠고기의 위생적인 관리와 품질 유지, 불고기와 관계없는 품목의 잡상인 단속 등이 선행되어야한다.

이 책에서는 99년부터 정부의 개입이 실적저조라는 측면에서 기인하였기 때문에 98년 축제까지를 민간주관의 실패한 축제로 평가하고 있다. 또한 광주 및 인근 지역의 식품제조업자 및 판매업자들이 주축이 되어 진행한 축제이며 지방자치단체에서는 최소한의 재정지원 이외에 별다른 개입과 참여가 없었던 축제이다. 따라서 축제 집행에 대한 평가에 있어 교통접근성 문제, 질서 유지 문제, 규격 및 계량의 비규격화 등은 정부 및 지방자치단체의 비참여에서 발생할 수 있는 문제점들로 제기되었다. 이것은 문화 축제에 있어 정부의 역할과 참여의 당위성을 고찰할 수 있는 여러 가지 사례들을 도출시키고 있는 것으로 판단되어 해당 축제 사례로 선정하였다.

(2) H 축제 사례

' H 축제(SUAF)'[48]는 아마추어로서 순수한 열정을 가지고 '새로운 대학 문화 패러다임의 생성 그리고 확산'을 목적으로 상업주의적인 문화로 얼룩

---

48) Seoul University Avenue Festival: 제1회는 5월 25일부터 6월 2일까지(9일간), 제2회는 5월 24일부터 5월 28일까지(5일간), 제3회는 9월 29일부터 10월 3일까지(5일간) 개최하였다.

진 현 대학문화에 도전해 보자는 의미로 2002년에 출발하였고 2004년 현재 제3회까지 진행되었다. 대학로문화축제의 좀더 구체적인 목표에는 '어울림', '참여', '즐거움'이라는 기본이념을 바탕으로 대학문화를 대표하는 축제 실현, 동아시아 3국의 대학문화 교류의 장 마련 그리고 궁극적으로 세계 문화 유니버시아드 대회의 초석이 되자는 취지였다.

H 축제는 대학로 및 마로니에 공원과 각 주관대학에서 펼쳐졌고, 성균관대학교를 비롯한 9개 대학이 주관하고 고려대, 이화여대를 비롯한 30여 개의 대학이 참여하였다. 디자인, 공연, 전통문화, 국제교류 및 학술마당 등 각자의 주제에 맞는 다양한 프로그램이 있었고 참가인원은 제1회 대학로문화축제에서는 출연자 1,850명, 자원봉사자 500여 명, 관람객은 약 30만 명으로 추정된다. (SUAF2003 H 축제 도록, 2003: 41).

이러한 H 축제를 통해 대학생들이 주축이 되어, 자신들이 이끌어 가는 축제문화를 만들어감으로서 상업적 대중문화에 잠식당하지 않은 대학문화의 자생력을 확인했다. 또한 기존의 경직되고 획일화되는 경향을 보인 대학문화에서, 다양한 실험성과 저항성이 담보되고 시대적 흐름을 선도하는 대안적 문화로서의 대학문화의 새로운 패러다임을 제시하는 역할을 하였고 나아가 대학문화를 대표하는 축제의 장과 대학의 문화적 이미지를 구현했다고 할 수 있다. 한편, 한·중·일 3국의 정기적 대학문화 교류의 출발점이 되었고 많은 대학의 참여는 각 대학의 연합과 교류를 가능하게 하였을 뿐만 아니라 각 대학의 특색에 맞는 프로그램으로 인해 축제의 내용을 더욱 풍성하게 하는 요인이 되었다. (SUAF2003 H 축제 도록, 2003: 560).

그러나 성공적으로 평가되는 축제임에도 불구하고 여전히 문제점과 한계를 가지고 있다. 먼저 각 대학의 문화 네트워크 형성이 미흡하다는 점이다. 전국적 규모의 축제를 통하여 각 대학별로 가지고 있는 독특한 문화를 발굴하고 널리 전파하고자 하였으나, 시간적, 지리적 문제로 인하여 지방대학의 참여가 저조하였다. 이보다 더 큰 문제는 민간단체로서 갖게 되는 태생적 한계이다. 각 대학의 지원과 기업협찬이 있었지만, 그것의 한계로 인해 재정적인 어려움은 행사를 진행하는 데 있어 지속적인 문제를 일으

컸다. 그리고 인프라 측면에서도 대학 시설만을 이용하기에는 행사 규모와 시설이 갖추어지지 않는 곳도 많았고 행정적 협조가 필요한 프로그램도 많아 그것의 협조를 요청하고, 허가를 받는데도 어려움이 존재하였다.

환언하면, 이 축제는 당초부터 관이나 시장의 개입을 부정하며 태생적으로 상업주의 문화를 배격하고 순수하게 대학생들로만 이루어진 축제이다. 내용상으로는 매우 성공한 축제로 평가되지만 대학로의 교통 통제 등에 있어 서울시 문화과, 종로구청 그리고 동대문 경찰서 등의 적극적인 협조가 있었기에 성공이 가능했다. 만일 관련된 관청의 지원이 없었다면 행사 자체가 어려울 정도로 난관이 많은 축제였기 때문이다. 더구나 매년 겪는 행사 예산 확보의 어려움은 여전히 축제의 지속성에 문제를 안고 있고 각 대학들의 지원이 없으면 불가능한 실정이다. 따라서 이러한 점으로 보아 실질적으로 순수 민간자율에 의해 성공한 축제인가에는 의심의 여지가 있다.

이러한 문제는 정부의 개입을 통해 해결될 것으로 보인다. 즉 현재 기업 협찬금에 과다하게 의존하는 예산 구조에서 벗어나 중앙정부 및 지방자치단체 등을 통한 안정적인 예산 확보가 필요하다. 그리고 정부개입을 통해 인프라 이용과 행정협조를 더욱 원활히 할 수 있을 것으로 보인다. 대학은 문화관련 학과와 교수진의 존재로 문화관련 전문가와 예술성이 확보되어 있고, 각 대학의 동아리는 문화의 다양성과 창조성을 갖추고 있어 문화 컨텐츠를 제공하는 것이 매우 용이하므로 축제의 내용을 더욱 풍성하게 할 수 있을 것이다. 여기에 정부의 지원이 더하여 진다면 대학로문화축제는 대학축제를 넘어서서 한국의 대표적인 대학생들의 축제로 자리 잡을 수 있을 것이라 판단된다.

4) F 축제에 대한 평가

행사기간 중 불고기 직판장을 개설하여 성공적으로 판매를 하였다고 한다. 300평 규모의 불고기 직매장에서는 하루에 최고 1억 2천만 원 정도가 판매되었다고 한다.

축제 기간 중에는 행사장 이외에서도 축제에 동참하는 업소는 시중가보
다 저렴한 가격에 판매하여 관광객의 호응을 받았다. 또한 식당을 방문한
고객을 대상으로 쿠폰을 발행하고 경품 추첨 행사도 하여 언양·봉계 한
우 불고기축제에 참가한 관광객에게도 즐거운 추억거리를 남겨주는 아이
디어도 있었다.

행사를 개최함으로써 불고기 식당을 운영하는 식당 운영자들은 상당한
수익을 올리게 되었다고 한다.[49] 이것이 바로 F 축제의 효과라고 볼 수
있다. 그러나 F 축제는 행정당국의 비협조와 준비과정의 우여곡절에도 불
구하고 성대하게 개막하였으나 폭우와 강풍이 몰아쳐 수익사업에 차질이
생겼다. 그리고 행사 추진위원회와 행정 당국 간의 협의가 지연되다가 결
국 무산되는 바람에 행사계획이 원활하게 진행되지 않았고, 그나마 수익사
업마저도 폭우가 쏟아져 축제 대행회사는 엄청난 비용 부담으로 타격을
받게 되었으나 이에 대한 해결책이 없어 추진위와의 마찰만 계속되고 있
는 실정이다. 주요 행사 기간인 3일은 무사히 마쳤으나 폭우로 씨름대회,
취타대 거리행진 등의 행사가 취소되었다. (김은정, 2001)

이러한 문제는 F 축제만의 문제가 아니므로 정부차원에서 강력한 지원
이 필요하다고 본다.

5) 분석 모형과 축제평가표에 의한 사례분석결과

(1) 분석 모형에 의한 사례분석결과

이와 같이 '민간자율형' 축제의 실패사례는 현대사회에서 가장 막강한
자본력과 행정력을 소유한 정부의 참여를 배제했을 때 일어날 수 있는 전
형적인 사례라고 할 수 있다. 앞에서 기술하였듯 비정부영역인 시민단체는
기획부문에서 자율성과 창조성을 확보하고 있으나 그것을 실행하고 관철

---

49) 관계자 인터뷰에 의하면 축제기간 중에는 고객이 평소보다 100% 이상 증가하였
으며, 축제 후 한 달까지는 평소보다 50% 이상 증가하는 성과가 있었다고 한다.

시킬 수 있는 행정력에 있어서는 매우 미흡함을 가지고 있다. 따라서 이 부분에 대한 정부의 참여는 간섭과 제재가 아니라 보완과 협조의 개념으로 이해되어야 한다. 시민사회의 네트워크적 거버넌스에서 정부의 역할을 간섭과 제재가 아니라 보완과 협조 차원에서 그 긍정성을 파악하고 있는 것도 이와 맥을 같이 한다.

이와 같이 상기 축제의 실패원인은 계층적 거버넌스의 문제에 너무 집착한 나머지 정부의 역할이 가지는 긍정성에 대하여 깊이 인지하지 못하고 현대 시민사회의 영역이 확대되는 측면만을 너무 강조하여 시민사회 영역의 자율성에 필요 이상의 기대가 있었기 때문에 발생한 일인 것이다. 이와 같은 문제점을 모형으로 정리하면 〈그림 5-2〉와 같다.

시민사회가 이미 확장되고 있는 현대사회에서 정부의 행정력은 더 이상 감시와 제재의 도구가 아니다. 과거 계층적 거버넌스가 통치의 근간을 형성하였던 시기에 있어서의 행정력과는 달리 현대의 행정력은 정부재정과 함께 시민과 시장영역에 국가가 서비스할 수 있는 중요한 요소로 이해되어야 할 것이다. 이것이 명확하게 인정되지 않는다면 정부(국가) – 시민(관객) – 시장(예술가단체)의 3주체가 병존하고 네트워크망을 형성하여 유기적으로 결합하는 시민사회 네트워크 거버넌스의 완성은 불가능할 것이다.

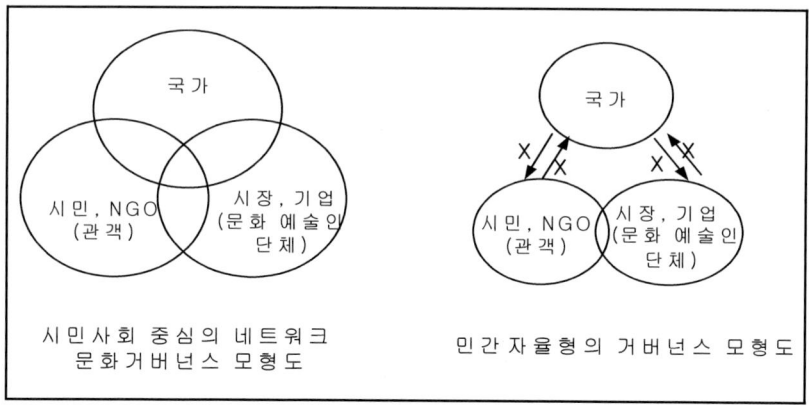

〈그림 5-2〉 불완전한 시민사회형 거버넌스

(2) 축제평가표에 의한 사례분석결과

전형적인 민간주관 축제인 F 축제와 H 축제의 사례를 축제평가표를 통해 연구·분석해 보면, 의제 설정과 정책형성 단계에서 지역의 필요에 의해 시민그룹이 주도적으로 축제의 의제를 선정하고 조직위원회를 구성하는 점 등에서 높은 점수를 획득하고 있으나 단순한 민간주관 축제로 인해 정부의 우위요소인 행정력과 기반시설구축, 홍보 등의 부분에서 협조를 획득하지 못하고 예술가단체의 문화예술프로그램의 자발적 참여를 이끌어내지 못해 상호의존 부분과 문화구현 부분에서 낮은 점수를 획득, 2개의 민간주관 축제사례는 평균 70.5의 점수를 획득했다.

또한 민간주관 축제사례분석에서 가장 중요한 부분인 정부-시민-예술가단체의 상호의존부분에서의 낮은 점수는 지역의 당위성에 의해 시민주도로 축제가 형성되었다고 하더라도 시민사회를 위한 문화 거버넌스를 위해서는 정부-시민-예술가단체의 적극적 참여와 상호의존적이고 유기적인 참여를 통해서만 구현됨을 반증한다고 할 수 있다.

3. 민-관 협동주관: 성공 사례(Ⅰ축제)

1) 축제의 취지 및 목적

Ⅰ 축제는 문화예술의 도시 전주의 이미지를 살리고 문화영상수도 지향과 관련해 현대적 개념의 복합문화산업인 영화제를 개최함으로써 50-60년대 한국영화의 메카였던 전주의 영화사 전통을 계승, 발전시키고 전주시민들에게 고품격의 문화서비스를 제공하며 새로운 세기 한국영화계를 이끌어 갈 젊은 인재를 발굴·육성함으로써 한국영화 발전에 기여하겠다는 목적을 내세우고 있다.

〈표 5-7〉 민간주관 축제평가표

구분	축제명 내용	F 축제	H 축제
의제 설정	의제형성 자율성 (5)	5	5
	의제형성 민주성(5)	5	5
	정부와의 협상(5)	1	1
정책 형성	정책형성 자발성(5)	5	5
	정책과정의 공개(5)	3	3
	수평적 조직구조(5)	4	5
	조정과 협상기능(5)	3	3
정책 집행	목적의 달성(5)	4	4
	시장의 메커니즘(5)	4	3
	기금집행 민주성(5)	4	4
상호 의존	상호의존성(5)	2	2
	상호신뢰(5)	2	2
	자원의 공유(5)	2	2
	협조적 풍토(5)	2	2
자치 활동	제도적 유연성(5)	5	5
	주민참여 적극성(5)	5	4
	사회기반 개선효과(5)	4	4
문화 구현	프로그램의 독창성(5)	3	4
	예술교육 및 계승(5)	3	4
	주민문화 역량강화(5)	4	4
합 계		70	71

특히 영화제를 개최함으로써 영화관련 기술과 인적 인프라를 구축하여 전주시가 21세기 영상문화의 꽃으로 부각되고 있는 디지털영상의 산실이 될 수 있도록 주력하며 그를 위해 대안적 성격을 가진 명실상부한 새로운 영화제로서 장차 세계 영화계에서 확고한 위치를 확보할 수 있도록 한다는 것이 전주시가 내세운 취지다. 전주시는 이 영화제가 지역문화축제의 장으로서 전주시민의 자발적인 참여를 유도하여 최대의 문화축제로 자리

매김하도록 하며 영화제를 통해 전주시의 지역문화를 활성화시키고 전 세계에 전주의 독특한 문화를 알리는 계기가 될 것으로 기대하고 있다.

2) 축제의 조직형태, 진행 및 내용

(1) 조직형태

I 축제는 전주시가 주최하고 I 축제 조직위원회가 주관한다. 정부주관 축제의 경우, 대개는 주최 측인 지방자치단체의 장이 조직위원장을 맡고 있지만 I 축제의 경우는 전주시의 문화관광국장이 당연직 조직위원으로 참여하고 있을 뿐 민간전문인들로 조직위가 구성되어 있으며 위원장 역시 조직위원들이 선출한 민간전문인이 맡고 있다. 조직위는 영화제의 전반을 운영하는 역할을 맡고 있는 기구다. 그러나 실질적인 집행은 조직위의 하부 조직인 운영위원회가 주도한다. 따라서 실질적인 정책결정은 운영위원회가 맡고 있다. 조직위원회는 사무집행을 위해 사무국을 설치, 이를 중심으로 각 부서들이 배치되어 그 역할을 하고 있다. 그리고 사무국과는 별도로 행정지원팀을 두어 영화제 전반에 요구되는 행정적 지원을 전담하고 있는데 이 행정지원팀의 직원들은 전주시 산하 공무원들이다.

이와 같은 시스템은 '민간자율론'에 입각하여 정부의 개입을 배제한 민간주관형과는 달리 행정국가가 재정지원 뿐만 아니라 정부의 행정전문성까지 행사진행을 위하여 투자하는 모범적인 사례라고 할 수 있다. 정부가 행정전문성까지 투자하는 거버넌스는 '계층적 거버넌스'에서도 나타나는 현상이지만 '계층적 거버넌스'의 경우 정부가 그 주도권을 가지고 비정부영역인 시민영역과 시장영역을 관리, 감독하는 형태를 보이지만 I 축제에서는 조직위원회의 실권을 민간전문인에게 넘기는 형태로 정부의 행정력이 비정부영역을 감독하는 것이 아니라 그 반대로 비정부영역을 정부의 행정력 위에 위치하게 하여 관리, 감독이 아닌 지원의 형태로 구축한 매우 효과적인 사례로 이해될 수 있다. 이와 같은 내용은 이 책의 설문조사에도 나타난다.

또한 여기에서 주목해야 할 것은 전주시에서 조직위의 사무국과는 별도로 행정기관 내에 행정지원팀을 두어 영화제를 지원하게 한 것은 조직위의 자율성과 창의성을 제한하지 않으면서도 국가의 행정전문성을 효과적으로 영화제에 투여할 수 있는 가능성을 제시하고 있는 것으로 매우 중요한 사례가 될 수 있을 것으로 보인다.

정리하면, I 축제의 전반적인 정책결정은 조직위가 맡고 있다. 주최는 영화제를 만들어 낸 전주시지만 시는 영화제의 프로그램과 전반적인 행사기획, 운영, 예산배정에 이르기까지 모든 결정을 조직위에 일임해 놓고 있다. 예산지원이나 행정적 지원에 이르기까지 전주시의 역할이 적지 않지만 실질적으로 영화제에 관련된 모든 업무와 결정, 집행은 조직위가 자율적으로 해 나가고 있어 외형적인 틀은 정부주관형이지만 실질적인 틀은 정부와 민간이 적절하게 조화된 시민사회 거버넌스의 성격을 반영하고 있는 것이다.

정부주관형의 경우는 앞에서도 설명되었듯이 지자체가 직접 축제를 이끌어 나가고 행정공무원들이 행사의 각 부분을 책임지고 운영해 나가는 방식을 취하지만 I 축제의 경우는 모든 정책결정과 집행을 조직 위에 일임함으로써 민-관 협동주관의 특성을 지니게 하고 있다고 보인다. 축제의 조직을 정부가 장악하고 있지 않고 조직위원회 등의 별도의 조직을 따로 두어 민간전문인들로 하여금 위원회를 자율적으로 운영해 나가는 방식을 취하고 있는 오늘의 현실에서 비교적 효율적인 방안을 채택하고 있다고 볼 수 있다.

따라서 민간전문가들이 주축이 되어 있는 조직위나 실질적인 정책을 결정하는 운영위의 위원들은 영화제로서의 특성을 견지하면서도 지역주민들의 정서와 기대를 반영해 내려는 노력을 적극적으로 시도함으로써 정책결정이나 집행에 있어 민주적 과정을 자연스럽게 거칠 수 있게 된다. 그리고 그 결과는 축제의 성공적 요인을 이끌어내는 성과로도 이어지게 된다. 이러한 특성은 앞의 이론적 배경에서 논의한 정책집행연구의 이론적 틀로도 설명될 수 있다.

I 축제의 조직위는 민간전문가들이 주축이 되어 있고, 모든 운영전반을 자율적으로 결정하고 집행하는 권한이 주어져 있기 때문에 정책형성의 단계로부터 집행에 이르는 과정에서 정부가 주도할 때와 달리 갈등의 폭이 좁게 나타난다는 가설이 가능하다. 또한 자신들이 직접 정책을 결정하는 권한을 갖고 있기 때문에 그것이 집행되어 가는 과정에 대한 관심은 높을 수밖에 없다. 그리고 이러한 민주적 정책결정과 집행의 성과는 I 축제에 대한 평가에서도 비교적 긍정적으로 반영되어 나타난다.

(2) 진행 및 내용

I 축제는 우리나라에서 세 번째의 국제영화제이다. 그러나 I 축제는 후발 주자로서의 장점보다는 '또 하나의 국제영화제'로 받아들이는 정서가 강해서 그에 대한 적잖은 부담을 안아야 했다. 전주라는 도시가 워낙 전통적인 이미지가 강해서 영화·영상도시로서의 이미지를 부각시키기가 쉽지 않았던 것도 영화제 개최에 대한 공감대를 형성하는 데 큰 걸림돌이 됐다. 그러나 제1회 I 축제는 내용과 관객 유치에서 차별화된 전략으로 당초 예상을 뛰어넘는 시민과 영화 팬들의 호응을 이끌어 내는 성과를 거두었다고 평가된다.(김은정, 2001)

I 축제 조직위가 xx문화저널사에 의뢰한 관객 설문조사 결과에 따르면 I 축제에 대한 시민들의 호응도는 영화 팬들의 호응도에는 다소 못 미쳤지만 기대 이상의 호응을 보였다. 실제로 영화제 관계자들과 지역 언론들은 영화제에 대한 시민적 호응이 낮아 영화제의 성공여부를 의심하고 있었으나 결과는 예상외로 드러났다. 전주시민의 관심이나 호응은 겉으로 드러나는 것보다 훨씬 적극적이고 의지적인 것이었음이 확인되었던 것이다. I 축제에 대한 전주시민들의 호응은 이 영화제의 지속적인 개최에 대한 반응을 조사한 결과를 보면 '영화제를 지속하는 데에 대한 입장'을 묻는 질문에 응답자의 69.2%가 계속해야 한다고 응답했고, 그만두어야 한다는 응답은 7.9%였다. 내년 I 축제 참여의사를 묻는 질문에는 응답자의 80%가 참

여하겠다고 답해 영화제에 대한 높은 호감을 보였다. 이 같은 결과는 영화제의 미래를 더욱 밝게 하는 결과이다. 시민들의 평가는 市가 지닌 보수적인 풍토에서도 불구하고 시민들은 市가 가진 전통적이고 고답적인 도시적 분위기에 대한 인식이 영화제를 통해서 나름대로 활력을 얻었다.

이와 함께 I 축제가 거둔 경제적 효과에 대해서도 시민들은 비교적 긍정적인 반응을 보였다. 물론 이 같은 응답은 영화제가 지닌 포괄적인 경제적 효과를 묻는 질문에 한해서 이루어진 것이긴 하지만 축제의 경제적 효과가 축제 그 자체가 얻은 직접적 효과로서만 측정될 수 있는 것은 아니라는 점을 감안할 때 市의 산업정책과 영화제의 연계효과에 대해 긍정적인 시각을 갖고 있는 시민들의 의식은 주목할 만한 것이다. 특히 영화제의 경제적 효과뿐만 아니라 영화제의 문화적 효과를 높게 평가하고 있는 것이나, 市의 대표축제로서 I 축제의 가능성을 긍정적으로 보고 있는 결과는 제1회 I 축제에 대한 시민들의 관심과 호응이 높았다는 결과를 보여주고 있는 것이다. (김은정, 2001)

언론들의 평가는 유보적인 입장이 대세를 이루었지만 대체로 긍정적인 시각이 많았다. 그 내용을 살펴보면 다음과 같다. '국내 최초로 디지털 영화를 슬로건으로 내걸었던 I 축제의 전략은 성공했다(한겨레신문, 2000. 5. 5. 35면).', '기대 이상의 관객동원과 시민들의 관심, 영화 매니아들의 열기가 모아졌던 올해 영화제의 성과는 무엇보다도 가능성을 확인시켰다는 점과 전주가 전통문화도시로서만이 아니라 현대와 미래를 아우를 수 있는 문화영상의 기반도시로서 성장할 수 있다는 확신은 가장 큰 성과였다. 그러나 이런 성과에도 불구하고 운영상의 미숙함과 그로 인해 노출된 문제점은 적지 않다(전북일보, 2000. 5. 5. 10면).', '부산과 부천에 이어 국내에서 세 번째로 개최된 국제영화제라는 핸디캡을 딛고, 대안영화를 내세운 I축제의 전략도 일단 성공한 것으로 평가받는다. 하지만 영화제 운영에선 많은 시행착오들이 빚어져 다음 행사의 과제로 남았다. — 중략 — 그러나 이런 단점들 중 상당수는 부산국제영화제의 첫해 행사에서도 그대로 발견할 수 있었던 내용인 것이 사실이며 첫 행사를 무난히 성공적으로 치러낸 I 축제에 대한 진

짜 평가는 내년에 내려질 수 있을 것으로 보인다(조선일보, 2000. 5. 4.).', '대안적 영화와 디지털 영화를 기둥으로 세우는 순간, 부산영화제나 부천영화제에 견주어 흥행이 저조할 것을 어느 정도 각오해야 했던 전주영화제로서는 뜻밖의 성공임에 틀림없다(씨네21, 250호).'

지금까지의 대략적인 평가에서 알 수 있듯이 전주시민들이나 영화제 관객들의 제1회 I 축제에 대한 평가는 대체로 성공적이었다는 긍정적 입장으로 정리될 수 있다. 물론 이것은 I 축제가 내세웠던 포괄적인 목표를 바탕으로 할 때 가능한 것일 뿐 그것의 구체적인 척도, 예컨대 경제적 효과와 대외적 효과, 프로그램을 중심으로 한 문화 예술적 효과 등을 기준으로 들어 객관적 평가를 시도한다면 I 축제가 성공했다고 평가하기 어려울 수도 있다. 그러나 다소 주관적이거나 자의적인 평가에 의한 것이라고 하더라도 포괄적인 면에서 이 영화제가 동의를 얻고 있다면 그것은 일정 정도 성공이라고 말할 수 있을 것이다. (김은정, 2001)

3) 유사사례 분석(J 축제 사례, K 축제 사례)

(1) J 축제 사례

1989년 마임이스트 한 개인의 개인적인 열정으로 시작된 J 축제의 조직구성을 보면, 조직구성의 최상위를 예술 감독이 차지하고 있으며 예술 감독은 최초의 마임축제를 기획한 유모씨가 맡고 있고 조직구성 전체가 민간으로 구성되어 있다. 즉, J 축제는 예술축제로서 조직위원장이 예술 감독을 겸하고 있는 셈이다.

J 축제는 (사)J 축제 조직위, 한국마임협의회와 해당 市, 춘천 MBC가 공동주체하고 있으나 실질적인 축제의 운영은 주관인 (사)J 축제 운영위원회에서 하고 있으며 기획단계에서 실질적인 현장운영에 이르기까지 자체 인력과 자원봉사자들이 맡는다. 2002년 설립된 사단법인의 조직체계에 따라 축제 운영위원회의 운영위원장과 상설사무국장 그리고 축제 시작 6개

월 전에 구성된 각 팀의 팀장들로 조직을 가동하였으며 그 아래 '축제기획자 워크숍'을 통해 배출된 인턴을 두어 조직관리의 효율성을 더했다. 마임축제는 연한이 축적될수록 춘천시의 장소제공과 행정지원, 기금지원이 추가되어 국제적인 축제로 발전되는 양상을 보여주고 있다.

그러나 J 축제는 시민그룹 대신에 예술가단체가 행사를 주도하고 있고 자원봉사 조직에 대한 의존도가 높아 축제 기획의 전문성이 떨어지고 있으며 지원기금의 한계성으로 인해 운영상의 어려움을 겪고 있다. 상설사무국이 민간주도로 운영되고 있지만 예술 감독, 사무국장, 간사의 3인 상설체제로는 관광과의 연계, 행정지원, 마케팅, 홍보지원 등 전반적인 축제의 기능을 다하기에 역부족인 듯 보인다. J 축제를 통해 본 민-관 협동주관 축제에서 정책형성과 집행에서 민과 관의 갈등은 최소화한 것으로 보이며 권한과 집행은 전적으로 민간주관으로 이루어지고 정부는 수동적으로 교통통제나 장소제공 등 미미한 부분의 협조만 제공하고 있는 형편이다. 그러나 향후 국제적인 축제로의 도약이나 춘천지역 관광 활성화를 통한 지역번영 등의 목적으로 J 축제를 문화 거버넌스 전략으로 사용한다면, (사)J 축제 운영위원회는 시민의 자발적인 참여를 유도해 낼 필요가 있고 축제기획전문가 영입 등 인력 운영체계를 보완해 나갈 필요가 있을 것이며 공동주최인 춘천시에서는 자신들의 전문분야인 행정력과 조직력을 바탕으로 관광객 유치를 위한 기반시설 조성과 장기적 관점의 기금조성, 행정, 홍보지원 등에 적극적으로 협조를 할 필요가 있다.(김은정, 2001)

(2) K 축제 사례

올해 처음 개최된 K 축제는 3년 전 연극인 유인촌이 봉평 폐교를 군으로부터 임대하면서 시작되었는데 3년 전부터 폐교를 리모델링하면서 지역민들과 계속적인 유대를 가져 지역개발에 대한 설득을 하고 고급 공연예술 지역 유치에 대한 지역민의 함의가 이루어지면서 지역밀착형 지역문화 생산축제로 제1회 개최임에도 불구하고 성공적인 평가를 얻은 축제이다.

조직구성을 보면 민간주도 집행위에 예술가단체가 적극적으로 참여하고 있다. 또한 정부에서는 기반시설 건설과 행정적 지원을 담당하고 시민그룹에서는 축제의 운영과 프로그램 운영 등을 분담하고 있으며 지역민들은 토속음식 개발과 안내 등의 자원봉사를 담당하고 있어 상호의존적이고 협력적인 관계를 보여주고 있다.

지원기금의 집행 역시 기금의 조성과 결정은 정부에서 이루어 졌지만 집행은 전적으로 민간주관으로 행해졌으며 결과 보고서 작성과 결산 등을 통해 투명성 있게 공개적으로 진행되었다. 향후 봉평 달빛극장축제가 성공적으로 진행되기 위해서는 상설 준비위원회가 설치되어야 하고 기반시설과 안정적인 기금조성이 이루어져야 하나 민-관 협동주관의 모범적인 사례를 통해 지역민의 함의와 예술가, 시민, 공무원의 적극적이고 자발적인 참여와 수평적 정책결정이 축제의 성공요인임을 살펴볼 수 있었다.

4) ㅣ 축제에 대한 평가

Ⅰ 축제는 정부가 주도해 만들어 낸 행사이다. 물론 지역주민들에 의해 전주지역의 영화사를 새롭게 조명하고 그것을 바탕으로 영상도시로서의 발전을 이끌어 갈 영화제가 제안되기는 했지만 영화제를 탄생시키기까지 행사의 틀을 짜고 조직을 구성하는 등 실질적인 영화제의 기반을 다지는 역할을 정부가 해왔기 때문이다. 그러나 市는 조직위가 창립된 이후부터 이 행사의 성공적인 집행을 위해 모든 정책결정과 집행을 민간전문가들이 중심이 된 조직위 측에 넘겼다. 주최 측으로서의 의견을 반영하는 창구는 조직위원으로 참여하고 있는 문화관광국장과 영화제의 행정지원을 위해 신설된 행정지원팀이 전부이다. 따라서 영화제에 관한 실질적인 결정과 집행은 조직위원장의 책임하에 운영위원회에서 맡게 됐다. 그리고 이러한 형식은 주최와 주관의 형태로 나누어진 市와 조직위원회의 관계가 비교적 큰 갈등 없이 연계되는 요소가 되었다.[50]

---

50) 영화제 사무국 실무자와의 인터뷰에 따르면 市와 조직위는 정책을 결정하고 집행해 나가는 과정에서 효율성을 위해 서로의 입장이 다른 경우는 있었지만

그러나 이 정책결정과 집행이 민간과 조직위에 넘겨졌다고 해서 지역주민들의 욕구와 정서가 민주적으로 반영되는 효율성을 갖추었다고 보기는 어렵다. 영화제는 특수한 문화예술 영역이다. 따라서 전문성이 강하게 요구되는 분야이기도 하거니와 이들 영화전문가들이 조직위를 구성하는 중심축이 된다. 자연히 이들 영화전문가들은 함께 조직위에 참여하고 있는 지역의 인사들과 영화제에 대한 성격을 해석하는 입장을 달리하게 되는데, 그 때문에 어떤 정책을 결정하고 집행하는 데 있어 어느 한편이 동의하지 않으면 갈등과 마찰이 일어날 수밖에 없게 되는 것이다.[51] 그러나 영화제의 정책이 집행되는 과정에서 예상되었던 내부의 마찰은 외부에까지 노출되지 않았을 뿐 아니라 이러한 영화제의 성격과 관련해 영화제 후에 이어진 토론회나 시민단체들의 모니터 결과에서도 논란의 대상이 되었지만[52] 그것이 영화제의 전반적인 평가를 유보시키는 단계로는 발전되지 않았다. 필자의 생각으로는 이러한 상황이 조직의 성격, 정책결정과 집행 방식과 무관하지 않다고 본다.

그것이 갈등과 마찰로 발전되어 정책이 새롭게 설정되거나 변질되는 경우는 거의 없었다고 한다.

51) I 축제의 경우, 이런 내부적 갈등이나 마찰이 영화제의 큰 축을 변화시킬 정도로 노출된 것은 아니었다. 그러나 영화제 관계자에 따르면 I 축제가 영화제 그 자체로서 의미를 지녀야 하는 것이냐, 아니면 지역주민들의 축제로서의 의미도 그 못지않게 살려내야 하느냐는 꾸준한 논의의 대상이 되었다.

52) 2000년 6월 10일 市廳 회의실에서 열린 I 축제 평가보고회 및 토론회에서 활발하게 이루어졌다. 이날 토론자로 참여한 지역의 문화계 인사들은 "영화제가 축제가 되기 위해서는 영화를 통해 주민들이 의사소통하고 서로 교감하고 즐기는 영화 문화적 전통이 지역 안에 축적된 가운데 가능하다."며 제1회 영화제가 전반적으로 성공했다는 데에는 일견 동의하지만 시민들의 참여를 이끌어내고 진정한 축제의식을 심어주기에는 실패한 행사였다고 밝혔다. 그러나 이에 대해 전주영화제 프로그래머인 정씨는 영화제가 시민들의 동의와 합의를 전제로 이루어지는 것은 가능하지 않다며 영화제는 영화제로서의 의미를 갖춰야 한다는 입장을 밝혔다.

〈표 5-8〉I 축제의 정책결정과 집행에 대한 평가

축제명	구 분	내 용	정 부	시 민	예술가단체
I 축제	정책결정	정책결정	-	조직위	-
		예산집행	-	조직위	-
	조직구성	조직위원회	문화관광국장이 조직위원으로참여	민간조직위	영화전문가주 축으로 구성
	집행	운영위원회	-	민간운영위에서 결정과 권한집행	-
	컨텐츠 지원	-	-	-	적극참여

정책집행의 성공정도는 Winter의 분석처럼 정책형성단계에서 갈등의 정도에 반비례하고 명확한 인과관계이론에 근거하여 정책형성을 할 경우 정책집행이 성공할 가능성이 높다(김은정, 2001). I 축제의 경우에도 정책형성과정 단계에서부터 집행에 이르기까지 정부가 주도하는 경우보다 정부와 시민, 예술가단체의 조직위가 구성된 경우가 갈등의 폭이 더 좁게 나타나는 것이 확인된다. 초기 조직위 구성에서 민주적이고 수평적인 조직구성에 성공할 경우 예술가단체가 적극적으로 컨텐츠를 지원하고 있음을 알수 있고 시민그룹에서도 정책결정과 조직구성에 적극 참여하고 있으며 시민그룹이 주축이 된 조직위에서 실질적인 정책결정과 집행을 실현하고 있었다. 그러므로 민-관 협동주관형의 경우 정책형성단계에서 상호의존적이고 인과적인 관계형성에 따른 조직구성으로 갈등의 정도가 적을 경우 향후 축제의 운영이나 진행 등의 실행, 정책의 추진이나 집행 등에서 성공할 가능성이 높은 것으로 나타났다.

5) 분석 모형과 축제평가표에 의한 사례분석결과

(1) 분석 모형에 의한 사례분석결과

이와 같이 I 축제의 정책집행과정은 시민사회 거버넌스의 반영이 상당 부분 충실하게 이루어 졌다고 볼 수 있다. 하지만 그렇다고 해서 I 축제가 네트워크 형성 측면에서까지 완성적인 사례라고 이야기할 수는 없다. 필자의 판단으로는 I 축제에 반영된 거버넌스는 시민사회 거버넌스 중 독립형 거버넌스로 이해된다. 이것은 네트워크 거버넌스 출현 이전의 거버넌스로 이해될 수 있다(〈그림 5-3〉 참조).

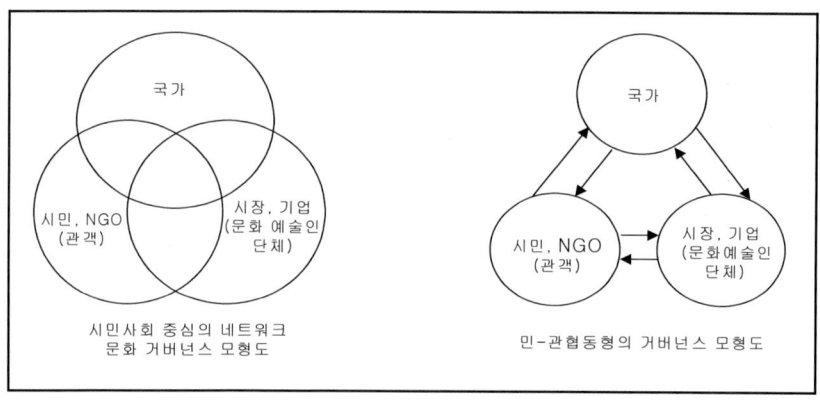

〈그림 5-3〉 독립형 거버넌스

독립형 거버넌스는 정부(국가), 시민사회 및 시장이 서로 독립적인 지위에서 서로 다른 원리에 따라 운영되는 체제이다. 정부는 관리주의와 관료주의에 따라 활동하고, 시장은 자본주의, 시장주의와 경쟁원리 및 고객주의에 따라 움직이며, 시민사회는 참여주의와 공동체주의를 지향하면서 민주주의를 기반으로 작동하게 된다. 이 경우에는 정부(국가), 시장 및 시민사회가 상호 협조적인 관계를 유지하는 수도 있지만 많은 경우에는 한 주체가 나머지를 통치하는 관계에 있게 되면서 그들 간에는 갈등과 대결상황이 빈번하게 전개된다(김석준, 2000).

I 축제에 나타난 독립형의 특징은 조직위 사무국과 전주시의 공무원으로 구성된 행정지원팀이 이원적으로 운영된 측면에서 명확하게 드러난다. 물론 조직위원장을 정부가 장악하고 담당공무원 또한 조직위원으로 참여하여 이런 이원화의 문제는 해소의 기미를 가지나 민간전문인에게 모든 권한이 위임된 조직위의 참여만으로는 정부와 비정부영역의 상호 네트워크 형성까지 이르기에는 미흡함이 있으며 조직위 산하 사무국에 행정공무원의 참여가 없다면 조직위 참여 담당공무원은 실질적 업무에 있어 정부와 조직위간의 연락 기능만 수행한 것으로 이해될 수 있다. 이와 같은 독립형 거버넌스의 특징은 과거 '계층적 거버넌스'의 문제를 해소하는 데 일조하였지만 실제 영화제 준비기간 중 발생한 영화제 준비 주체들 간의 갈등과 대립을 해소하는 데는 커다란 효력을 발생하지 못하는 등의 단점을 가지고 있다.

다시 김석준(2001)에 의하면 독립형 거버넌스가 지니는 문제들인 주체 간의 갈등과 대립의 문제는 새로운 거버넌스의 틀을 정립시킴으로써 해결해야 할 문제이다. 이는 기본적으로 행위주체들 간의 개별적인 문제 때문이라기보다 독립형 거버넌스 제도 자체가 서로 다른 작동 원리로 이해갈등과 대립을 조장하기 때문이다. 따라서 불필요한 통치관계로 인한 사회적인 비용은 거버넌스 체제의 부적절성으로 인한 비용이라고 볼 수 있다. 특히 구질서가 해체되고 새로운 통치질서가 정립되지 못한 경우에는 무정부 상태라는 아나키즘이 통치할 것이라는 불길한 예측(Pukis and Brwen, 1997)은 이러한 통치체제의 재조정을 효과적으로 신속하게 할 필요가 있음을 보여주는 일이다.

(2) 축제평가표에 의한 사례분석결과

I 축제, J 축제, 봉평 달빛극장축제 사례를 통해 시민사회 문화 거버넌스를 위한 연구 분석을 해보면 지역의 필요성에 의해 시민그룹에 의해 제안된 세 개의 축제 모두 의제설정 부분에서 높은 점수를 획득했다. 또한

시민그룹과 공무원그룹이 적절히 참여하고 실질적 정책집행을 시민그룹의 추진위원회에서 주도하고 정부의 행정력 지원 등을 통한 적극적 참여와 예술가단체의 적극적 참여를 통한 축제운영의 실현에서도 좋은 평가를 받았다. 초기 갈등의 원만한 해결은 축제 진행과 집행에 있어서도 좋은 결과를 유지해 주고 있다. 또한 추진위원회와 예술가단체의 상호의존도와 유기적 관계, 예술가단체의 적극적 참여는 축제의 활성화를 가져오고 지역의 문화구현 부분에도 좋은 영향을 주고 있다. 특히 I 축제와 K 축제는 민과 관의 유기적 협조와 정부의 행정력 협조뿐만 아니라 기반설비구축과 기금 협력에 이르기까지 좋은 문화 거버넌스의 사례를 보여주고 있다.

다만 J 축제의 경우 시민추진위원회에 대한 정부의 행정력 협조만 있고 기금의 협력부분은 열악한 상태라 정책집행 부분과 상호의존 부분에서 낮은 점수를 획득했고 민-관 협동주관 축제사례 중에서 가장 낮은 점수를 받게 되었다(〈표 5-9〉 참조).

4. 민 - 관 협동주관: 자기영역 포기 사례(L 축제)

1) 정부주관과 민간주관의 한계

문화정책에 있어 생활의 '문화화'를 이루기 위해서는 다양성, 유연성, 개방성, 진취성을 인정하고 이를 북돋우는 정책대안을 정부가 활발하게 개발해야 한다. 다양성이 이미 우리사회에서 진척되고 있는 상황에서 더 이상 정부가 문화영역의 주체가 될 수 없음을 의미하고 현 상태에서 계속 지난 관행인 정부주관의 문화행정을 고집한다는 것은 구습에 얽매어 있음을 의미하는 것이다.

〈표 5-9〉민 - 관 협동주관: 성공 사례 축제평가표

구분	내용＼축제명	전주국제 영화제	춘천 마임축제	봉평 달빛극장축제
의제 설정	의제형성 자율성 (5)	5	5	5
	의제형성 민주성(5)	5	5	5
	정부와의 협상(5)	5	4	5
정책 형성	정책형성 자발성(5)	5	5	5
	정책과정의 공개(5)	3	3	3
	수평적 조직구조(5)	5	5	5
	조정과 협상기능(5)	5	4	5
정책 집행	목적의 달성(5)	5	5	5
	시장의 메커니즘(5)	5	4	3
	기금집행 민주성(5)	5	5	5
상호 의존	상호의존성(5)	5	4	5
	상호신뢰(5)	5	4	5
	자원의 공유(5)	5	4	5
	협조적 풍토(5)	5	4	5
자치 활동	제도적 유연성(5)	5	5	5
	주민참여 적극성(5)	4	5	5
	사회기반 개선효과(5)	5	4	4
문화 구현	프로그램의 독창성(5)	5	5	5
	예술교육 및 계승(5)	5	5	5
	주민문화 역량강화(5)	5	5	5
합 계		97	90	95

한편 이와는 반대로 문화영역에 대한 무조건적인 민간부문의 확대를 이야기하는 논리에도 많은 문제가 있다. 그것은 민간문화예술인이 문화영역에 대하여 전문성을 답지하고 있지만 문화행사를 진행하는 행정적 측면에 있어서는 상대적으로 취약함을 가지고 있기 때문이다. 특히 문화행사에 투여되는 재원이 국고 및 국민의 세금이 주가 되고 있는 지금의 상황에서 국민의 혈세를 십행하는 분제에 대하여 정부의 개입을 무조건 차단할 수는 없을 것이다.

특히 현재의 문화계 내에서도 빈번하게 발생하는 오래된 문제인 학연·지연 중심의 비합리적 관행과 불투명성이 해소되지 않는 한 정부의 제3자적 냉철하고 중립적인 시각은 반드시 필요하다고 여겨진다.

뿐만 아니라 문화행사에 대한 문화예술인의 창작성과 자율성을 보장하는 전제하에 제3자, 즉 정부와 향유대중의 참여는 형평과 참여도 향상에 많은 효과가 있을 것이라는 것은 두말할 나위도 없다.

이것은 이 연구의 범위 안에서 두 가지의 문제점을 가진다. 하나는 정부주관의 문화정책은 민간부문과 대중을 '도구'와 '대상'으로 설정하는 우를 범하고 있는 것이며 다른 하나는 비전문가인 정부행정 공무원에 의해 기획되고 추진되는 문화행사는 졸속성을 가질 수밖에 없다는 것이다. 이 두 문제는 우리사회의 발전에 따른 문화영역의 확대와 일반대중의 문화 수준의 향상에 의해 더 이상 묵과되지 않고 정책실패에 대한 비판으로 이어진다.

더 이상 민간문화예술인들은 정부가 주도하는 문화영역에서 행사의 도구로 이용되는 것을 거부하고 있고 자신들이 문화영역의 주체로 자리 잡고자 한다. 또한 그들의 전문성은 이미 정부의 행정공무원이 가지는 문화에 대한 전문성을 넘어선지 오래이기 때문에 문화예술인의의 요구는 정당성을 답지하고 있기도 하다. 대중 또한 문화의 대상으로서의 관객이 아니라 대중문화와 지역 축제 등 생활문화에 있어서 주체로 나서기를 원하고 있다.

다른 한편으로 현재 진행되는 문화행사의 다수가 국고 및 세금을 재원으로 하는 행사이며 정부 및 기관이 가지고 있는 행정력과 인프라의 지원이 절실한 만큼 무조건적인 민간주관의 논리에도 많은 한계를 가지고 있다.

따라서 이 연구의 목적은 거대한 시장을 확보하고 있는 '문화산업'과 변화하는 문화지형속에서 정부와 민간(문화예술인과 대중)의 관계를 새롭게 설정하고 구체적으로 문화영역 속에서 정부와 민간의 역할과 기능을 정립하는 것이다. 지난 군사독재 시대의 정부주관 문화행사의 문제점을 현재적 시각에서 규명하고 다시 이의 반대 편향에 있는 민간주관의 문화행사 논

리에 대해서도 그 한계를 지적하고자 한다. 이것은 그동안 우리에게 문화
행정의 관행으로 자리 잡은 정부주관의 문화정책에 대하여 비판하고 다시
앞으로의 문화영역은 민간이 주도하되 정부는 자신의 전문성인 인프라 구
축과 행정지원, 그리고 공공성을 포기하지 않아 시민사회 거버넌스의 하나
의 주체로서의 역할을 수행하는 합리적 문화 거버넌스의 모델 고찰이 필
요하다는 것을 말한다. 이에 대하여 정부의 행정전문성 포기라는 방관과
문화예술인의 비합리적인 관행이 만들어낸 문제 사례로 2001년부터 2003
년까지 진행된 L 축제 그리고 내부의 모순점(파벌싸움)에 의해 분리된 형
태로 진행되고 있는 '2004 L 축제'를 통해서 분석해 보고자 한다.

1) L 축제(2001년-2003년)의 과정과 파행

문화관광부와 서울시, 한국문예진흥원이 수십억 원의 예산을 지원하는
국내 최대규모 예술축제인 'L 축제'는 준비 초기부터 흔들리기 시작했으며
현재까지도 실패한 문화축제로 각종 언론과 비평가, 그리고 관객들로부터
평가를 받고 있다.

L 축제는 2001년부터, 25년 역사의 'xx 연극제'와 23년 역사의 'xx무용
제'를 합쳐 통합행사로 치러왔다. L 축제는 '국내 최대 순수공연예술축제'
라는 타이틀에 걸맞지 않게 물리적 통합만 이뤘을 뿐, 전혀 시너지를 내지
못한다는 지적과 근시안적 행정으로 인하여 '실패한 축제'로 머물렀다.

진행 첫해부터 L 축제는 문화계에 어떠한 큰 반향을 일으키지 못하고
끝났다. 이들은 이전 행사에 대해 어떤 누구도 책임을 지지 않고 1, 2회
때 집행위원들이 다시 중심이 돼 2002년 12월 초 2003년 행사를 위한 회
의를 열고 집행위원장에 원로 연극배우, 예술 감독에 한국예술종합학교 연
극원 교수를 임명했다. 임명 며칠 뒤 집행위의 한 축인 무용협회 이사장이
"함께 치르는 행사인데 핵심 두 요직을 연극계에서 독차지한 꼴"이라며
백지화를 선언하고 나서면서 파행이 시작됐다(국민일보, 2002. 12. 11.). 그
후 L 축제 측은 2002년 10월 개정한 운영규정을 2003년 1월 다시 개정,

당초 1인 집행위원장 체제에서 2인 공동집행위원장 체제로 바꾸고 사무국장 임명권, 작품선정권 등 예술 감독이 갖고 있던 권한을 대폭 축소했다.

그러나 집행위의 예술 감독 권한축소 조치에 대해 이번에는 예술 감독이 사퇴했고 집행위측은 새로운 예술 감독으로 당시 연극협회 부이사장을 선임했다. 이에 대하여 공연계에서는 행사를 고작 7개월여 앞둔 상황에서 집행위가 아직까지 자리를 못 잡고 파행만 거듭하는 것에 한심하다는 반응이다. 공연계 안팎에서는 "1, 2회 행사를 잘 치르지 못한 집행위가 올해에는 그 내용까지 거듭해 어떻게 내실 있는 행사를 치를 수 있겠느냐"고 비판하고 있다(국민일보, 2003. 2. 26. 18면).

또한 문화관광부, 서울시, 문예진흥원에 대한 비판의 목소리도 이어졌다. 20여억 원의 행사비용을 국가와 서울시의 예산으로 충당하기 때문에 예술제의 집행위원회에는 연극·무용계 인사들과 함께 예산을 부여하는 문화관광부 예술국장과 서울시 문화사업국장, 예술제의 감독기관인 문예진흥원 사무총장 등이 예술제의 의결권을 가진 집행위원으로 참석하고 있다. 파행이 거듭되면서 이들 세 주체에게 비판이 쏟아지는 것도 이 때문이다.

이와 같은 민간예술인 및 예술인단체간의 갈등·대립문제와 정부 및 산하기관의 방관적 대처에 대한 문제는 언론과 또 다른 예술인들의 비판과 질타를 받아야했다(국민일보, 2003. 2. 26. 18면).

이와 같이 언론에 의하여 정부의 무능이 질타당하는 사례는 '민간자율론'에 입각하여 정부는 재정지원을 하되 실질적인 정책형성과 집행에 대해서는 민간영역에 모두 맡기라는 논리에서 기인하고 있다. 하지만 이 논리를 여과없이 수용하는 경우 L 축제에서 발생한 문제는 거의 필연적이라고밖에 이해할 수 없다.

정부는 국민의 세금으로 조성된 국고지원을 한 이상 이에 대한 관리와 감독은 필수적인 것이다. 이것을 정부의 과도한 개입과 압력으로 이해하는 것은 책임공동화 현상을 필연적으로 부를 수밖에 없을 것이다.

또한 이 축제는 태생 자체에 많은 한계점이 있다. 연극제와 무용제를 치러온 주최인 연극협회와 무용협회가 통합행사의 주도권을 쥐면서 실질적 업무통합보다 집단 이기주의를 앞세운 나눠 먹기식 축제로 행사를 진행해 왔다. 또 지원금이 마련돼야 비로소 일을 시작하는 수동적 태도도 축제의 발목을 잡는 요인이다.

그러나 축제의 예산 집행처인 문예진흥원은 축제에 대해 자발적인 목소리를 내지 못하였고, 따라서 연극계와 무용계의 파행에 대하여 어떠한 대처도 하지 못하였다. 이에 대한 언론보도 자료는 L 축제의 투명성 문제와 비합리적 관행에 대하여 질타하고 정부기관 및 산하기관의 조절기능을 요구하는 목소리를 담고 있다(중앙일보, 2003. 7. 1.).

결국 정부가 재정지원을 했음에도 불구하고 이에 대한 관리권을 포기하였을 경우 그 책임은 다시 정부로 돌아올 수밖에 없음을 보여주는 사례라고 할 수 있다.

'L 축제'는 해마다 문화관광부 – 문예진흥원-서울시로부터 20억원 가량의 예산이 배정되는 행사이다. 집행위원장과 예술 감독을 누가 맡느냐를 놓고 벌이던 싸움은 올해 이르러 전문예술 감독 제도를 도입하고, 무용계와 연극계에서 한명씩 집행위원장을 맡는 것으로 결론이 났다. 그러나 1년 임기의 예술 감독 체제로는 일회성 행사를 벗어날 수 없다. 행사 몇 달 전에나 이뤄지는 예산집행 또한 축제의 내실을 담보할 수 없다. 2-3년 전에 공연계약이 이뤄지는 전 세계 공연계의 풍토에서 행사 몇 달을 앞두고 섭외 가능한 공연단체의 수준이 뻔한 일 아닌가. 그러나 이 문제는 비단 L 축제뿐만 아니라 단체장 공채 및 집행위원 선정 과정에서의 잡음 등 주먹구구식 조직 구성과 운영으로 다른 곳에서도 잡음이 끊이지 않고 있다(중앙일보, 2003. 7. 1.).

한편 '2004 L 축제'는 연극협회와 무용협회 간에 분란이 끊이지 않고 공연예술축제로서 정체성이 없다는 평가를 받아왔다. 수많은 국가 기금이 투여되어 운영되었어도 이전 행사에 대해 어떤 누구도 책임을 지지 않고 또다시 전대 집행위원들이 다시 중심이 돼 운영이 되던 관행이 '2004 L 축제'에서는 서울연극제와 서울무용제가 부활하면서 L 축제에서 연극협회와 무용협회를 배제하고 완전히 독자적인 사무국으로 축제를 치르게 됐다(국민일보, 2004. 5. 4.). 예산 역시 문화관광부, 서울시, 문예진흥원으로부터 2003년 제3회와 비슷한 수준인 11억 5000만 원을 지원받아 운영하게 되었다.

'2004 L 축제'의 조직은 명목상의 미술관장을 위원장으로 필두로 하여 위원의 구성에서 문화관광부 예술국장, 서울특별시 문화국장, 문예진흥원 사무총장 등 '官'의 참여가 눈에 띈다. 결국 관의 참여는 행사에 대한 실질적인 지원이 되지 못하였고, 두 단체 간 갈등에 대해 조정을 하지도 못하여 비난을 받는 입장이 되었다. (김은정, 2006)

3) 유사사례 분석(M 축제사례)

올해 처음으로 개최된 M 축제(2004)는 축제위원회와 추진위원회의 유기적 연대가 되어 있지 않으며 조직 내·조직간 소통이 부재하다. 기획주체인 실무위원회에 실무경험이 있는 실무위원들의 전문성이 부족하고 추진위원회와 실무위원회간의 소통부재에 의한 비체계적 축제는 축제 운영과 운영조직의 장악력 부재에 의한 무기력한 축제의 모습을 보여주고 있다. 민과 관의 유기적 협조는 축제의 경험을 공유하고 상호의존성을 바탕으로 하여 향후 축제의 자생력을 공고화시키는 자양분이 된다. 의왕어린이축제가 비록 추진위원장을 주민자치위원장으로 설정하고 정치적 입김이나 정치적 중심사고에서 벗어나려 했다고 해도 축제 경험이 미약하고 팀별 조직운영 장악에 미숙한 실무위원회에 모든 집행권을 위임하기보다는 정부가 전문성과 숙련도 있는 부분을 적극 지원해야 할 필요가 있다.

4) L 축제에 대한 평가

L 축제의 사례는 불완전한 시민사회 거버넌스의 반영이 부른 재앙이라고 요약할 수 있다. L 축제의 파행 원인을 행정학적 관점에서 정리하여 보면 다음과 같다.

첫째, 비정부영역인 민간영역의 미성숙을 지적할 수 있다. 연극협회와 무용협회, 다시 전국협회와 지역협회간의 대립과 알력의 문제는 이것을 명확하게 보여주고 있다. 민간영역의 이와 같은 문제는 정부재정을 운용할 수 있는 책임성에 의심을 가질 수밖에 없다. 그럼에도 불구하고 정부는 재정지원만을 하고 이에 대한 집행 및 관리를 민간영역에 위임하는 것은 매우 위험하고 책임을 회피하는 자세로 이해될 수 있다.

2003년 L 축제에서 발생한 비정부 민간영역의 알력과 대립, 비합리적 관행, 행정 집행의 불투명성 등의 문제에 대하여 정부는 이에 대한 조정과 개편작업에, 재정지원에 대한 권리로서 개입하여야 할 여지가 충분히 있다. 따라서 정부는 조정과 개편이라는 측면을 포함하고 있는 자신의 전문영역인 행정전문성을 포기하고 행정부문 일반을 민간영역으로 위임한 채 소극적인 감사권만을 유지하여 문제의 측면을 더욱 확대하였다는 비난을 감수할 수밖에 없는 실정이다.

시민사회의 거버넌스는 정부-시민-시장의 세 주체가 자기전문성과 영역을 근거로 상호 유기적으로 소통하는 것을 전제로 하고 있다. 하지만 L 축제에서는 시민사회의 영역확대라는 흐름에만 너무 매몰된 나머지 정부 또한 거버넌스의 한 주체이고 정부의 전문영역이 행정력에 있다는 사실을 망각하고 자신의 전문성을 민간영역에 위임하여 발생한 사실이라는 것은 자명하다. 정부의 재정지원이 투자된 영역에 대하여 정부가 이에 수반하는 행정·집행권과 관리권을 포기하는 것은 '계층적 거버넌스'의 폐해에 너무 집착한 나머지 정부 본연의 영역 포기라는 반대 편향의 우를 범하는 것이라 할 수 있다.

위와 같은 '민간자율론'에 입각한 문화예술인의 요구는 지난 70년대 군사독재시절의 계층적 거버넌스의 반영으로 형성된 정부(행정기관)주관의 문화정책에 대한 개선을 일차적으로 요구하고 있다. 이는 '민간자율론'이라는 이름으로 '정부의 역할 배제'로까지 이어지고 있으며 단지 정부는 문화예술에 필요한 재정적 지원만을 하고 이에 대한 집행권을 포기하라는 주장으로까지 발전하는 흐름의 연장선상 위에 있다. 이는 '시민사회 거버넌스'에 입각한 새로운 문화정책의 도입의 촉구로 이해될 수 있는 긍정성을 내포하고 있다. 하지만 이와 같은 요구는 앞에서 이미 기술하였듯 '문화행정 및 정책의 비정부집행기관이 과연 시민단체인가'라는 질문을 먼저 해결해야 하며 '비정부집행기관은 과연 문화정책 및 행정을 담당할 만한 투명성과 전문성을 확보하였는가'라는 의문 또한 해결해야 한다.

이 문제에 관하여 후술하는 〈그림 5-5〉과 같은 시민사회의 '네트워크적 거버넌스' 모형도에 의하면 문화예술인 또는 그 단체는 문화적 재화를 생산한다는 의미에서 정부 및 사회 일반의 거버넌스 세 주체 중 사회적 재화를 창출하는 기업에 해당한다고 정의한 바 있다. 따라서 정부와 문화예술인단체와의 관계 및 역할의 문제는 정부-시민(시민단체)과의 구도로 이해되어서는 안 되며, 정부-기업의 구도로 이해되어야 마땅하다. 또한 정부-기업의 구도 속에서 정부는 정부-시민의 구도와는 달리 지원과 감독을 동시에 수행하고 있다. 그럼에도 불구하고 '민간자율론'에 입각한 주장은 정부가 기업(예술인단체)에 지원은 하되 감독 및 행정·집행권의 포기를 요구하고 있는 것이다. 이것은 분명 정부-기업의 구도를 정부-시민의 구도로 잘못 이해하여 발생한 문제이다. 정부 및 사회 일반의 거버넌스에 비추어 보아도 정부는 시장(기업)의 활성화를 위하여 정부재정을 투자하지만 그렇다고 해서 '시장의 자율성'을 해치지 않는 범위에서 끊임없이 시장에 개입하는 사정을 고려하여 본다면 이는 더욱 수용하기 곤란한 논리인 것이다.

이런 잘못된 이해는 아직까지 문화 거버넌스 내에서 비정부영역인 시민과 기업의 영역이 아직 미분화되었음을 의미한다. 그리고 이것은 이제까지의 문화 거버넌스 내에는 시민의 영역이 배제되어 있고 또 다른 비정부영역인 기업이 시민의 영역까지 점유하고 있었음을 반증하고 있다.

민간영역의 알력과 대립, 그리고 불투명성은 같은 비정부영역인 시장(기업)과 시민(NGO)의 상호 견제와 교류를 통하여 해결할 수 있는 여지가 정부와 사회 일반의 거버넌스에는 충분히 존재한다. 시민단체는 끊임없이 기업과 시장의 불법행위를 감시하고 견제하기도 하며 또는 공동의 목적을 위하여 협조하기도 한다. 이와 같은 관계는 합리적이고 건전한 민간부문 형성에 공헌하고 있다. 문화영역에 있어 시민영역은 관객(일반 참여자)으로 이해할 수 있고 시장, 기업을 문화적 재화를 생산하는 문화예술인단체로 상정한다면 L 축제 운영을 두고 발생한 문화예술단체의 파행에 대하여 관객(일반 참여자)들은 시민영역의 입장을 가지고 비판과 조절, 견제를 통하여 비정부영역 내부에서 이 문제를 해결할 가능성을 보여 주었어야 한다. 하지만 L 축제의 기구표에서 알 수 있듯 L 축제 준비위원회에는 관객이 참여한 흔적은 볼 수 없고 정부와 문화예술인단체 일색으로 구성되어 있다. 이것은 준비 초기부터 시민영역에 대한 참여 및 배려가 전혀 없었으며 정부는 비정부영역＝시장, 기업(문화예술인단체)이라는 잘못된 이해 공식을 가지고 준비와 논의를 진행하였음을 반증하는 것이다.

결론적으로 L 축제는 ① 축제의 운영위원회와 집행위원회간의 소통의 부재로 파행되었으며, ② 기획 및 조직위원회 체제가 안정화되어 있지 못하여 효율성과 전문성이 떨어졌고, ③ 정부가 민간에게 정책집행과 결정권한을 모두 위임함으로 기업에 비유한다면 방만한 경영을 한 결과로 치명적인 부작용이 발생되었다고 할 수 있다.

〈표 5-10〉 L 축제의 정책결정과 집행에 대한 평가

축제명	구 분	내 용	정 부	시 민	예술가단체
L 축제	정책결정	정책결정	-	-	집행위원회
		예산집행	-	-	집행위원회
		조직위원회	-	-	2인 공동집행위원장체제
	조직구성	집행위원회	문화관광부예술국장, 서울시문화사업국장, 문예진흥원사무총장	연극, 무용계 인사	예술인, 단체들의 갈등으로 파행
	집행	사무국	-	-	예술 감독과 집행위의 갈등으로 파행
	컨텐츠지원	-	-	-	지원

L 축제는 체계수준, 관리수준, 정책수준에서 아무리 좋은 의도를 가진 거버넌스 정책의 모형을 개발한다 하더라도 정부-시민-예술가단체 모두가 탈이념화를 통한 공평한 교환과정과 의사결정과정을 거치며 민간기업처럼 경쟁적 시장 기제를 활용하고 정부-시민-시장의 세 주체가 자기전문성과 영역을 근거로 상호 유기적으로 소통하는 것을 전제로 해야 한다는 대전제를 다시 한번 상기시킨다. L 축제에서는 시민사회의 자율성 보장이라는 흐름에만 매몰된 나머지 자신의 전문성을 비전문그룹인 민간영역에 위임하여 파행이 발생하였다. 국가의 재정지원이 투자된 문화 프로젝트는 국가의 정책과 틀을 같이 해야 하며 정부는 이에 수반하는 행정·집행권과 관리감독권을 수행하여 각 거버넌스의 세 주체들이 상호 의존적인 수평관계를 유지하도록 교육과 독려의 의무가 있는 것이다.

5) 분석 모형과 축제평가표에 의한 사례분석결과

(1) 분석 모형에 의한 사례분석결과

결국 한국 사회의 문화 거버넌스는 아직까지 정부-시민(관객)-시장(예술인단체) 등 세 주체가 명확히 정립되지 못한, 정부-시장(예술인단체)만의 두주체로 구성된 불완전한 거버넌스라고 정의될 수 있다. 이와 같은 불완전한 거버넌스는 '민간자율론'의 이름으로 시장영역이 극도로 강화되어 정부와 시민영역을 통제하는 매우 기형적인 모습으로 이해될 수 있다. 이것을 모형도로 나타낸다면 그 기형성이 더욱 드러나게 되는데 결국 '민간자율론'의 문제는 비정부영역에 대한 잘못된 이해와 미분화로 시민영역을 시장영역에 흡수시키고 비정부영역이 정부영역의 상위에 위치하는 등 시민사회 거버넌스를 시장중심의 거버넌스로 왜곡시키는 모습을 명확히 드러내고 있다(〈그림 5-4〉 참조).

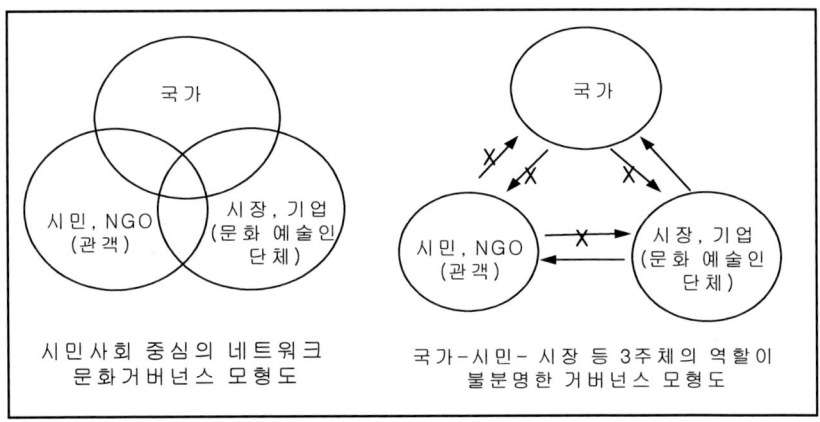

〈그림 5-4〉 성급한 시민사회형 거버넌스 모형

또한 위의 문제제기와 관련하여 정부는 문화영역의 특수성과 전문성에 대하여 잘못 이해하고 있음이 여실히 드러나고 있다. 정부 및 사회 일반의 거버넌스 내 일주체인 '기업'은 사규 및 기타 정형화된 규율에 의해 자체적인 행정력과 집행력을 소유하고 있으며 이에 전제되는 정책 수립 및 결정능력 또한 상당 수준 이상으로 구비하고 있다. 따라서 이 속에서의 정부는 기업에 대한 재정적 지원과 감독, 감사의 기능만을 수행하고 행정 및 집행에 대해서는 기업에 위임하여도 무방할 만큼 기업은 자기전문성을 확보한 상태이다. 하지만 문화 거버넌스 내에서 '기업'의 역할을 차지하는 예술인단체는 문화영역의 특수성상 문화예술의 전문성은 확보하고 있으나 이에 대한 문화행정 및 집행력은 상대적으로 매우 취약한 것이 현실이다.

따라서 정부가 자신의 전문성인 행정업무를 포기하고 문화예술인단체에 이것을 위임하기에는 문화예술인단체의 행정에 관한 전문성이 매우 저급하다고 이야기할 수 있다. 또한 행정과 집행에 있어 투명성과 합리성은 무엇보다도 중요하게 확보되어야 할 필요 요소이다. 하지만 문화예술인단체의 투명성과 합리성은 문화예술인 스스로가 '정부의 개입을 통하여 바로잡아 줄 것'을 요구할 만큼 많은 문제점을 표출하고 있다. 이것이 해결되지 않은 한 정부의 행정권 포기는 문화영역에 있어 불법과 비리, 그리고 파행을 양산해내는 불씨를 더욱 확대시킬 우려를 낳고 있다고 이해된다.

결국 '민간자율론'은 지난 시대 계층적 거버넌스의 문제점을 지적하고 '시민사회 거버넌스'로의 이행을 촉구한다는 측면에서 그 긍정성은 충분히 인정되나 그 내부에는 시장 거버넌스의 요소가 자리 잡고 있는 등 이것이 현재 상태에서 직접적인 실행단계로 접어들기에는 나름의 문제점이 있다는 것으로 요약될 수 있다.53)

결국 이와 같은 문제의 발생을 막고자 한다면 첫째, 비정부영역에 대한 올바른 이해 없이 시장(기업) 영역에 해당하는 문화예술인단체에게 시민 (NGO)영역의 역할과 권한을 부여하여 발생한 문제임을 지적할 필요가 있으며, 둘째, 시민영역의 확대가 대세인 현대사회에서도 정부는 거버넌스의 하나의 주체로써 행정전문성까지 포기해서는 안 되며 오히려 재정지원 이외에도 정부의 행정력을 지원하여 문화정책 및 성과를 더욱 풍부하게 만들 가능성을 더욱 크게 만들어야 할 것이다.

(2) 축제평가표에 의한 사례분석결과

자기영역 포기 사례인 L 축제와 M축제의 사례를 축제평가표를 통해 살펴보면, 정부주관 축제의 사례와 비슷한 점수를 획득하고 있음을 알 수 있다. 이를 통해 알 수 있는 것은 축제의 목적이 분명하고 지역 필요에 의해 의제가 형성되었다 하더라도 정부-시민-예술가단체의 상호유기적인 협조와 정보공유를 바탕으로 정책이 집행되고 문화가 구현되어야 문화축제의 문화 거버넌스 평가에서 좋은 점수를 획득한다는 사실이다.

바꾸어 말하면 '시민사회를 위한 문화 거버넌스의 올바른 모형'이란 축제의 좋은 목적과 사회의 어느 한 그룹에서의 적극적인 추진을 통해 독창적인 문화축제를 구현한다 하더라도 정부-시민-예술가단체의 상호유기

---

53) 이와 같은 '민간자율론'의 한계가 과거 계층적 거버넌스의 긍정성을 입증하는 자료로 이해되어서는 안 된다. '민간자율론'은 계층적 거버넌스의 한계를 극복하였지만 올바른 대안이 되기에는 아직 보완의 여지가 있다는 것이다. 보완으로서의 대안제출은 이 책의 결론에서 자세히 논의한다.

적인 의사소통과 적극적인 참여를 통해서만 실현되는 축제의 구현만은 못하다는 것이다. 지역축제는 정부-시민-예술가단체가 자신들의 전문영역에 대한 전문성의 적극적 제공과 정부 기반시설 구축, 문화예술인의 문화예술 프로그램에 대한 적극적 참여, 축제를 위한 시민의 관심과 자원봉사 등의 참여를 통한 하나의 거대한 문화생명체이기 때문이다.

〈표 5-11〉 민 - 관 협동주관: 자기영역 포기 사례 축제평가표

구분 내용	축제명	L 축제	M 축제
의제 설정	의제형성 자율성 (5)	5	4
	의제형성 민주성(5)	4	4
	정부와의 협상(5)	1	1
정책 형성	정책형성 자발성(5)	5	5
	정책과정의 공개(5)	1	1
	수평적 조직구조(5)	3	3
	조정과 협상기능(5)	1	1
정책 집행	목적의 달성(5)	2	2
	시장의 메커니즘(5)	2	2
	기금집행 민주성(5)	2	2
상호 의존	상호의존성(5)	2	2
	상호신뢰(5)	2	2
	자원의 공유(5)	2	2
	협조적 풍토(5)	1	2
자치 활동	제도적 유연성(5)	4	4
	주민참여 적극성(5)	3	3
	사회기반 개선효과(5)	2	2
문화 구현	프로그램의 독창성(5)	4	3
	예술교육 및 계승(5)	3	2
	주민문화 역량강화(5)	3	2
합 계		52	49

제4절 문화 거버넌스 모형의 사례분석결과

1. 유형별 문화축제 사례의 장·단점 종합비교

유형별 축제의 정책사례를 분석한 결과를 장·단점으로 비교하여 보면 다음 〈표 5-12〉와 같다.

정책사례는 크게 세 가지로 나눌 수 있는데, 계층적 거버넌스 모형의 정부주관 사례, 불완전한 시민사회형 거버넌스 모형의 민간주관 사례, 독립형 거버넌스 모형 혹은 성급한 시민사회형 거버넌스 모형의 민-관 합동주관 사례 등이다.

국가가 적극 개입한 A 축제의 경우 역할과 분담의 배분이 적절하였고, 문화복지라는 공익성을 추구했지만, 비전문적인 계획과 실행, 관의 홍보 도구화, 축제의 개성과 완결성 등의 한계를 가졌다. 반면 민간 자율에 의한 F 축제, G 축제, H 축제 등은 컨텐츠 프로그램의 전문성을 살리고 공동체성을 확보하였지만, 기초 인프라 부족, 실행력 부족, 행사 예산의 어려움 등을 겪었다.

국가의 개입과 민간이 조화된 I 축제의 경우 시민의 합의 속에서 기획력과 실행력을 겸비하며 프로그램의 전문성을 확보했을 뿐만 아니라 공동체성을 살려 클러스터 기반도 구축하고 문화의 자본화 형성을 위한 가능성도 엿보이게 했다. 반면 각 주체가 자기영역을 포기한 L 축제의 경우 참여자들의 의견이 충돌하고 실무진이 무능력했으며 실행력이나 기획력이 부족하여 결국 행정력과 국민의 혈세를 낭비한 결과를 초래한 것으로 나타났다.

〈표 5-12〉 정책사례 유형별 장·단점 비교

구분	사례	축제명	축제 내용	현행 거버넌스 모형	장단점
정부 주관	국가의 적극 개입 사례	A 축제	판소리, 성악 축제 음식축제	계층적 거버넌스	축제에 대한 가치의 문제 비전문적인계획과 실행 관의 홍보화 도구화 역할과 분담의 배분 적절 통치행위의 효과 공익적(문화복지) 추구 축제의 개성과 완결성 부족
민간 주관	민간 자율론에 의한 사례	F 축제 G 축제 H 축제	음식축제 음식축제 대학생 종합 축제	불완전한 시민사회형 거버넌스	기초 인프라 부족(행사, 물자 인력동원 인허가 부족) 실행력 부족(자원봉사자 등) 행사 예산의 어려움 공공성, 공익성 부족 조직 폭력배의 개입 컨텐츠 프로그램 전문성 공동체성 확보 사적 이익 추가(상업적)
민-관 합동 주관	국가의개입 과 민간이 조화된 사례	I 축제	영화 축제	독립형 거버넌스	시민의 합의 기획력과 실행력의 겸비 프로그램 전문성 확보 공동체성 확보 주민참여의 적극성 클러스터 기반 구축 용이 문화의 자본화 형성 유리
	국가 등 각 주체의 자기영역 포기 사례	L 축제	연극, 무용 등 공연예술 축제	성급한 시민사회형 거버넌스	행정력 낭비 국민의 혈세 낭비 참여자들의 의견 충돌 실무진의 무능력 실행력 기획력 부족 자신들의 이해관계(사적 이익 추구) 강조

2. 유형별 문화축제 사례의 모형평가

이 연구는 사례분석을 통해 성공적인 축제 정책이 되기 위해서는 축제의 기획과 실현에 대한 가치와 믿음을 형성하고 변화하는 환경에 민감하게 적응할 수 있는 능력을 갖고 있어야 하며 탄력성을 갖춘 열린 조직구조여야 한다는 것을 다시 한번 인식하게 되었다. 만약 정부(官)의 주도하에 축제 전 과정이 관리되면서 전문예술인과 지역의 문화예술역량이 배제되고 독특성을 상실한다면 축제는 일회성 행사의 성격으로부터 벗어날 수 없으며 당초의 취지도 살려낼 수 없다는 생각이다. 그럼에도 오늘날의 문화축제는 대부분 정부주관으로 개최되고 있으며, 전문적인 인력이 결합할 구조를 갖추지 못하고 있다. 행사운영에 있어서도 비전문적이고 문화예술 행사에 훈련되지 않은 공무원을 중심으로 축제 운영 사무국이 구성되었다. 이러한 과정에서 지역문화 예술역량은 배제되게 되는데, 이는 문화예술역량을 발전시킬 수 있는 기회가 상실되고 문화예술이 계속 퇴보하게 되는 악순환을 가져오게 된다. 물론 사회 민간단체들의 경우, 많은 재정과 인력을 필요로 하는 축제를 감당할 만한 수용력이 없는 현실에서는 정부주관의 축제가 일면 불가피한 측면도 없지는 않다. 게다가 서울이나 대도시로 집중되어 있는 문화예술산업과 이로 인해 가뜩이나 열악한 전문 인력의 유출로 지역의 문화생산은 늘 제자리걸음을 하거나 서울이나 대도시에 비해 상대적으로 퇴보할 수밖에 없게 된다. 그러나 이런 환경에서 일수록 열악한 지역 문화여건을 극복할 수 있는 방안이 적극적으로 모색되어야 한다. 축제는 정부(官)의 전략을 제대로 수행하면서도 지역주민들의 기대효과를 충족시키고 전문적인 문화생산인력을 확충할 수 있는 좋은 바탕이 된다.

또한 이 연구는 문화 거버넌스에 있어 정부 – 시민(관객) – 시장(문화예술인단체) 등 세 주체의 원활한 소통과 교류를 확대시켜 시민사회의 역량확대에 따라 민간영역에 그 주도권을 위임하되 각자의 자기 전문성을 상실하여서는 안 되고, 정부 또한 민간영역에 권한을 대폭 위임하되 정부 본연의 행정전문성을 포기하지 말아야 함과 동시에 민간영역에 있어서도 시민영역과 시장, 기업영역이 명확하게 분화되어야 함을 지적하였고, 세 주체의 자기 전문성이 모두 창조적으로 조화되는 것이 진정한 합리적 문화 거버넌스임을 지적하였다. 그리고 세 주체가 각각 독립적으로 존재하는 것이 아니라 네트워크를 형성하고 이를 바탕으로 독립형 시민사회 거버넌스를 네트워크적 시민사회 거버넌스로 확장되어야 함을 고찰하였다.

이상 살펴본 내용을 기초로 하여 우리나라의 문화정책이 시사하는 바를 살펴보면 다음과 같다.

첫째, 추진주체와 문화협력의 문제로 추진주체는 공공부문, 민간부문, NAPO 등이 상호협력을 하여야 하며, 역할분담은 공공과 민간간의 연계와 그 경계를 뚜렷하게 하여야 한다. 문화의 조정기제는 네트워크형 문화 거버넌스로 전술한 행위주체들이 〈그림 5-5〉와 같이 네트워크를 형성하여 사안별로 전략적 제휴도 하고 한편으로는 파트너십을 활성화한다. 또한 이를 위하여 시민사회는 각자의 능력을 제고할 필요가 있으며 공공부문은 특히 지방자치단체의 경우 중앙정부와 다른 역할의 강화, 지역 경영수단으로서의 문화, 문화를 통한 지역 활성화, 문화의 지역 경제 및 사회문화적 영향, 기업의 참여와 메세나 활동, 문화 예술 활동성과의 사회 환원, 문화활동으로서의 메세나 활동을 활발하게 전개하여야 한다.

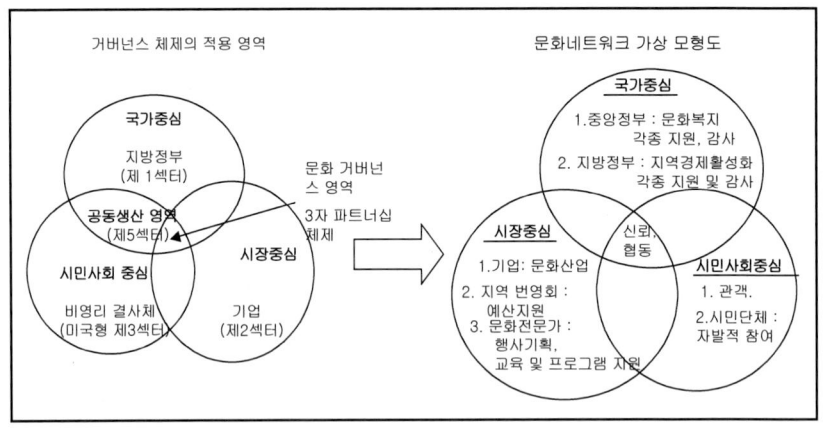

〈그림 5-5〉 문화 거버넌스 모형도

둘째, ① 문화정책은 다른 어느 정책보다도 최종 소비자 지향적이어야 한다. 공급자 중심의 문화 서비스의 제공은 한계가 있으므로 문화수요자들이 쉽게 접근하도록 하여 선택의 기회를 늘려주는 지원철학이 필요하다. ② 예술의 수준을 높이기 위해서는 민간 우수 문화예술단체들의 활동을 활성화해야 한다. 민간문화예술단체를 정부에서 원만하게 지원하면 문예단체의 자발적 참여와 다양성의 존재로 인해 문화강국의 바람을 일으킬 수 있다. 또한 현재 문화시설이나 문화 관련 프로그램은 서울이나 대도시에 집중되어 있고, 그것의 이용 계층도 일부에 한정되어 있다. 따라서 지배구조의 네트워크 구성과 함께 지역적 문화 활동 네트워크도 활성화하여 「찾아가는 문화」, 「만들어 가는 문화」로 패러다임을 전환하여 문화 소외층, 소외지역에도 혜택을 주어야 하겠다.

셋째, 향후 문화국가로서의 경영전략은 문화정책을 정치적 결정이 아닌 시스템에 의한 결정으로 유도해야 하고, 문화국가의 비전을 확고히 해야 한다. 따라서 문화활동 주체 간 역할분담의 시스템화가 요구되는데 이것이 네트워크형 문화 거버넌스이다. 그러면 네트워크형 문화 거버넌스로 어떠한 방향으로 문화정책을 이끌어 갈 것인가. 이는 우리의 문화정책을 지난 수년간의 성과와 향후의 전망을 그려보면 알 수 있다. 그 내용은 〈표 5-13〉과 같다.

전술한 바와 같이 우리나라가 21세기 문화전쟁의 시대를 맞이하여 문화국가로 성장하기 위해서는 〈그림 5-6〉과 같이 문화의 자본화가 시급하며, 향후 지역별 문화 클러스터 구축을 통한 문화 거버넌스의 네트워크화는 무엇보다도 시급한 과제라고 할 수 있다.

〈표 5-13〉 기존 문화정책 성과와 향후 방향

구분		2000년 이후 기존 모습	향후 방향
문화인식		문화 인식부족(시장개방 요구 등) 산업발전견인차 인식 수준 문화산업 증시	문화강국 경영 문화컨텐츠 개발 중시 문화의 자본화
정책	형태	계층적 거버넌스 정치적 결정(여러형태 혼재)	네트워크적 거버넌스 시스템적 결정(행위주체 공동참여)
	집행	국가중심이나 여러형태가 혼재	네트워크 거버넌스형을 갖춘 범국가적 기구의 신설
	제도	예산: 1% 확보 노력(불안정한 동원 형식적 배분) 투자 및 배분 국가중심	새로운 목표설정, 확보노력 (투자비율, 컨텐츠 개발등 안정적 재원 동원 실질적 배분)
정책의제		문화 기반형성, 목표수립과 재정배분 정치적 결정	'문화국가전략' 프로젝트수립과 재정과 재정계획수립
정책수단		중앙정부예산 의존 지방자치단체, 민간 미흡	문화협동적 재정 확보 내실있는 제도화
정책결정		문화경쟁력 기반 구축	도약기반 구축 예상

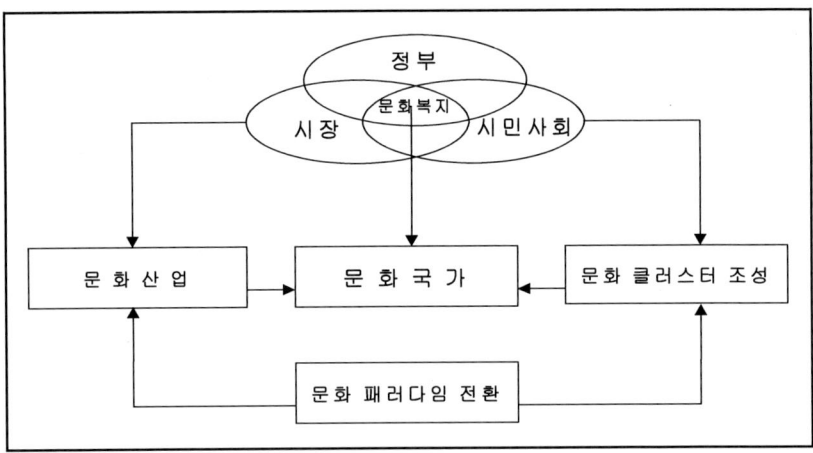

〈그림 5-6〉 문화 거버넌스를 통한 국가발전도

3. 한국적 문화 거버넌스의 새로운 모형 제안

현재까지 한국의 문화모형은 주로 정부주관으로 실시되었으며 지방자치제가 실시된 이후 중앙정부와 지방정부의 역할관계를 중심으로 논의되었다. 그러나 중앙정부와 지방정부 간 역할 분담관계는 정부주관의 계층적 거버넌스의 한계성을 드러낼 뿐이며 새로운 시민사회 거버넌스의 연구 모형으로 논의되기에는 부적절한 면이 있다.

새로운 시민사회 거버넌스의 모형은 ① 중앙정부주도형 혹은 지방정부주도형이라는 기능적 배분을 배재하고 정부외의 행위자들을 포함한 정부 - 시민 - 예술가단체의 상호의존적인 정책결정과정을 거치고 집행과정 역시 각각의 경계가 불분명해져야 한다. ② 정부 - 시민 - 예술가단체는 상호전문성을 인정하면서 동시에 자율성과 다원성을 보장해 주고 각각의 집단들은 같은 문화적 목적하에 자원을 공유하며 상호신뢰를 바탕으로 네트워크를 형성한다. ③ 지속적인 상호작용은 참여자들에게 자원의 공동 출자를 통한 상승효과를 가져오며 의사결정의 질을 높여준다. ④ 정부는 문제해결을 위한 조정기능을 가지며 네트워크 참여자들이 지속적인 파트너십을 갖도록 교육의 기회를 마련한다. ⑤ 예술가단체는 거버넌스에서 기업의 이윤창출과 같은 문화 창출의 기능을 담당하며 시민그룹은 집행과 평가에 적극적으로 참여한다. 이상과 같이 현대 시민사회 거버넌스는 기존의 기능적 거버넌스 모형과는 달리 공공부문과 민간부문의 행위자와 조직들이 자원과 용역을 자발적으로 생산하고 수행하며 정부 - 시민 - 예술가단체 모두가 탈이념화를 통한 공평한 교환과정과 의사결정과정을 거치며 민간기업처럼 경쟁적 시장기제를 활용하고 협력적 네트워크를 구현하는 것이라 정의할 수 있다.

위의 기준을 가지고 현재 진행되는 축제를 통한 새로운 문화 거버넌스를 분석하기 위해 종합적으로 정리하면 다음과 같다(〈표 5-14〉 참조).

〈표 5-14〉 새로운 문화 거버넌스 모형연구(예)

구분 내용 \ 축제명	정부주관					민간주관		민-관 협동주관				
								성공 사례			자기영역 포기 사례	
	A 축제	B축제	C축제	D축제	E축제	F축제	H축제	I 축제	J 축제	K 축제	L 축제	M 축제
의제 설정 의제형성 자율성 (5)	4	1	2	4	3	5	5	5	5	5	5	4
의제형성 민주성(5)	4	1	2	2	2	5	5	5	5	5	4	4
정부와의 협상(5)	1	4	4	2	2	1	1	5	4	5	1	1
정책 형성 정책형성 자발성(5)	2	3	2	2	2	5	5	5	5	5	5	5
정책과정의 공개(5)	1	1	1	1	1	3	3	3	3	3	1	1
수평적 조직구조(5)	1	2	2	2	2	4	5	5	5	5	3	3
조정과 협상기능(5)	1	2	2	2	2	3	3	5	4	5	1	1
정책 집행 목적의 달성(5)	3	4	2	2	2	4	4	5	5	5	2	2
시장의 메커니즘(5)	3	3	2	2	2	4	3	5	4	3	2	2
기금집행 민주성(5)	3	4	2	2	2	4	4	5	5	5	2	2
상호 의존 상호의존성(5)	2	4	2	2	2	2	2	5	4	5	2	2
상호신뢰(5)	2	2	2	2	2	2	2	5	4	5	2	2
자원의 공유(5)	2	1	2	2	2	2	2	5	4	5	2	2
협조적 풍토(5)	2	2	2	2	2	2	2	5	4	5	1	2
자치 활동 제도적 유연성(5)	3	1	1	1	1	5	5	5	5	5	4	4
주민참여 적극성(5)	3	1	3	3	1	5	4	4	5	4	3	3
사회기반개선효과(5)	3	5	1	3	3	4	4	5	4	4	2	2
문화 구현 프로그램의독창성(5)	5	5	1	3	5	3	4	5	5	5	4	3
예술교육 및 계승(5)	5	5	1	1	3	3	4	5	5	5	3	2
주민문화역량강화(5)	5	3	1	3	3	4	4	5	5	5	3	2
합 계	55	54	37	43	44	70	71	97	90	95	52	49

우선 정책형성과 권한집행에 관해 의제설정, 정책형성, 정책집행, 상호의존, 자치활동, 문화구현 등 6가지의 대주제로 구분하고 다시 3-4가지의 소주제로 평가항목을 구분하였고 각각의 점수는 5점 만점으로 구분하였다

의제설정에 대해서는 정부-시민-예술가단체가 정책의 의제를 형성하고 선정하는 과정이 자율적이고 민주저인가, 정부의 지시나 주도에 의해 의제가 선정되는 것이 아니라 상호협상과 논의의 과정을 거쳐 추출되는가,

이를 위한 정부와의 협상기구는 있는가, 협상과정은 있는가에 관한 질문으로 해당 집단의 의제형성 시 축제의 발의과정과 정책, 예산형성 등에서 자율성이 보장되며 정부 - 시민 - 예술가단체의 갈등 표출 없이 각 집단의 의제 발제가 적절하게 이루어졌는가에 대한 평가이며 축제를 통한 수평적 문화 거버넌스에 관한 평가 자료이므로 다른 모형에는 적용되지 않을 수도 있다. 새로운 시민사회 문화 거버넌스 모형연구표에 의하면 의제설정 항목에서 민 - 관 협동주관 형태 중 성공 사례의 축제인 I 축제와 J 축제, 봉평 달빛극장축제에 비해 자기영역 포기 사례의 축제인 L 축제와 의왕어린이축제는 의제형성 자율성과 의제형성 민주성에서는 좋은 점수를 받았으나 정부와의 협상과 협상을 통한 정책결정의 대부분에서 취약한 점수를 받아 정부와의 커뮤니케이션과 협조를 받지 못하고 있음을 보여주고 있다. 물론 정부주관 축제인 A 축제, D 축제, E축제 등도 정부와 시민이 예술가단체로부터 의제형성에서부터 정책결정까지 협조를 받지 못하고 수평적인 조직구조를 통한 민주적 의사결정이 이루어지지 못함을 보여주고 있다.

상호의존적인 정책결정 과정을 거치며 정책형성이 자발적인가, 정책이 결정되는 과정이 투명하게 공개되는가, 조직구조는 수평적으로 의사전달과 협조가 이루어지는가, 정부 - 시민 - 예술가단체 간 의견대립 시 적절한 의사 조정과 기능이 있는가에 관한 정책형성 평가항목에서 민간주관 축제유형은 자발성과 수평적 조직구성에서는 긍정적인 평가를 받았으나 정책과정의 공개부분과 조직 간 조정과 협상에 미숙함을 드러내고 있기도 하다. 정책집행 항목에서는 축제 실행에서 원래의 목적을 달성했는가, 시장의 메커니즘이 적용되어 축제의 자율성과 이윤추구로 자본주의의 활력을 가져왔는가, 기금집행은 권위적 통제 없이 민주적으로 집행되었는가에 관한 평가에서 민간주관, 민 - 관 협동주관(성공 사례) 형태의 축제들을 제외하고 정부주관, 민 - 관 협동주관(자기영역 포기 사례) 축제는 부정적 평가를 받아 의제와 정책의 형성부분에서 갈등이 시작되면 축제의 진행과정에서도 축제의 원래 목적을 달성하지 못하고 기금의 집행과정에서도 각 구성원 간 갈등이 나타나고 있었다. 문화적 거버넌스의 지표인 각 조직 간 상호전문성을 인정한 수평적 상호의존성은 상호신뢰를 바탕으로 한 네트워크를 구성해야 하므로 초기 갈등이 노출된 정부주관, 민간주관 축제의 경우는 기대하기 힘든 상태였고 민-관 협동주관(성공 사례) 형태의 축제에서는 상호의존성, 상호신뢰, 협조적 풍토에서 좋은 점수를 획득함으로써 향후 축제의 전개에 관해 기대감을 갖게 하며 축제의 역사가 진행될수록 정부-시민-예술가단체 간 정보의 공유가 발생하여 지역 문화발전에 이바지할 수 있을 것으로 기대된다. 자치활동 부문에서는 그 지역 주민의 축제에 대한 자발적 참여여부에 대한 평가이며 이를 위해서는 제도의 유연성이 뒷받침되어 주어야 할 것이며 자발적, 적극적인 자치활동은 지역개선효과를 이끌어내지 않을까 하는 개인적인 의문에서 시작되었는데 주민의 적극적인 자치활동으로 지역개선사업에 도움이 된 축제도 있지만(봉평 달빛극장축제), 정부주관의 획일적인 행정력에 의한 단기간 지역개선지역(B 축제)도 있었다.

현재 문화정책의 경우 재정구조나 시장구조로 보아 아직도 정부의 지원에 의존하는 바가 크고, 특히 정부의 역할이 큼에도 불구하고 문화예술인들은 새로운 형태의 문화정책을 요구하고 있는 것이다. 위의 새로운 시민사회 문화 거버넌스 모형연구표는 ① 무형적인 축제와 문화를 통해 우리나라 문화 통치의 현주소를 읽어내는 최초의 시도이며, ② 무형적인 축제와 문화행정, 관련된 정부-시민-예술가단체의 상호연관성과 상호 협조도를 측정해내는 분석표이며, ③ 무형적인 축제문화를 통한 문화 거버넌스의 유형화, 계량화를 측량해 보려고 노력했다. 현재 모형연구표에서 더 많은 평가항목을 추가하여 객관성을 유지해야 하며 각각의 유형들을 더 세분화하여 각 그룹별, 축제별로 장단점을 구별해야 하는 등 아직도 많은 부분에서 부족함이 지적되고 있으나 수준별, 내용별, 영역별 분석이 한 표 안에 들어가서 정부와 시민, 예술가단체의 상호의존도를 측정하는 분석 자료로 활용되기 위해 노력했고 시민사회중심의 역할을 재조명하여 한국의 문화모형을 중앙정부와 지방정부 간의 역할에서 발전된 정부와 시민, 예술가단체의 역할, 시장중심사회의 역할 등을 새롭게 제시하여 문화영역간의 관계를 재정립하기 위해 활용되고 새로운 시민사회를 위한 시민사회중심의 문화 거버넌스의 모형 정립을 위한 기초 자료로 활용되어 진다면 이 연구는 그것으로 제 역할을 다하는 것이라 믿어 의심치 않는다.

제6장
문화 거버넌스의 담론분석

　이 연구는 제5장에서 기술한 정책(축제)사례들의 유형별 분석을 기초로 하여 문화 거버넌스 담론들을 통계적 방식으로 유형화하고, 네트워크형 문화 거버넌스의 정책방향을 설정하기 위해 제5장의 내용을 체계화하여 분석하였다.

　따라서 이 장에서는 제도적 요인들에 대한 다양한 이해관계자들의 갈등을 효과적으로 해결하면서 자발적인 협력을 이끌어 내어 정부와 시장 그리고 시민사회가 상호 협력적 문화정책을 도출하여 국가의 문화발전에 이바지하려는 목적을 가지고 기존 문화영역의 거시담론과 미시담론을 분석하려는 데 목적이 있다.

　이러한 점에서 이 연구는 기존 우리나라의 문화정책과 문화 관련 이슈들을 정리하고 문화 거버넌스 체제의 바람직한 모형을 재설계할 수 있는 새로운 문화 거버넌스 모형을 모색해 보는 데 시사하는 바가 크다.

제1절 담론분석을 위한 이론적 배경 및 연구설계

1. 담론분석과 Q-방법론

1) 담론분석의 의의

　제5장의 사례분석에서 살펴보았듯이 문화 거버넌스의 문제는 담론적 성격을 가지고 있다. 이러한 문화 거버넌스는 행위주체 간에 신뢰와 협동이라는 가치를 가지고 있고 경쟁적으로 발생되는 이외의 가치문제와도 충돌

이 일어날 수 있다. 이러한 갈등문제를 효과적으로 다루면서 합의를 이끌어 내기 위해서는 이해관계자들이 공통적으로 합의하에 도출한 사회적 기반이 필요한 것이다. 이것이 문제해결을 위한 자발적 협력을 도모하는 역할을 할 수 있기 때문이다.

문화 거버넌스 문제와 관련하여 정부실패를 치유하고자 하는 방법에는 여러 가지가 있지만, 우리 사회에서 회자되는 담론의 의견일치를 통해 사회적 합의를 이끌어 내는 방법이 유효하다고 판단된다. 이를 분석하는 좋은 방법이 담론분석인 것이다.

담론분석은 일반적인 분석 이론과 달리 사회적 합의 조건을 다루는데 상당한 유용성을 가지고 있다.

담론분석은 '텍스트의 의미(semantics)'와 '행위자들의 담화적 전략(discursive strategies)'을 함께 분석해 내는 것을 말한다. 따라서 담론분석은 텍스트에 상징적으로 재현(representation)되는 실체(reality)의 의미와 특정 이슈를 둘러싼 행위자들의 사회적 과정을 연결시키는 데 중요한 함의를 제공해 준다(Eder, 1996: 216).

담론분석의 특징은 '주체'에 대한 인식에서 뚜렷이 나타나는데, 이들은 인간의 주관성이 다차원적인 특성을 가지고 있으며 사람들 간의 관계와 이들 관계를 지배하는 규칙들 자체의 모호성을 인정하고 있다(Dryzek, 1996: 106).

Goodin(1986: 86) 역시 개인 내에는 다중적 선호체제가 현실적으로 작동하며 맥락에 따라 이것들이 다르게 적용되어 있다고 보면서 '사람들은 단일한 가치와 태도를 가지고 있다'고 보는 실증주의적 가정을 비판하고 있다. 따라서 담론분석가들은 언어에 대해서도 존재하는 사실이 객관적 기술(記述)을 위한 중립적 매체가 아니라 사람들이 세계를 기술하기 위해 의도적으로 사용하는 것으로 보고 있다.

또한 인간은 하나의 고정된 패러다임에 기반하고 있고 인간들 간의 상호작용은 명료한 규칙들에 의해 지배받는 것으로 취급하면서 공식적 제도의 틀 속에서 사람이 어떻게 행동할 것인지, 연역적으로 유추하는 접근방법을 선택하고 있는 '공식적 제도 분석' 역시 한계가 있다(Dryzek, 1996: 105). 이러한 연구방법들은 복잡한 제도적 환경을 둘러싸고 있는 담론들의 실질적인 다양성들을 인식하는 데는 실패할 수밖에 없으며, 목표 형성적이고 역동적인 정책목표 형성과정 자체를 포착하지는 못한다. (정규호, 2002)

이러한 점에서 담론분석은 개인적인 인식이나 지각(知覺)과 같은 잠재되어 있는 개인의 태도나 성향을 밝히기보다는 일상적 삶에서 사람들이 의미를 구성하기 위한 언어의 사용방식과 담론 그 자체의 사회적 실천 양식에 초점을 맞춘다(Potter and Wetherall, 1998).

먼저 담론분석은 주어진 문제에 대한 해법을 찾기보다는 문제에 대한 서로 다른 견해들을 확인하고 이를 정치적 토론의 장에 도입하여 변화를 이끌어 내는 역할을 한다. 담론분석을 통한 사회적 가치유형의 발견은 갈등 해결에도 중요한 함의를 제공하는데, 서로 다른 이해관계를 가진 사람들이 자신이 지지하는 담론 유형과 특성을 발견하면서 상호간의 소통을 촉진시킬 수 있기 때문이다.

또한 담론은 당면한 이데올로기 내에서만 이해 가능한 정체성, 주관성을 창조함으로써 권력관계를 형성·유지하는 역할을 한다는 점에서 담론분석은 정체성 형성 방식에 대한 탐색을 통해 사회적 권력의 작동방식에 대한 이해를 돕는 역할을 한다. 이는 구도화된 편견을 드러냄으로써 사회의 지배적인 규범에 도전하도록 하며, 현 상태의 유지적인 특정한 가치체계가 일방적인 영향력을 행사하는 데 대한 비판적 함의를 이끌어 내도록 도와준다. 이처럼 언어가 사회적 실천에 사용되는 방식을 다루는 담론분석은 사회적 관계의 정당성이나 사회적 실체의 지식구성과 관련하여 의미 있는 정보를 제공해줄 수 있다.(정규호, 2002)

이 연구에서는 담론분석의 이러한 기능에 주목하여 담론분석을 크게 두 가지 차원으로 구분하여 수행한다.

먼저 문화영역에서의 사회적 가치유형들 즉 담론의 유형과 특성을 밝히고자 한다. 이를 위하여 문화관련자들이 구성하는 목표가치와 전략적 가치를 둘러싸고 형성된 담론체계들을 살펴볼 것이다. 만약 다양하고 이질적인 담론들이 문화계 내에 많이 존재하고 있다면 이는 문화관련자들의 담론 해석방식에 대해 참여자들 간의 충분한 합의가 이루어지지 못했음을 보여 주는 것이다. 따라서 분석방법으로는 주관성 분석을 위해 개발된 Q-방법 론을 적용하게 되었다(정규호, 2002: 96-97).

2) 담론분석을 위한 Q-방법론

이 연구에서는 우선 담론분석을 위한 이론으로 Q-방법론[54]을 적용하고 자 한다. Q-방법론은 인간의 주관성(subjectivity)을 검토하는 체계적이고 정량적인 수단으로, 그동안 순수하게 주관적인 것으로만 정의된다고 믿어 진 의미의 세계를 객관화시키고 드러내는 데 효과적인 방법론이라 할 수 있다(Brown, 1996; Browen, Durning and Selen, 1999).

문화 거버넌스의 담론과 관련하여 Q-방법론은 담론분석의 유용성과 실 천적 함의를 제공해 준다. 담론은 인지적 수준에서 존재하나 담론분석을 통해 밝혀지지 않는 이상 주어진 것으로 취급된다. 하지만 담론분석을 통 하면 사용 중인 언어에 배태되어 있는 주체들의 세계인식의 틀을 이해하 도록 해주어 사람들이 서로의 견해들을 비판적으로 성찰할 수 있는 보다 확장된 관점을 제공한다(White, 1994: 512-514; Dryzek, 1996: 103-104).

Q-방법론은 William Stephenson에 의해 1935년에 창안된 것으로 그동 안 과학에서 무시되었던 인간의 주관적 영역인 인간의 태도와 행동을 연 구하기 위해 철학적, 심리학적, 통계적 그리고 심리측정과 관련된 개념을 통합한 방법론으로서 인간의 주관성을 전략적으로 분석할 수 있는 특수한 통계기법이다(Browen, 1996).

Q-방법론은 이용자들의 심리적 변화와 태도 등을 이해하고 파악하는 데 있어 매우 유용한 도구로서 평가받고 있다(Barry & Proops, 1999: 388; Stenner et al, 2000: 439; Risdon et al, 2003: 375). Q-방법론에 의

---

54) Q-방법론이란 용어는 일반적으로 적용되는 요인분석(factor analysis) 방법론을 R-방법론이라 부르는 것과 구분하기 위해 고안된 것이다(Phillips, 1997: 212).

하면 이용자의 행위는 지속적인 상호작용과정을 통하여 이루어지는 것이
며 이 과정에는 많은 주관성, 즉 신념, 태도, 확신, 가치 등이 개입되어 있
다는 것이다. Q-방법론은 인간의 주관적 내면의 세계 탐구에서부터 인간
의 선호, 태도, 신념, 감정, 이상, 아름다움, 취향 등을 측정하며(Rison et
al, 2003: 376; 정백·은지현, 2002: 147) 다양한 이해관계가 관련되어 있
는 이슈, 갈등, 혼잡 등의 사회 거시현상을 연구하는데 매우 적합한 연구
방법이다(Barry & Proops, 1999: 339). Q-방법론은 이러한 주관성을 객관
적으로 측정하는 하나의 방법인 것이다(Barry & Proops, 1999: 388).

　　Q-방법론의 과정을 살펴보면, 첫째, 관련 모집단과 현상, 이슈를 인식한
다. 둘째, 관련 모집단의 표본을 추출하여 구조화된 인터뷰를 실시한다. 셋
째, Q-sorting을 활용하여 진술문을 선택한다. 넷째, 진술 참여자들은 가장
긍정적인 동의에서 가장 부정적인 동의의 척도를 진술문을 기초로 하여
의견을 표현했다. 다섯째, 통계적 처리를 실시한다. 여섯째, 사회적 함축의
의미를 전달할 수 있도록 해석과 제언을 한다(Barry & Proops, 1999:
339).

　　따라서 이 방법론은 다음과 같은 내용들을 핵심적인 특징으로 가지고
있다. 즉 연구자가 가지고 있는 지식체계에 의해 연구대상자(연구참여자)
가 가진 의미가 제약되지 않고, 연구대상자 스스로 자발적으로 자신의 내
면에 존재하는 가치들을 드러내도록 한다는 점이다. 또한 한 개인의 내면
에도 다중적인 가치들이 공존하고 있다고 보고 있으며, 이러한 가치들이
다른 개인들의 가치체계와 상호작용 하면서 확산되고, 연합하기도 하고 분
화되기도 한다고 본다(McKewon and Thoma, 1998: 5-8). 따라서 이처럼
다원적이고 소통적인 가치체계들을 연구자가 미리 선험적으로 가정하고
있는 틀에 짜 맞추어 분석해서는 안 되며, 결국 사람들이 가지고 있는 실
제의 다양한 가치유형을 발견해 내고 해석해 내는 데 초점을 맞출 것을
강조하고 있다.(정규호, 2002)

　　이러한 Q-방법론은 알려진 것에 비해 50년 이상의 비교적 오랜 역사를
가지고 있으며 그동안 주로 심리학에 적용되어 오다가 1980년대 후반에 이

르러 보건, 언론, 경영학 등 다양한 분야에 적용되고 있으며, 특히 90년대 이후 공공정책과 행정학분야에도 이 방법론이 도입되고 있는 실정이다.[55]

공공정책과 행정 분야에서 Q-방법론에 대해 관심을 갖게 된 데는 기존의 실증주의적 정책과학이 기반하고 있는 보편적인 신념체계 - 정책가들은 객관적인 외부자로서 가치중립적인 역할을 하고, 사실들은 가치와 분리될 수 있으며, 객관적 사실에 대한 보편적 법칙을 찾아내고 적용시키는 것이 가능하고 또한 바람직하다는 가정이 도전받게 된 것 - 와 깊은 관련이 있다(Durning, 1999: 394; Lynn, 1999: 419).

이것은 경험주의자들이 연역과 귀납을 이용하여 이론으로부터 가설을 설정하고 이를 검증하는 방법인 '연역적 방법(hypothetico-deductive method)'과는 달리 실용주의자 Perice의 가설인 '발견적 추론'의 논리에 기본을 두고 있는 것이다. 즉 기존의 방법론이 가설로부터 시작한다면 Q-방법론은 관찰을 통해 발생하고 있는 현상을 이해하고 가설을 만들어 내는 것이다(김범종, 1999: 122).

한편, Q-방법론은 분석적 함의뿐만 아니라 실천적 함의도 내포하고 있는데, 연구대상 집단이 공유하고 있는 다양한 가치체계를 드러내 줌으로서 이해당사자들 간의 담화를 촉발시키는 계기를 제공해 줄 수 있다는 것이다(Dayton, 2000: 97). 이 연구에서도 사례대상 집단에서 발견한 목표가치와 전략적 가치에 대한 담론 유형들이 상호작용적 갈등해결에 기여하는 바가 클 것으로 기대하고 있다.

담론들의 특성은 Q-방법론을 통해 나타난 각각의 진술문들을 다른 진술문들과의 관계라는 맥락 속에서 해석하는 과정에서 발견된다(Addams, 2000: 18). 따라서 Q-방법론을 통한 요인분석은 '해석적 예술'로 불릴 만큼 분석을

---

55) Q-방법론을 적용한 연구자들이 각 분야에서 연구하여 왔는데(오수길, 2004; 차현민, 1995; 최이정, 1989 김순은, 1993, 선우동훈, 1997;), 방법론이 활성화 되지 못한 이유는 정책분석 및 평가와 관련하여 아직도 실증주의적 방법론의 영향력으로부터 자유롭지 못한 현실에서 비롯된다. 이러한 점에서 담론을 Q-방법론을 적용한 Addams 등의 연구는 주목할 만하다(Addams and Proops, 2000; Barry and Proops, 2000).

통해 드러난 결과에 대한 해석이 핵심이라고 할 수 있다. 즉 Q-방법론은 연구대상들의 주관적(subjective)이고 자기 준거적인(self-reference) 견해나 가치들을 연구자의 가치개입 없이 신중히 다루도록 해 준다는 점에서 해석적(interpretative)인 방법론이라는 것이다. 물론 그렇다고 연구자가 해석자로서 무제한의 자유를 가지는 것은 아니다. 왜냐하면 분석결과를 통해 제시된 요인별 점수들에 근거하여 해석을 하기 때문이다.56) 여기서의 요인들은 개개인들의 생생한 경험의 함수로서 요인들 수와 특성은 연구 참여자들로부터 도출된 것이다. 바로 이러한 점 때문에 연구자는 해석의 단계 전까지는 연구결과를 전혀 예측할 수 없다는 점도 담론분석이 가지는 특성이라 할 수 있다.

이 연구에서 Q-방법론을 통해 추출된 요인들은 문화 거버넌스의 목표가치(신뢰와 협동)와 전략적 가치(참여와 파트너십)에 대한 문화 관련자들의 집합적 가치체계로서 개인수준이 아닌 사회적 담론(social discourse) 유형이라 할 수 있다.

2. 담론분석을 위한 연구설계

문화 거버넌스의 거시담론 문제는 무엇보다도 문화 거버넌스의 개념을 공유하고 있는가? 어떤 내용이 문화 거버넌스인가? 누가 하는가? 그리고 어떻게 하는가? 의 문제이며 또한 '참여'와 '파트너십'이라는 전략적 가치에서도 중요하다.

이러한 문제의식을 가지고 문화 거버넌스의 새로운 모형 모색과, 전략 구성에 대한 정부, 시장, 시민사회의 합의 수준을 밝히기 위해서는 주관성 분

---

56) 요인별 점수로 크게 정수값 'Q value'와 표준화값 'Z score'이 있는데, 전자가 이론적 개념에 대한 유형의 존재를 탐색하는 데 주로 사용된다면, 후자는 연구대상간의 상대적 차별성을 파악하는데 주로 사용된다. 이 연구에서는 Q값을 중심으로 요인별 특성을 밝히되, 요인 간 Z값 차이가 1 이상인 진술문들을 중심으로 요인 간 특성의 차이를 보다 정교하게 비교하고자 하였다.

석을 위하여 개발된 질적 분석방법 중의 하나인 Q-방법론(Q-methodlogy)이 유용하다. 본 내용에서는 Q-방법론을 통한 담론분석 절차와 연구설계 과정을 다루었다. 그리고 미시적 담론의 분석으로 제도적 차원의 문제를 알아보기 위하여 연구목적에 따라 분석방법을 사용하였다. 척도의 신뢰도 분석은 '신뢰도 분석', 변수 간 관계의 유무와 정도 및 유의미성은 '상관분석' 및 '교차분석', 인구학적 특징 및 사회학적 특징에 따른 집단 간의 차이는 'T-test' 및 'ANOVA' 그리고 바람직한 문화 거버넌스의 모형은 '로지스틱 회귀분석'을 하여 문화영역의 담론들을 분석하고자 한다.

1) 분석 모형

이 연구의 목적은 바람직한 문화 거버넌스의 모형 구축이다. 이를 위해 문화축제를 준비하고 참여한 경험이 있는 문화축제 관련자들을 대상으로 조사를 하였으며, 설계된 분석 모형은 아래의 〈그림 6-1〉과 같다.

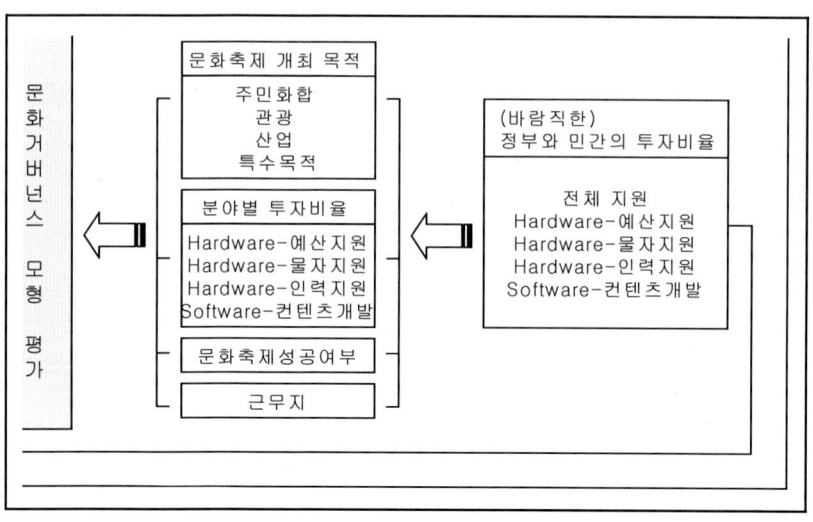

〈그림 6-1〉 담론분석과 제도여건관련분석의 틀

우선 설정된 종속변인은 먼저 누가 문화축제를 만들어 가는 것이 바람직한가이며, 다음은 문화축제에 있어서 바람직한 정부와 민간의 투자비율이다. 이는 전반적인 문화축제 및 문화축제의 하드웨어와 소프트웨어 분야에 있어 정부와 민간의 투자가 어떻게 이루어지는 것이 바람직한지에 대한 응답자들의 견해이다. 즉 문화축제를 준비하고 참여했던 경험에 기초하여 더 나은 문화 거버넌스의 방향을 제시해 주는 것이다.

이러한 바람직한 정부와 민간의 투자비율에 영향을 미치는 요인들은 다음과 같다. 먼저, 응답자들의 문화축제의 개최목적에 따라 정부와 민간의 투자비율은 달라질 수 있다. 다음으로 문화축제 관련자들이 주관했던 축제의 예산 및 물자, 인력 그리고 컨텐츠 개발에 대한 정부와 민간의 투자비율이다. 각각의 해당 분야에서 겪었던 문제나 어려움 등은 앞으로의 정부와 민간의 투자비율에 영향을 주는 것이다. 아울러 문화축제의 평가항목으로 문화축제가 설정한 목표를 중시하느냐, 아니면 효율성을 중시하느냐, 경제성을 중시하느냐 등에 따라 정부와 민간의 투자비율에 대한 견해를 달리할 수 있다. 뿐만 아니라 주관했던 축제의 성공여부 및 정부 또는 민간단체에서의 근무여부 역시 정부와 민간의 투자비율에 영향을 주므로 독립변인으로 설정하였다.

2) 자료처리 및 설문구성

(1) 연구대상과 자료수집

① 자료(Q-sample)수집 단계

Q-방법론을 통한 담론분석 과정은 크게 '자료(Q-sample)수집' 단계, '연구대상자(P-sample)선정' 단계, '진술문 분류(Q-sort)' 단계, '자료 분석' 단계 그리고 '분석결과 해석' 단계로 구분할 수 있다.

담론분석에 활용되는 자료(Q-sample)는 연구자가 다루고자 하는 이슈 또는 개념과 관련하여 다양한 견해와 가치를 담은 진술문들이 해당된다. 이 진술문들은 연구대상자로부터 직접 얻거나 문헌 및 관련 자료들로부터 얻을 수 있는데, 이 연구에서는 대상 집단인 정부(중앙정부, 지방정부), 시민단체, 재계, 문화 관련단체, 순수예술공연전문가, 학계 그리고 문화관련 전문가들과의 인터뷰 과정을 통해 얻은 진술내용과 학자들이 발표한 문헌들 가운데서 발췌한 관련 내용들(ready-made sample)을 근거로 진술문들을 확보하였다. 또한 구체적인 연구수행 방법은 우선 문헌조사와 관찰을 통해 기초자료를 수집·검토한 후 1차 설문지를 작성하였다. 작성된 설문지는 1차 사전조사(pilot study)를 통해 수정·보완한 후 2차 설문지를 작성하였으며, 2차 사전조사를 실시한 후 재수정 및 재보완 하여 설문지를 확정하였다. 또한 이 연구는 축제의 사례를 통하여 새로운 문화 거버넌스의 모형을 고찰하고자 하는 목적이기 때문에 이 연구의 일차적인 대상은 축제를 직접적으로 준비, 진행한 축제 관련자들이 된다. 뿐만 아니라 문화 거버넌스의 성공 기준은 축제에 참여하여 직접 체험한 방문객을 통해서도 파악될 수 있다. 따라서 이 연구의 대상은 축제 관련자 및 축제 방문객이다.

② 연구대상자 선정단계

먼저 이 연구의 주 응답자인 축제 관련자에 대한 설명은 다음과 같다. 축제 관련자들은 근무영역의 유형에 따라 정부(중앙정부 및 지방정부), 시민사회(시민단체, 학계), 시장(순수예술공연전문가, 문화 관련단체),으로 구분할 수 있다. 이들 각각의 근무영역 유형에 따라 50부씩, 일반기업을 포함한 재계에는 60부의 설문지를 배부, 총 360부를 배부하였다. 그리고 축제 방문객에게는 150부의 설문지를 배부하였다. 각각 226부와 104부가 회수되어 응답률은 62.8%와 69.3%이며, 이 중 응답이 부실한 설문지 6부를 제외하고 총 224매와 100매를 분석하였다.

다음으로, Q-방법론의 대상자는 연구문제와 관련된 견해를 가지고 있다고 여겨지는 피험자로 선정되었다. 이 연구는 응답자 중 축제 관련자들에 한하여 그 대상을 선정하였다. 이때 Q-방법론의 연구를 위한 피험자의 수는 연구목적에 따라 그 수가 5명이라도 무방하나 연구자의 견해에 따라서는 30-60명이 적당하지만 40명을 넘을 필요는 없다고 본다(Brown, S. R, 1980: 39). 따라서 이 연구의 응답자인 축제 관련자들 중 각 근무영역 유형에 따라 5명씩을 무작위로 선정, 총 35명의 응답을 분석하였다.

③ 진술문 분류(Q-sorting) 단계

이 연구에서는 위와 같이 확보된 진술문들을 일정한 기준에 따라 분류하는 귀납적 실제를 통한 구조화 추출방법을 적용하였다. 이 추출방법은 진술문들의 중복성과 편향성을 최소화하는 장점이 있다(Barry and Proops, 2000: 25: Foch and Lawler, 2000: 117). 이러한 추출 과정에서 문화 거버넌스를 모색하는 전략적 가치인 '신뢰'를 기저로 한 '참여'와 '협동'의 '파트너십'과 관련하여 확보된 32개 진술문들 중 전략적 가치가 있는 12개 진술문을 추출하였다.

이에 대한 구체적 내용으로는 이론적 배경 및 기존의 연구결과를 통해 구성한 변수의 지표와 설문문항에 대해 개괄적으로 설명하고자 한다.

이 설문지는 '축제 관련자용'과 '축제 방문객용'으로 나뉜다. 문화 거버넌스의 담론분석을 위한 진술문은 축제 관련자와 축제 방문객에게 공통으로 질문하였다. 이는 각 집단의 형성담론을 통해 현재의 문화 거버넌스 담론을 파악할 수 있다는 점에 착안하여 두 집단 간의 담론형성의 차이를 살펴봄으로써 앞으로 지향해야 할 문화 거버넌스의 방향을 모색할 수 있을 것으로 기대하였다.

축제를 준비하고 진행하는 축제 관련자와 축제를 방문하고 체험하는 방문객은 그 입장이 다르므로 각각의 입장에 따른 설문지를 구성하였다. 그러나 축제를 방문하도록 하는 요소나 선호하는 축제의 유형과 프로그램 등 공통 질문을 함으로써 두 집단 간의 차이를 비교할 수 있도록 하였다. 각각의 설문지 구성은 아래와 같다.

진술문 분류는 추출된 진술문들을 연구주제에 관심과 흥미를 가지고 있는 사람들에게 제공하여 진술문들을 일정한 배치 형태로 묶음(sets)을 만드는 과정을 말한다. 이 연구에서는 진술문들을 각각 32개씩의 카드로 만들어 연구대상자들에게 분류방법과 절차를 설명한 뒤, 먼저 목표가치와 관련한 카드를 분류하도록 한 후 전략적 가치와 관련한 카드를 분류토록 하였다. 진술문들의 분류(Q-sort)에는 연구자가 제시한 방법에 따라 가급적 정규분포 형태에 가깝게 배치하도록 하였다. 진술문의 배치 순서는 다음과 같다. 첫째, 동의하는 정도가 '매우 높은' 진술문 2개를 먼저 선정한 후 동의하는 정도가 '매우 낮은' 진술문 2개를 선정한다. 둘째, 동의하는 정도가 '상당히 높은' 진술문 4개를 선정한 후 동의하는 정도가 '상당히 낮은' 진술문 4개를 선정한다. 셋째, 동의하는 정도가 '약간 높은' 진술문 6개를 선정한 후 동의하는 정도가 '약간 낮은' 진술문 6개를 선정한다. 넷째, 나머지 진술문 8개를 중간에 배치한 후, 분류된 진술문들의 전체 배치를 다시 한번 검토하면서 배치를 바꿀 부분이 있는지를 마지막으로 검토하였다.

응답자들의 Q-sorting을 돕고자 연구자는 진술문 배치 순서와 함께 다음과 같은 분류표를 제시하였다.[57]

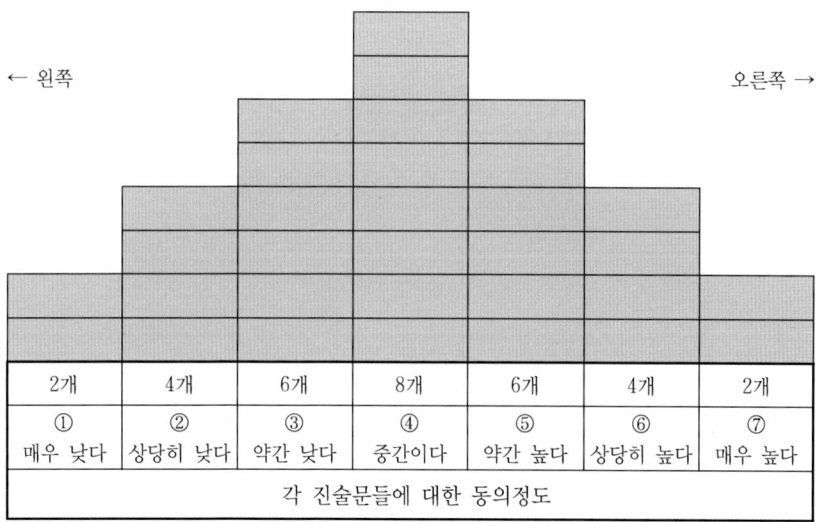

2개	4개	6개	8개	6개	4개	2개
①	②	③	④	⑤	⑥	⑦
매우 낮다	상당히 낮다	약간 낮다	중간이다	약간 높다	상당히 높다	매우 높다
각 진술문들에 대한 동의정도						

〈그림 6-2〉 진술문 배치 순서

---

57) 분류표 양식은 〈부록 2〉를 참조.

210

④ Q-진술문 및 축제관련자용 설문지

위에서 제시한 분류표에 배치하는 진술문과 축제관련자용 설문지의 구성은 다음과 같다.

〈다음 페이지 진술문을 보시고 검은색 빈칸에 번호를 기입해 주시기 바랍니다.〉

〈표 6-1〉 Q-진술문

내 용	진　　술　　문	진술문 번호
문화축제 행사주체	정부와 시장 그리고 시민이 상호협력하는 것이 바람직하다.	15
	시민이 주도하는 것이 바람직하다.	19
	정부에서 주도하는 것이 바람직하다.	27
	정부개입은 필요하다.	8
문화축제 행사내용	모든 연령층의 사람들이 참여할 수 있도록 한다.	11
	지방의 특색을 살린 축제가 열린다.	20
	해당지역의 매력을 증대시킨다.	5
	문화행사는 다양하다.	21
	문화축제는 독창성이다.	31
	행사 지역 주민의 만족도를 충족시킨다.	23
	행사에 참여하는 사람들의 만족도를 충족시킨다.	32
문화축제 행사평가	행정적 지침이 잘 마련되어 있다.	10
	법적 규정은 충분하다.	18
	축제에 대한 정부의 예산지원은 충분하다.	25
	정부의 재정과 정책 지원이 부족하고 불합리하다.	29
	장르에 따라 자원 배분이나 지원이 불균형하게 이루어진다.	13
	조직자들은 전문성이 부족하다.	6
	문화의 고급인력 육성이 시급하다.	26
	관련자들은 축제 운영에 적극적으로 참여한다.	22
	정보를 얻기 쉽다.	2
	문화와 관련하여 국민의식과 학교교육에 문제가 많다.	28
	객관적인 평가가 이루어지지 않는다.	16
	축제는 시간 및 자원의 낭비이다.	30
	사회 변화에 느리게 적응한다.	14

내 용		진 술 문	진술문 번호
문화축제 수반효과	문화적 효과	문화전통을 승계한다.	3
		국민들의 예술복지수준을 높여준다.	4
		문화발전을 가져온다.	24
	교육적 효과	창조성, 수용력, 심미력 등을 배양할 수 있으므로 교육적 기능을 갖는다.	7
	정신적 효과	정신적 쾌락과 즐거움을 제공한다.	17
		국민의 정서적 요구를 충족시킨다.	1
	경제적 효과	주변 비즈니스에 경제적 이익을 발생시킨다.	9
		수익을 낼 수 있어야 한다.	12

〈표 6-2〉 축제관련자용 설문지

구 분	내 용	설문 문항
행위 주체자에 따른 문화축제에 대한 평가	문화축제의 목적	33
	응답자의 문화축제 참여단계	34
	주관 문화축제의 투자비율 -전체 현황 -분야별 투자비율 : hardware - 예산지원 - 물자지원 - 인력지원 software - 컨텐츠 개발	35
	문화축제평가 - 목표달성도 - 효율성 - 경제성 - 민주성	36
	문화정책 평가	38

향후
문화축제 방향에
대한 고려
	바람직한 정부와 민간의 투자비율
	 - 전체 지원
	 - 분야별 지원
	    hardware - 예산지원 - 물자지원
	    software - 인력지원 - 컨텐츠 개발
		39

	공공부분의 문화정책과 민간부분의 문화정책 비교	40
문화 및 문화축제에 대한 인식	문화에 대한 인식	41
	문화축제 유인 요인	42
	문화축제 선호 유형	43
	문화축제 선호 프로그램	44

(2) 자료의 처리 및 분석방법

응답이 완성된 설문지는 코딩 및 자료입력 과정을 거쳐 SPSS 통계 패키지 프로그램으로 분석하였다. 이 연구에서는 문화 거버넌스의 현주소를 파악하고 앞으로 문화 거버넌스의 방향을 모색하기 위해 Q-방법론을 비롯하여 신뢰도 분석, 교차분석과 상관분석, t-test, 분산분석(ANOVA), 로지스틱 회귀분석 등을 사용하였다. 각 연구 목적에 따른 분석방법은 아래와 같이 정리할 수 있다(〈표 6-3〉 참조).

〈표 6-3〉 연구목적에 따른 분석방법

연 구 목 적	분 석 방 법
· 담론분석	Q-방법론
· 척도의 신뢰도 분석	신뢰도 분석
· 변수 간 관계의 유무와 정도 및 유의미성	상관분석, 교차분석
· 인구학적 특성 및 사회학적 특성에 따른 집단 간 차이	t-test, ANOVA
· 바람직한 문화 거버넌스의 모형	로지스틱 회귀분석

3) 측정도구의 신뢰성 및 타당성 검증

이 연구는 측정도구의 신뢰도를 높이기 위해 한 변수에 대하여 두 개 이상의 설문문항을 측정지표로 사용하였다. 두 개 이상의 설문문항으로 측정된 개념은 축제의 평가내용에 대한 것으로 목표달성도, 효율성, 경제성, 민주성을, 해당 측정지표간의 신뢰도를 알아보기 위해 신뢰도 분석을 수행함으로써 Cronbach의 α값을 통해 신뢰도를 측정하였다. 그 결과 목표달성도, 효율성, 경제성, 민주성의 Cronbach's α값은 각각 .6233, .6140, .7233, .7122로 그 값이 .6140에서 .7233으로 비교적 높게 나타나, 이 측정도구는 신뢰할 만한 수준인 것으로 나타났다(〈표 6-4〉 참조).

〈표 6-4〉 척도의 신뢰도 분석

변 수 명		Cronbach's α
축제에 대한 평가내용	목표달성도	.6233
	효율성	.6140
	경제성	.7233
	민주성	.7122

제2절 담론분석

앞에서 설명한 바와 같이 Q-방법론의 대상자는 연구문제와 관련된 견해를 가지고 있다고 여겨지는 피험자로 선정된다. 따라서 이 연구의 응답자 중 축제 관련자들을 대상으로 한다. 이 연구의 응답자인 축제 관련자들 중 각 근무영역 유형에 따라 5명씩을 무작위로 선정, 총 35명의 응답을 분석하고자 한다.

분석대상자의 구성은 아래의 〈표 6-5〉에서 보이는 바와 같이, 제1유형이 10명, 제2유형이 9명, 제3유형이 10명, 제4유형이 6명으로 되었다. 제1유형의 경우, 7번(Z=1.3801), 1번(Z=1.2368), 2번(Z=1.2254), 11번(Z=1.2136), 18번(Z=1.1152)이 대표성을 가지며, 제2유형은 19번(Z=1.0289), 32번(Z=1.0247), 35번(Z=1.0115)이 대표성을 가지며, 제3유형은14번(Z=1.8654), 3번(Z=1.8420), 12번(Z=1.2100), 6번(Z=1.1041)이 대표성을 가지며, 제4유형은 15번(Z=2.5741), 10번(Z=1.4165)이 대표성을 갖는다.

〈표 6-5〉 P-표본의 유형별 인자가중치

유형1 (N=10)	유형2 (N=9)	유형3 (N=10)	유형4 (N=6)
7 (1.3801)	19 (1.0289)	14 (1.8654)	15 (2.5741)
1 (1.2368)	32 (1.0247)	3 (1.8420)	10 (1.4165)
2 (1.2254)	35 (1.0115)	12 (1.2100)	28 (0.6654)
11 (1.2136)	4 (0.8867)	6 (1.1041)	30 (0.6521)
18 (1.1152)	22 (0.8256)	17 (0.9562)	21 (0.2651)
8 (0.8954)	34 (0.8125)	23 (0.7541)	33 (0.2457)
9 (0.7875)	24 (0.6518)	27 (0.6412)	
20 (0.7440)	25 (0.5284)	31 (0.4541)	
29 (0.6254)	26 (0.4195)	5 (0.4210)	
13 (0.5472)		16 (0.2899)	

그러나 이 연구의 목적은 정부주관 문화축제, 민간주관 문화축제, 민-관 협동주관 문화축제라는 세 가지 형태의 문화축제에 대한 담론이 어떻게 형성되는지를 살펴보고자 하는 것이다. 즉 정부와 민간 그리고 민-관 협동이라는 문화축제의 주체에 따른 담론이 어떻게 형성되는지를 살펴보는 것이다. 따라서 분석대상자의 구성은 4개의 유형으로 구분되나 문화축제 형성의 담론은 3가지로 구분되므로 이후의 논의에서는 정부주관 문화축제, 민간주관 문화축제, 민-관 협동주관 문화축제에 대한 3개의 담론을 살펴본다.

여기서 분석대상자의 〈유형4〉는 〈유형1〉과 마찬가지로 정부주관 문화축제의 담론형성을 보여주고 있으나, 〈유형1〉이 〈유형4〉에 비하여 정부주관 문화축제를 대표하므로 본 절에서는 〈유형1〉의 정부주관 문화축제, 〈유형2〉의 민간주관 문화축제, 〈유형3〉의 민-관 협동주관 문화축제에 대해 논의하기로 한다.

1. 정부주관 문화축제에 대한 담론 유형 분석

〈유형1〉을 대표하는 사람들의 인구학적 특성을 보면, 근무영역이 중앙정부 2인, 지방정부 3인, 재계 2인, 시민단체 2인, 문화 관련단체 1인으로 다른 유형에 비해 비교적 정부에서 근무하는 사람들의 비율이 높은 것을 볼 수 있다.

〈유형1〉은 '정부주관 문화축제에 대한 담론'으로 명명할 수 있다. 즉, 정부가 문화축제를 주관하는 것이 바람직하다고 생각하는 유형이다. 〈유형1〉을 형성하는 사람들은 문화축제의 행사주체에 대하여 정부에서 주도하는 것이 바람직하며(문항 번호(N)=27, Z=1.34) 따라서 정부개입은 필요하다고 생각하는 한편(N=8, Z=1.20), 정부와 시장 그리고 시민이 상호 협력하는 것도 바람직하다(N=15, Z=1.89)고 생각하는 것으로 나타났다. 이들은 문화축제의 행사내용에 있어서 '문화행사는 다양하다(N=21, Z=-1.35)'와 '행사지역 주민의 만족도를 충족시킨다(N=23, Z=-1.48)'라는 문항에 대해서는 부정적인 견해를 보임으로서 문화행사의 내용이 다양하지 않으며 행사지역 주민의 만족도를 충족시키지 못한다고 생각하는 것으로 나타났다. 이는 정부주관 문화축제의 문화 컨텐츠의 부족한 측면을 나타내는 것이다. 이러한 부분에 있어 해당 유형의 응답자들은 정부와 시장 그리고 시민이 상호 협력하는 부분이 필요하다고 생각하는 것이라는 판단이다.

다음으로 문화축제 행사평가를 살펴보면, 해당 유형의 응답자들은 '행정적 지침은 잘 마련되어 있다(N=10, Z=-1.62)', '법적 규정은 충분하다(N=18, Z=-1.52)', '축제에 대한 정부의 예산지원은 충분하다(N=25, Z=-1.46)'는 항목에 대해 부정적인 견해를 가지고 있는 것으로 나타났다. 한편 '장르에 따라 자원 배분이나 지원이 불균형하게 이루어진다(N=13, Z=1.14)', '조직자들은 전문성이 부족하다(N=6, Z=2.07)', '문화의 고급인력 육성이 시급하다(N=26, Z=2.22)'의 항목에는 동의하는 것으로 나타났다. 이러한 결과는 정부주관 문화축제에 대한 응답자들의 부정적인 견해를 나타내는 것이다.

다시 말해, 해당 유형의 응답자들은 현재의 행정적 지침 및 법적규정은 물론 예산지원의 하드웨어적 측면이 미비하며 그러한 자원의 배분은 불균등하게 지원되고 있으므로 해당부분에 대한 정부의 주관 및 지원이 필요하다고 생각하고 있는 것이다. 아울러 이들은 조직자들의 전문성과 같은 소프트웨어적 측면도 부족하다고 생각하는 것으로 나타났으며, 이는 문화인력의 육성을 요구하는 결과로 연결되는 것으로 보인다.

문화축제가 수반하는 효과에 대해서는 '문화발전을 가져온다(N=24, Z=)', '정신적 쾌락과 즐거움을 제공한다(N=, Z=)', '국민의 정서적 요구를 충족시킨다(N=, Z=)', '주변 비즈니스에 경제적 이익을 발생시킨다(N=, Z=)'의 항목에 긍정적인 견해를 나타냄으로써 문화축제가 가져오는 문화적 효과, 정신적 효과, 경제적 효과가 존재한다고 생각하는 것으로 나타났다.

이상의 내용을 요약하면, 문화축제는 국민의 정서적 요구를 충족시키며, 정신적 쾌락과 즐거움을 제공하며, 주변 비즈니스에 경제적 이익을 발생시키는 동시에 문화축제는 문화발전을 가져온다고 생각하는 것으로 나타났다. 그러나 문화축제 조직자들의 전문성에 대하여서는 회의적이며, 따라서 문화의 고급인력 육성이 시급하다고 생각하고 있다.

한편 이들은 행정적 지침 및 법적 규정은 충분하지 않은 것으로 인식하고 있으며, 문화축제의 장르에 따라 자원 배분이나 지원이 불균형하게 이루어질 뿐만 아니라 정부의 예산지원은 충분하지 않다고 응답하였다. 이는 앞에서도 언급한 바와 같이, 정부근무자들 역시 문화축제에 관련하여 법규 및 지침 마련이 필요하다고 생각하는 것을 보여주는 결과이다

따라서 이 유형을 응답자들은 문화축제에 정부개입은 필요하며, 나아가 정부에서 주도하는 것에도 긍정적인 견해를 갖는 것으로 나타났다. 나아가 문화축제를 정부와 시장 그리고 시민이 상호 협력하는 것이 바람직하다는 견해를 갖는 것으로 나타났다(〈표 6-6〉 참조).

〈표 6-6〉 정부주관 축제에 대한 담론에 대한 진술문

		진술문	표준점수 (Z-score)
긍정 항목	1	문화축제는 국민의 정서적 요구를 충족시킨다.	2.13
	6	문화축제의 조직자들은 전문성이 부족하다.	2.07
	8	문화축제에 정부개입은 필요하다.	1.20
	9	문화축제는 주변 비즈니스에 경제적 이익을 발생시킨다.	2.34
	13	문화축제의 장르에 따라 자원 배분이나 지원이 불균형하게 이루어진다.	1.14
	15	문화축제는 정부와 시장 그리고 민간이 상호협력하는 것이 바람직하다.	1.89
	17	문화축제는 정신적 쾌락과 즐거움을 제공한다.	1.46
	24	문화축제는 문화발전을 가져온다.	1.27
	26	문화의 고급인력 육성이 시급하다.	2.22
	27	문화축제는 정부에서 주도하는 것이 바람직하다.	1.34
부정 항목	10	문화축제에 관한 행정적 지침이 잘 마련되어 있다.	-1.62
	18	문화축제에 관한 법적 규정은 충분하다.	-1.52
	21	문화행사는 다양하다.	-1.35
	23	문화축제는 행사 지역 주민의 만족도를 충족시킨다.	-1.48
	25	문화축제에 대한 정부의 예산지원은 충분하다.	-1.46

2. 민간주관 문화축제에 대한 담론 유형 분석

〈유형2〉의 응답자들의 근무영역을 살펴보면 지방정부 1인, 순수예술인 3인, 문화 관련단체 1인, 학계 3인 등으로 다른 유형에 비해 비교적 순수예술공연전문가의 비율이 높다.

해당 유형의 응답자들은 문화축제에 대하여 '시민이 주도하는 것이 바람직하다(N=19, Z=2.89)'에 동의함으로써 '민간주관 문화축제에 대한 담론'으로 명명할 수 있다. 그러나 이들은 '문화축제는 정부에서 주도하는 것이

바람직하다(N=27, Z=-1.32)'는 항목에 대해서는 부정적인 견해를 보이고 있다.

민간주관 문화축제가 바람직하다고 생각하는 응답자들은 현재의 문화축제에 대해서는 부정적인 견해를 갖는 것으로 보인다. 즉 이들은 '모든 연령층의 사람들이 참여할 수 있도록 한다(N=11, Z=-1.21)'에 부정적인 견해를 보임으로써 현재의 문화축제가 모든 연령층을 배려하고 있지 않다고 생각하는 것으로 나타났다. 아울러 문화축제의 행사를 평가하는 데 있어서도 '축제는 시간 및 자원의 낭비이다(N=30, Z=1.20)'라는 항목에 동의함으로써 현재의 문화축제에 대하여 매우 회의적임을 보여준다. 이러한 이들의 태도는 정부의 지원과 무관하지 않은데, 이들은 '문화축제에 관한 행정적 지침이 잘 마련되어 있다(N=10, Z=-1.89)'와 '문화축제에 대한 정부의 예산지원은 충분하다(N=25, Z=-2.12)'의 항목에 부정적 태도를 나타낸다.

한편 이들은 '문화의 고급인력 육성이 시급하다(N=26, Z=-1.85)'의 항목과 '문화와 관련하여 국민의식과 학교 교육에 문제가 많다(N=28, Z=-1.76)'라는 항목에 동의하지 않고 있다. 이상의 결과를 종합해 보면, 해당 유형의 응답자들은 정부의 행정지침 및 예산지원의 하드웨어적 지원이 불충분하게 이뤄지므로 충분한 문화축제 인력을 가지고도 모든 연령층을 참여시키는 양질의 문화축제를 생산할 수 없다고 생각하는 것으로 나타났다고 할 수 있다.

아울러 〈유형2〉의 응답자들은 문화축제가 수반하는 효과에 대해서는 '문화발전을 가져온다(N=24, Z=2.68)', '문화축제를 통해 창조성, 수용력, 심미력 등을 배양할 수 있으므로 교육적 기능을 갖는다(N=7, Z=2.01)'라는 항목에 동의하는 것으로 나타나 문화축제의 문화적 효과와 교육적 효과에 동의하는 것으로 나타났다. 그러나 '문화축제는 수익을 낼 수 있어야 한다(N=12, Z=-2.24)'라는 항목에는 부정적인 견해를 나타냄으로써 문화축제의 경제적 수익성 창출에는 비판적임을 보여주었다.

이상의 결과를 요약하면, 이 유형의 사람들은 문화축제에 대한 정보를 얻기 쉬우며, 문화축제를 통해 창조성, 수용력, 심미력 등을 배양할 수 있

기 때문에 문화축제는 교육적 기능을 가지며, 문화축제는 문화발전을 가져
온다고 생각하는 것으로 나타났다. 그러나 이 유형의 사람들은 행정적 지
침은 마련되어 있지 않다고 인식하는 반면 학교 교육이나 인력양성의 문
제는 없다고 인식하는 것으로 나타났다. 아울러 문화축제가 모든 사람들이
참여할 수 있도록 해야 하는 것은 아니라고 생각하는 것으로 나타났으며,
문화축제는 수익을 낼 수 있어야 한다는 의견에 대해서는 부정적인 것으
로 나타났다.

　이 유형의 사람들은 문화축제를 정부가 주도하는 것이 바람직하지 않고
민간이 주도하는 것이 바람직하다고 생각하는 것으로 나타났다. 이는 순수
예술공연전문가들이 정부의 개입에 대해 다소 부정적인 견해를 갖고 있기
때문에 나타난 결과라고 생각된다(〈표 6-7〉 참조).

〈표 6-7〉 민간주관 축제에 대한 담론에 대한 진술문

		진술문	표준점수 (Z-score)
긍정 항목	2	문화축제에 대한 정보를 얻기 쉽다.	1.35
	7	문화축제를 통해 창조성, 수용력, 심미력 등을 배양할 수 있으므로 교육적 기능을 갖는다.	2.01
	19	문화축제를 민간이 주도하는 것이 바람직하다.	2.89
	24	문화축제는 문화발전을 가져온다.	2.68
	30	문화축제는 시간 및 자원의 낭비이다.	1.20
부정 항목	10	문화축제에 관한 행정적 지침이 잘 마련되어 있다.	-1.89
	11	문화축제는 모든 연령층의 사람들이 참여할 수 있도록 한다.	-1.21
	12	문화축제는 수익을 낼 수 있어야 한다.	-2.24
	25	문화축제에 대한 정부의 예산지원은 충분하다.	-2.12
	26	문화의 고급인력 육성이 시급하다.	-1.85
	27	문화축제는 정부에서 주도하는 것이 바람직하다..	-1.32
	28	문화와 관련하여 국민의식과 학교교육에 문제가 많다.	-1.76

3. 민 - 관 협동주관 문화축제에 대한 담론 유형 분석

〈유형3〉에는 정부기관 2인, 지방정부 1인, 시민단체 2인, 재계 2인, 순수
예술 1인, 문화 관련단체 1인, 학계 1인 등 비교적 다양한 근무영역의 사
람들이 고르게 분포하는 것으로 나타났다.

이 유형은 '문화축제를 정부와 시장 그리고 시민이 상호 협력하는 것이
바람직하다(N=15, Z=1.98)'라는 항목에 대해 긍정적으로 응답함으로써
'민 - 관 협동주관 문화축제에 대한 담론'으로 명명할 수 있으며, 문화축제
는 민 - 관이 협동하여 주관하는 것이 바람직하다고 생각하는 것으로 나타
났다.

해당 유형의 사람들은 '문화축제는 해당지역의 매력을 증대시킨다(N=5,
Z=1.65)', '문화행사는 다양하다(N=21, Z=2.03)', '문화축제는 독창적이다
(N=31, Z=1.88)' 그리고 '문화축제는 행사에 참여하는 사람들의 만족도
를 충족시킨다(N=32, Z=1.92)'라는 항목에 동의하여 문화축제의 행사내
용에 대해 긍정적인 것으로 나타났다.

아울러 문화축제 관련자들은 '축제 운영에 적극적으로 참여한다(N=22,
Z=1.96)'고 평가하는 반면, '정부의 재정과 정책지원은 부족하고 불합리하
다(N=29, Z=-1.20)'고 생각하는 것으로 나타났다. 또한 '문화와 관련하여
국민의식과 학교 교육에 문제가 많다(N=28, Z=-1.78)', '문화축제에 대한
객관적인 평가가 이루어지지 않는다(N=16, Z=-1.64)', '축제는 시간 및
자원의 낭비이다(N=30, Z=-1.20)' 그리고 '문화축제는 사회변화에 느리
게 적응한다(N=14, Z=-1.25)'라는 항목에 동의하지 않음으로서 문화축제
에 대해 상당히 긍정적으로 평가하고 있음을 보여주었다.

이러한 결과를 종합하여 볼 때, 현재 정부의 행정적 지침이나 예산지원
의 하드웨어적 측면에 대해 미비함을 제기하지만 현재의 문화축제 관련
인력이나 교육의 문제는 제기하지 않으며, 문화축제의 내용은 다양하고 독
창적이고 사람들의 만족을 충족시키고 있다고 생각하므로, 앞으로의 문화

축제에 있어 문화축제의 소프트웨어 측면은 민간이 담당하되 정부의 하드웨어 측면의 지원을 요구하는 것으로 해석할 수 있다.[58]

아울러 문화축제가 수반하는 효과에 대하여 '문화축제는 국민들의 예술복지수준을 높여준다(N=4, Z=1.24)', '문화축제를 통해 창조성, 수용력, 심미력 등을 배양할 수 있으므로 교육적 효과를 갖는다(N=7, Z=1.48)', '문화축제는 정신적 쾌락과 즐거움을 제공한다(N=17, Z=2.11)' 그리고 '문화축제는 주변 비즈니스에 경제적 이익을 발생시킨다(N=9, Z=2.14)' 라는 항목에 동의함으로써 문화축제가 갖는 문화적 효과, 교육적 효과는 물론 정신적 효과와 경제적 효과를 인정하는 것으로 나타났다.

이상의 결과를 요약하면, 이 유형의 사람들은 문화축제에 대해 긍정적으로 생각하는 경향이 높다고 할 수 있다. 즉, 문화축제는 국민들의 예술복지수준을 높여 주며, 문화축제를 통해 창조성, 수용력, 심미력 등을 배양할 수 있으며, 문화축제는 정신적 쾌락과 즐거움을 제공한다고 생각하는 것으로 나타났다. 아울러 해당지역의 매력을 증대시킬 뿐만 아니라 주변 비즈니스에 경제적 이익을 발생시킨다. 문화행사는 다양하며, 문화축제 관련자들은 축제 운영에 적극적으로 참여한다.

따라서 문화축제는 독창성이고, 행사에 참여하는 사람들의 만족도를 충족시킨다고 생각하는 것으로 나타났다. 또한 문화축제는 사회변화에 느리게 적응하지도 않으며, 시간 및 자원의 낭비가 아니며, 정부의 재정과 정책지원이 부족하고 불합리하다고 생각하지 않으며, 문화축제에 대한 객관적인 평가가 이루어진다고 생각하고 있는 것으로 나타났다(〈표 6-8〉 참조).

---

58) 이후 3절의 논의에서 살펴보겠지만, 시장이나 시민사회 주관 문화축제에 있어서 정부의 하드웨어 및 소프트웨어 측면의 지원은 미비한 것을 볼 수 있다. 즉, 시장주관 문화축제나 시민사회문화축제는 민간의 지원이 많이 이루어지고 있으며, 이들은 하드웨어 측면의 지원인 예산이나 물자지원에 있어 어려움을 호소하는 반면, 소프트웨어 측면인 인력이나 컨텐츠의 지원에 있어서는 문제를 제기하고 있지 않다.

〈표 6-8〉 민 - 관 협동주관 축제에 대한 담론에 대한 진술문

		진술문	표준점수 (Z-score)
긍정 항목	4	문화축제는 국민들의 예술복지수준을 높여준다.	1.24
	5	문화축제는 해당지역의 매력을 증대시킨다.	1.65
	7	문화축제를 통해 창조성, 수용력, 심미력 등을 배양할 수 있으므로 교육적 기능을 갖는다.	1.48
	9	문화축제는 주변 비즈니스에 경제적 이익을 발생시킨다.	2.14
	15	문화축제를 정부와 시장 그리고 시민이 상호협력하는 것이 바람직하다.	1.98
	17	문화축제는 정신적 쾌락과 즐거움을 제공한다.	2.11
	21	문화행사는 다양하다.	2.03
	22	문화축제 관련자들은 축제 운영에 적극적으로 참여한다.	1.96
	31	문화축제는 독창성이다.	1.88
	32	문화축제는 행사에 참여하는 사람들의 만족도를 충족시킨다.	1.92
부정 항목	14	문화축제는 사회 변화에 느리게 적응한다.	-1.25
	16	문화축제에 대한 객관적인 평가가 이루어지지 않는다.	-1.64
	28	문화와 관련하여 국민의식과 학교교육에 문제가 많다.	-1.78
	29	정부의 재정과 정책 지원이 부족하고 불합리하다.	-1.20
	30	문화축제는 시간 및 자원의 낭비이다.	-1.76

〈표 6-9〉 각 담론별 요인 적재값

진술문 번호	진술문	I (Z-score)	II (Z-score)	III (Z-score)
1	국민의 정서적 요구를 충족시킨다.	2.13	0.80	-0.94
2	정보를 얻기 쉽다.	0.20	1.35	0.02
3	문화전통을 승계한다.	-0.38	0.71	0.01
4	국민들의 예술복지수준을 높여준다.	0.17	0.64	1.24
5	해당지역의 매력을 증대시킨다.	0.12	0.56	1.65
6	조직자들은 전문성이 부족하다.	2.07	-0.84	-0.99
7	창조성, 수용력, 심미력 등을 배양할 수 있으므로 교육적 기능을 갖는다.	-0.79	2.01	1.48

진술문 번호	진술문	I (Z-score)	II (Z-score)	III (Z-score)
8	정부개입은 필요하다.	1.20	-0.65	-0.96
9	주변 비즈니스에 경제적 이익을 발생시킨다.	0.98	0.26	2.14
10	행정적 지침이 잘 마련되어 있다.	-1.62	-1.89	-0.99
11	모든 연령층의 사람들이 참여할 수 있도록 한다.	-0.96	-1.21	0.04
12	수익을 낼 수 있어야 한다.	0.33	-2.24	-0.98
13	장르에 따라 자원 배분이나 지원이 불균형하게 이루어진다.	1.14	0.78	-0.11
14	사회 변화에 느리게 적응한다.	-0.73	-0.26	-1.25
15	정부와 시장 그리고 시민이 상호협력하는 것이 바람직하다.	1.89	-0.88	1.98
16	객관적인 평가가 이루어지지 않는다.	-0.52	0.54	-1.64
17	정신적 쾌락과 즐거움을 제공한다.	1.46	0.67	2.11
18	법적 규정은 충분하다.	-1.52	-0.98	-0.99
19	시민이 주도하는 것이 바람직하다.	-0.62	2.89	-0.96
20	지방의 특색을 살린 축제가 열린다.	-0.88	0.23	-0.98
21	문화행사는 다양하다.	-1.35	0.21	2.03
22	관련자들은 축제 운영에 적극적으로 참여한다.	-0.88	0.44	1.96
23	행사 지역 주민의 만족도를 충족시킨다.	-1.48	-0.54	0.01
24	문화발전을 가져온다.	1.27	2.68	0.00
25	축제에 대한 정부의 예산지원은 충분하다.	-1.46	-2.12	-0.98
26	문화의 고급인력 육성이 시급하다.	2.22	-1.85	-0.97
27	정부에서 주도하는 것이 바람직하다.	1.34	-1.32	-0.99
28	문화와 관련하여 국민의식과 학교교육에 문제가 많다.	0.08	-1.76	-1.78
29	정부의 재정과 정책 지원이 부족하고 불합리하다.	-0.81	0.36	-1.20
30	축제는 시간 및 자원의 낭비이다.	-0.64	1.20	-1.76
31	문화축제는 독창성이다.	-0.96	0.42	1.88
32	행사에 참여하는 사람들의 만족도를 충족시킨다.	-0.99	-0.21	1.92

제I유형: 정부주관 문화축제
제II유형: 민간주관 문화축제
제III유형: 민-관 협동주관 문화축제

제3절 문화 거버넌스의 현황 및 방향

1. 응답자의 인구통계학적 특성

이 연구의 응답자 중 문화축제 관련자는 226명으로 69.3%, 축제 방문객은 100명으로 37.7%를 차지하고 있다. 전체 응답자의 성별은 남성이 201명으로 62.4%, 여성이 121명으로 37.6%의 비율을 나타내고 있다.

연령대는 30대가 149명으로 46.6%를 차지하여 가장 많았으며, 그 다음으로 20대 이하가 138명으로 43.1%, 40대 이상이 33명으로 10.3%의 순으로 나타났다.

전체 응답자의 결혼여부는 미혼이 194명으로 60.8%를 차지하고 있으며, 기혼자가 117명으로 36.7%의 비율을 보이고 있다. 이혼한 응답자는 모두 5명으로 1.6%였으며, 사별이 1명(0.3%), 별거가 2명(0.6%) 포함되었다.

전체 응답자의 최종학력은 4년제 대학이 216명으로 70.8%를 차지하여 가장 많았으며, 대학원 이상이 48명으로 15.7%, 2년제 대학이 33명으로 10.8%, 고등학교 이하가 8명으로 2.6%의 순이었다.

전체 응답자의 평균 월수입에 대해서는 100~200만 원 미만인 응답자가 118명으로 37.5%의 가장 많은 비율을 차지했다. 그 다음으로 200~300만 원 미만이 97명으로 30.8%, 300~400만 원 미만이 51명으로 16.2%, 100만 원 미만이 37명으로 11.7%, 400~500만 원 미만인 응답자가 12명으로 3.8%의 비율분포를 보였다.

전체 응답자의 거주지역으로는 서울이 170명으로 53.3%를 차지하여 가장 많았고, 경기·인천지역이 78명으로 24.5%, 충청지역이 21명으로 6.6%, 강원지역이 19명으로 6%, 경상지역이 17명으로 5.3%, 전라지역이 11명으로 3.4%, 제주도가 3명으로 0.9%로 분포하였다.

축제관련자의 근무영역으로는 재계(일반기업)가 51명으로 22.8%, 다음으로 지방정부, 시민단체(NGO포함), 순수예술공연전문단체가 모두 30명씩

13.4%의 비율을 차지하였으며, 문화 관련단체(법인포함)와 학계가 29명씩 12.9%, 정부기관(중앙)이 25명으로 11.2%의 비율분포를 보였다.

축제방문객의 직업은 크게 관리·전문직과 사무직으로 분류한 결과 사무직이 96명으로 98.0%의 비율을 차지하였으며, 관리·전문직은 2명으로 2.0%였다. 응답자의 인구학적 특성 및 사회경제학적 특성은 〈표 6-10〉과 같다.

〈표 6-10〉 응답자의 사회인구학적 배경

		빈도(%)	
응답자 구분	관련자	226	(69.3)
	방문객	100	(30.7)
	전체	326	(100.0)
성별	남성	201	(62.4)
	여성	121	(37.6)
	전체	322	(100.0)
연령대	20대 이하	138	(43.1)
	30대	149	(46.6)
	40대 이상	33	(10.3)
	전체	320	(100.0)
결혼상태	미혼	194	(60.8)
	기혼	117	(36.7)
	이혼	5	(1.6)
	사별	1	(.3)
	별거	2	(.6)
	전체	319	(100.0)
최종학력	고등학교 이하	8	(2.6)
	2년제 대학	33	(10.8)
	4년제 대학	216	(70.8)
	대학원 이상	48	(15.7)
	전체	305	(100.0)
월수입	100만 원 미만	37	(11.7)
	100-200만 원 미만	118	(37.5)
	200-300만 원 미만	97	(30.8)
	300-400만 원 미만	51	(16.2)
	400-500만 원 미만	12	(3.8)
	전체	315	(100.0)

		빈도(%)
응답자 구분	관련자	226 (69.3)
거주지역	서울	170 (53.3)
	경기인천	78 (24.5)
	충청	21 (6.6)
	경상	17 (5.3)
	전라	11 (3.4)
	강원	19 (6.0)
	제주	3 (.9)
	전체	319 (100.0)
축제관련자의 근무영역	정부기관(중앙)	25 (11.2)
	지방정부	30 (13.4)
	시민단체(NGO포함)	30 (13.4)
	재계(일반기업)	51 (22.8)
	순수예술공연전문가	30 (13.4)
	문화관련단체(법인포함)	29 (12.9)
	학계	29 (12.9)
	전체	224 (100.0)
축제방문객의 직업	관리/전문직	2 (2.0)
	사무직	96 (98.0)
	전체	98 (100.0)

2. 문화 거버넌스 현황 및 평가

1) 문화축제 개회 현황

이 연구에서 축제관련자의 문화 거버넌스 현황은 축제관련자들의 다양
한 근무영역의 특성에 따라 어떤 유형의 축제가 주로 개최되며, 축제의 비
용 및 투자비율이 어떻게 구성되는지에 대한 현황으로 측정하였다. 축제관
련자의 근무지는 크게 정부(중앙정부기관 및 지방정부 포함), 시장(일반기
업 및 순수예술공연단체 포함), 시민사회(시민단체의 문화 관련단체 및 학
계)로 나누어 그 특성을 비교할 수 있게 하였다.

〈표 6-11〉 근무영역에 따른 축제 개최 현황

(단위: 빈도, %)

	주민화합축제	관광축제	산업축제	특수목적축제	기 타	전 체
정부	11	30	7	4		52
	(21.2)	(57.7)	(13.5)	(7.7)		(100)
시장	34	27	6	6	6	79
	(43.0)	(34.2)	(7.6)	(7.6)	(7.6)	(100)
시민사회	21	28	4	18	15	86
	(24.4)	(32.6)	(4.7)	(20.9)	(17.4)	(100)
전체	66	85	17	28	21	217
	(30.4)	(39.2)	(7.8)	(12.9)	(9.7)	(100)

$\chi^2 = 33.716$, $p < 0.001$

〈표 6-11〉에서 제시된 축제관련자의 근무영역에 따른 축제 개최 유형의 현황을 살펴보면, 전체적으로는 관광축제가 전체의 39.2%로 가장 많이 나타났으며, 다음으로 주민화합축제가 30.4%, 특수목적 축제가 12.9%의 순이다. 따라서 전체적으로 가장 많이 열리는 축제 유형은 관광축제라는 것을 알 수 있다.

구체적으로 각 축제관련자의 근무영역을 기준으로 살펴보면, 근무영역 중 정부가 주관하는 가장 많은 축제형태는 관광축제로서 절반이 넘는 57.7%를 차지하였으며, 주민화합축제가 21.2%, 산업축제가 13.5%의 순으로 나타났다. 반면 시장으로 총칭된 근무영역에서는 주민화합축제가 43.0%로 가장 높았으며, 다음이 관광축제로 34.2%의 비율을 차지하고 있다. 한편 시민사회는 관광축제가 32.6%를 차지하여 가장 높았으며, 다음이 주민화합 축제로 24.4%, 특수목적 축제가 20.9%의 순이며, 기타 목적도 17.4%의 비율을 차지한 것으로 나타나 시민사회가 정부와 시장에 비해 보다 다양한 축제를 개최하고 있음을 알 수 있다.

2) 문화축제의 비용 및 투자비율 현황

아래의 〈표 6-12〉는 문화축제 수행시 정부와 민간의 비용 부담비율 현황을 나타낸 것이다. 먼저 전체적인 비용 부담정도의 현황을 각 근무영역에 따라 제시하였고, 세부적인 항목으로 예산·물자·인력·컨텐츠 지원으로 나누어 이들 역시 각 근무영역에 따라 나타나는 현황을 살펴보았다. 그리고 정부와 민간의 비용부담은 정부 100%, 정부 70%·민간 30%, 정부 50%·민간 50%, 정부 30%·민간 70%, 민간 100%로 구분하여 살펴보았다.

먼저 기존에 관여했던 문화축제의 전체 부담정도는 정부 70%·민간 30%의 비율이 31.1%로 가장 많았고, 다음으로 정부 30%·민간 70%가 24.2%를 차지하였으며, 정부 50%, 민간 50%라는 비율이 21.0%로 나타났다. 정부주관 문화축제의 경우 정부 70%·민간 30%의 부담비율이 44.4%로 전체보다 높게 나타났으며, 정부에서 100%지원한다고 응답한 비율도 24.1%에 이른다. 한편 민간주관 문화축제의 경우는 정부 30%·민간 70%의 부담비율이 30.4%로 가장 높았으며, 정부70%·민간 30%가 29.1%, 민간 100%가 22.8%의 순인데 비해, 민-관 협동주관 문화축제의 경우에는 정부 30%·민간 70%의 비율이 27.9%로 가장 높고 다음으로 정부 50%·민간 50%가 27.9%, 정부 70%·민간 30%가 24.4%의 순이었다.

이로써 정부에서 주관하는 축제의 경우 정부에서 70% 이상의 비용을 부담하는 정도가 68.5%로 타 기관주관 축제에 비해 높은 반면, 민간주관의 경우는 민간의 비용 투자 비율이 70% 이상인 비율이 56.0%로 타 기관주관 축제에 비해 높다. 한편 민-관 협동주관 문화축제의 경우에는 정도의 차이는 있으나 타 기관주관 축제에 비해 정부와 민간의 지원이 비교적 동등하게 이루어지는 비율이 높다고 할 수 있다.

예산지원 현황과 물자지원 현황을 살펴보면, 위와 같은 경향은 더욱 두드러진다. 우선 예산지원의 경우를 보자. 정부주관 문화축제의 경우, 정부에서 70% 이상의 지원을 받았다고 응답한 비율이 83.3%에 달한다. 민-관 협동주관 문화축제의 경우에도 정부의 지원이 70% 이상인 비율이

52.9%로 비교적 높은 편이나 민간주관 문화축제의 경우, 그 비율은 39.3%에 지나지 않는다. 특히 민간주관의 경우는 민간에서 70% 이상의 예산을 지원하는 비율이 41.8%로 높게 나타나며, 민-관 협동주관 문화축제의 민간 70% 이상의 비율도 35.2%로 비교적 높게 나타난다. 아울러 물자지원 현황을 보자. 정부주관 문화축제의 경우, 정부가 70% 이상 지원하는 비율이 79.6%로 높게 나타나는 반면, 민간주관과 민-관 협동주관 문화축제는 각각 31.7%, 35.3%에 불과하다. 반면 정부주관 문화축제에 민간이 70% 이상 지원하는 비율은 7.5%에 지나지 않는 반면, 민간주관과 민-관 협동주관 문화축제의 경우는 각각 44.3%, 38.8%로 높게 나타난다.

다음으로 인력지원의 현황을 살펴보면 정부주관 문화축제의 경우, 정부가 70% 이상 지원하는 비율과 민간이 70% 이상 지원하는 비율은 37.0%로 같다. 반면 민간주관 문화축제의 경우는 각각 10.3%와 65.4%로 매우 대조적이다. 민-관 협동주관 문화축제도 각각 14.1%와 69.4%로 나타나 민간주관의 경우와 유사하다. 따라서 인력지원 현황에서는 다른 부분보다 민간지원의 비율이 대체로 높으며, 특히 민간주관과 민-관 협동주관 문화축제의 경우에는 정부에 비해 민간지원의 비율이 현저히 높다.

마지막으로 컨텐츠 지원 현황은 인력지원의 현황과 유사하다. 컨텐츠 지원에 있어 정부주관 축제의 경우에 정부가 70% 이상 지원하는 비율은 40.7%이며 민간이 70% 이상 지원하는 비율은 33.3%인 반면, 민간주관 문화축제의 경우에는 각각 12.8%와 69.2%, 민-관 협동주관 문화축제의 경우에는 10.6%와 69.5%이다. 따라서 컨텐츠 지원 현황을 보면 정부주관 문화축제는 정부지원 비율이 민간지원 비율보다 약간 높지만 민간주관 문화축제와 민-관 협동주관 문화축제의 경우에는 인적지원 현황과 마찬가지로 민간지원의 비율이 정부지원 비율보다 많이 높은 것으로 나타났다.

〈표 6-12〉 응답자의 근무영역에 따른 투자비율 및 지원 현황 (단위: 빈도, %)

		정부 100%	정부 70%, 민간 30%	정부 50%, 민간 50%	정부 30%, 민간 70%	민간 100%	전체	χ^2
전체 부담 정도	정부	13 (24.1)	24 (44.4)	10 (18.5)	5 (9.3)	2 (3.7)	54 (100.0)	$\chi^2 = 46.595$, p<0.001
	민간	2 (2.5)	23 (29.1)	12 (15.2)	24 (30.4)	18 (22.8)	79 (100.0)	
	민-관 협동	2 (2.3)	21 (24.4)	24 (27.9)	24 (27.9)	15 (17.4)	86 (100.0)	
	전체	17 (7.8)	68 (31.1)	46 (21.0)	53 (24.2)	35 (16.0)	219 (100.0)	
예산 지원	정부	18 (33.3)	27 (50.0)	5 (9.3)	2 (3.7)	2 (3.7)	54 (100.0)	$\chi^2 = 31.265$, p<0.001
	민간	8 (10.1)	23 (29.1)	15 (19.0)	18 (22.8)	15 (19.0)	79 (100.0)	
	민-관 협동	11 (12.9)	34 (40.0)	10 (11.8)	15 (17.6)	15 (17.6)	85 (100.0)	
	전체	37 (17.0)	84 (38.5)	30 (13.8)	35 (16.1)	32 (14.7)	218 (100.0)	
물자 지원	정부	10 (18.5)	33 (61.1)	7 (13.0)	3 (5.6)	1 (1.9)	54 (100.0)	$\chi^2 = 37.530$, p<0.001
	민간	6 (7.6)	19 (24.1)	19 (24.1)	17 (21.5)	18 (22.8)	79 (100.0)	
	민-관 협동	5 (5.9)	25 (29.4)	22 (25.9)	16 (18.8)	17 (20.0)	85 (100.0)	
	전체	21 (9.6)	77 (35.3)	48 (22.0)	36 (16.5)	36 (16.5)	218 (100.0)	
인력 지원	정부	8 (14.8)	12 (22.2)	14 (25.9)	18 (33.3)	2 (3.7)	54 (100.0)	$\chi^2 = 33.446$, p<0.001
	민간	2 (2.6)	6 (7.7)	19 (24.4)	21 (26.9)	30 (38.5)	78 (100.0)	
	민-관 협동	3 (3.5)	9 (10.6)	14 (16.5)	29 (34.1)	30 (35.3)	85 (100.0)	
	전체	13 (6.0)	27 (12.4)	47 (21.7)	68 (31.3)	62 (28.6)	217 (100.0)	
컨텐 츠 지원	정부	8 (14.8)	14 (25.9)	14 (25.9)	12 (22.2)	6 (11.1)	54 (100.0)	$\chi^2 = 33.305$, p<0.001
	민간	3 (3.8)	7 (9.0)	14 (17.9)	20 (25.6)	34 (43.6)	78 (100.0)	
	민-관 협동	1 (1.2)	8 (9.4)	17 (20.0)	23 (27.1)	36 (42.4)	85 (100.0)	
	전체	12 (5.5)	29 (13.4)	45 (20.7)	55 (25.3)	76 (35.0)	217 (100.0)	

지금까지 응답자의 근무영역 즉, 문화축제의 주관기관에 따른 축제 비용 및 투자비율 현황에 대하여 살펴보았다. 앞에서 언급한 바와 같이 문화축제의 지원비율은 세부항목에 따라 다르게 나타났다. 전체적으로 볼 때, 예산지원 현황과 물자지원 현황에 대해서는 정부투자비율이 높게 나타난 반면, 인력지원 비율과 컨텐츠 개발에 대해서는 민간투자비율이 높게 나타나고 있다. 그러나 구체적으로 살펴보면 근무영역 즉 주관기관에 따라서 각 세부항목은 차이를 보이는데, 정부주관 문화축제의 경우에는 타 기관주관 문화축제에 비해 정부의 예산지원과 물자지원이 상당히 높은데 반해 인력지원과 컨텐츠 개발에 대한 지원정도는 낮은 것으로 나타났다. 반면, 민간주관 문화축제와 민–관 협동주관 문화축제의 경우에는 정부로부터의 받는 예산지원과 물자지원이 낮은 데 반해 민간으로부터 인력지원과 컨텐츠 지원이 높은 것으로 나타났다.

3) 문화축제의 평가 내용에 대한 중요도 조사

〈표 6-13〉은 주관하는 문화축제에서 정부와 민간투자 비율에 따라 문화평가의 항목에 대한 중요도의 집단 간 인식차이를 살펴본 것이다. 정부와 민간투자 비율은 축제와 관련된 전체 분담 비율에 따라 A집단은 정부투자 100%, B집단은 정부투자 70%·민간투자 30%, C집단은 정부투자 50%·민간투자 50%, D집단은 정부투자 30%·민간투자 70%, E집단은 민간투자 100%로 구분하였다.

문화축제의 평가항목은 크게 목표달성도, 효율성, 경제성, 민주성의 4가지 항목으로 구분되며 각각의 항목은 다시 세부항목으로 이루어져 있다. 먼저 목표달성도를 보자. 목표달성도의 세부항목인 지역단체 및 업체유지 실적, 관광객유치 실적, 관광수입증대 실적, 외국인유치 실적은 집단 간에 유의미한 차이를 보이지 않는다. 아울러 해당 변수로 구성한 목표달성도[59)

---

59) 설문 문항은 목표달성도 자체가 아니라 목표 달성도를 구성하는 4개의 변수들 즉 지역단체 및 업체유지 실적, 관광객유치 실적, 관광수입증대 실적, 외국인

자체의 중요성에 대해서도 집단 간에 유의한 차이가 나타나지 않는다 (F=1,120, P〉0.05).

　다음으로 효율성을 살펴보자. 효율성의 세부항목 중 조직관리만 집단 간의 차이가 유의미한 것으로 나타난다(P〈0.10). 물론 조직관리의 중요성에 대해 모든 집단이 평균 3점 이상으로 '보통' 이상으로 중요하게 생각하는 것으로 나타났으나, B집단이 가장 높게 인식하는 반면(4.14), C집단은 가장 낮게 인식하고 있는 것이다(3.89). 한편 효율성의 다른 세부항목들인 인사관리, 예산관리, 정보관리의 중요성에 대해서는 모든 집단이 중요하게 인식하고 있으며 집단 간의 차이는 통계적으로 유의하지 않은 것으로 나타났다. 그러나 '효율성' 자체에 대한 집단 간의 차이는 유의하여(P〈0.10), E집단이 효율성을 가장 중요하게 생각하는 반면, C집단은 다른 집단에 비해 효율성의 중요성에 대해 낮게 인식하는 것으로 나타났다.

　경제성의 평가항목은 산업연관 효과, 조세수입 효과, 고용창출 효과, 생산유발 효과, 계획 집행과정의 충실도로 구성하여 측정하였다. 그 결과 산업 연관효과와 고용창출 효과 및 생산유발 효과, 계획 집행과정의 충실도는 집단 간 유의한 차이가 있는 것으로 나타났다(P〈0.05). 각 조직의 평균을 보면, E조직이 모든 항목에 있어 다른 집단에 비해 경제성을 중요하게 생각하고 있음을 알 수 있다. 반면 A집단은 경제성의 모든 항목에 있어 다른 집단에 비해 낮게 인식하는 경향을 보인다. E집단은 주관축제가 민간투자 100%로 이뤄진 집단이며, A집단은 주관축제가 정부투자 100%에 의해 이뤄진 집단이다. 즉 정부로부터 투자를 받아 축제를 주관할 경우, 경제성 창출의 부담으로부터 보다 자유롭다는 것을 알 수 있다. 아울러 '경제성' 자체에 대한 항목도 집단 간의 차이는 통계적으로 유의하여

유치 실적으로 조사되었다. 따라서 목표달성도라는 새로운 변수를 구성하는 방식은 다음과 같다.
'목표달성도 = (지역단체 및 업체유지 실적 + 관광객유치 실적 + 관광수입증대 실적 + 외국인유치 실적)/4' 마찬가지로 이후의 효율성, 경제성, 민주성도 각각을 구성하는 해당변수의 평균값으로 계산하였다.

(P⟨0.01), E집단(M=4.1)이 A집단(M=3.2)에 비해 경제성을 중요하게 생각하는 것으로 나타났다.

한편 민주성의 세부항목은 사업자 선정의 합리성, 법률 및 제도의 적합성, 축제담당자의 책임성 그리고 국제성 강화라는 측면에서 이루어졌다. 이 중 사업자 선정의 합리성과 법률 및 제도의 적합성 그리고 축제담당자의 책임성은 집단 간에 유의한 차이가 있는 것으로 나타났다. 즉 주관하는 축제에 있어서 정부투자 비율보다 민간투자 비율이 높은 집단들은 민간투자 비율보다 정부투자 비율이 높은 축제주관 관련자들에 비해 사업자 선정의 합리성과 법률 및 제도의 적합성 그리고 축제 담당자의 책임성에 대해 중요하게 생각하는 것으로 나타났다. 통계적으로 유의한 결과는 아니나 정부의 100% 투자에 의해 축제를 주관한 경우의 집단들은 국제성에 대해 매우 중요하게 생각하는 것으로 나타났다. 따라서 4개의 세부항목을 모두 고려한 '민주성'에 대해서는 A집단과 E집단의 평균이 각각 4.5와 4.3으로 높게 나타났으며, 기타 집단은 4.0점 전후로 나타났다.

이상의 결과를 살펴보면, 문화축제를 평가하는 데 있어서 그 평가요소인 목표달성도, 효율성, 경제성, 민주성에 대해 모두 중요하다고 인식하는 것으로 나타났다. 그러나 각각의 세부요소에 있어 기존 주관축제의 정부와 민간투자 비율에 따른 집단 간의 차이는 존재한다. 따라서 이러한 현실을 바탕으로 한 정부 및 민간 투자비율의 조율과 적절한 모형이 필요하다고 할 수 있다.

4) 문화축제 유형과 프로그램에 대한 논의

다음은 문화축제 유형과 프로그램에 대해서 문화축제 관련자와 방문객이 실제로 흥미를 공유하는가에 관해 살펴본 것이다. 일반적으로 관련자는 방문객의 흥미를 많이 고려하여 문화축제를 개최하려고 노력하겠지만, 관련자의 가치관이 개입되기 때문에 실제로 방문객의 흥미와는 유리될 가능성도 배제할 수 없다.

　먼저 흥미문화축제유형에 대해 살펴보면, 흥미문화축제유형은 특산품, 전통문화, 자연, 음식의 측면으로 나누어졌다. 이들 중 특산품을 제외한 모든 부분이 통계적으로 유의미한 차이가 나타나지 않았기 때문에 이들 축제유형에 대해서 관련자와 방문객간의 의견의 차이가 거의 없다. 특산품은 0.10% 수준에서 유의미한 결과가 나타나 재고의 여지가 있다.

　다음 흥미문화축제프로그램은 체험, 공연, 전시, 경연, 세미나·워크샵으로 구분하여 분석되었다. 이들 중 체험과 경연, 세미나·워크샵은 통계적으로 유의미한 결과가 나타나지 않았다. 즉, 이들 프로그램에 대해서는 관련자와 방문객의 의견의 차이가 거의 나타나지 않는다고 볼 수 있다. 한편, 프로그램 중 공연 부분은 0.10% 이내에서 유의미한 결과가 나타났으며, 전시 부분은 0.01% 수준에서 유의미한 결과가 나타나 이들 프로그램에서 관련자와 방문객 간의 의견의 차이가 있음을 알 수 있다. 따라서 흥미문화축제프로그램 중 공연과 전시 부분은 관련자와 방문객 간의 흥미공유에 대한 노력이 요구된다.

〈표 6-13〉 목표달성도 및 효율성

			N	M	S.D.	F
목표달성도	지역단체 및 업체유치 실적	A	16	3.88	.96	0.715
		B	68	3.81	.83	
		C	45	3.64	.96	
		D	53	3.79	.91	
		E	35	3.97	.79	
		전체	217	3.80	.88	
	관광객유치 실적	A	16	3.81	.91	1.278
		B	68	4.15	.76	
		C	46	3.87	.91	
		D	53	4.13	.83	
		E	35	4.17	1.04	
		전체	218	4.06	.87	
	관광수입증대 실적	A	17	4.06	.90	0.778
		B	69	3.99	.85	
		C	46	3.80	.83	
		D	53	3.83	.80	
		E	35	3.74	1.04	
		전체	220	3.88	.87	
	외국인유치 실적	A	17	3.94	1.03	1.649
		B	69	3.72	.82	
		C	46	3.37	.95	
		D	53	3.66	1.06	
		E	35	3.46	1.17	
		전체	220	3.61	.99	
효율성	조직관리	A	17	4.06	1.03	2.156*
		B	69	4.14	.77	
		C	46	3.89	.88	
		D	52	4.23	.85	
		E	35	4.43	.88	
		전체	219	4.15	.86	
	인사관리	A	14	4.00	.68	1.476
		B	69	3.78	.80	
		C	46	3.70	1.01	
		D	52	3.81	.97	
		E	35	4.14	.91	
		전체	216	3.84	.91	
	예산관리	A	16	4.13	.89	1.404
		B	69	4.19	.84	
		C	46	4.28	.93	
		D	52	4.31	.83	
		E	35	4.57	.65	
		전체	218	4.29	.84	
	정보관리	A	17	4.18	.88	0.619
		B	69	4.28	.76	
		C	46	4.07	.98	
		D	52	4.27	.84	
		E	35	4.31	.80	
		전체	219	4.23	.84	

			N	평균	표준편차	F
경제성	산업연관효과	A	16	3.06	1.12	5.287***
		B	67	3.66	.99	
		C	46	3.80	.88	
		D	53	4.06	.86	
		E	35	4.17	.86	
		전체	217	3.82	.97	
	조세수입효과	A	16	3.25	1.06	0.383
		B	67	3.39	.97	
		C	46	3.33	.97	
		D	53	3.32	.96	
		E	35	3.54	1.09	
		전체	217	3.37	.99	
	고용창출효과	A	17	3.24	1.39	3.473***
		B	69	3.83	1.00	
		C	46	3.76	1.02	
		D	52	3.94	.98	
		E	35	4.29	.75	
		전체	219	3.87	1.02	
	생산유발효과	A	16	3.31	1.14	3.364**
		B	68	3.84	.91	
		C	45	3.64	.98	
		D	52	3.81	.95	
		E	35	4.26	.92	
		전체	216	3.82	.97	
	계획집행과정의 충실도	A	17	3.41	1.06	4.747***
		B	69	3.77	.94	
		C	45	3.93	1.03	
		D	53	4.15	.93	
		E	35	4.43	.85	
		전체	219	3.97	.99	
민주성	사업자 선정의 합리성	A	16	3.56	1.09	4.112***
		B	68	3.65	.94	
		C	45	4.04	.85	
		D	53	4.09	.93	
		E	35	4.29	.89	
		전체	217	3.94	.95	
	법률및제도의적합성	A	12	3.25	1.06	2.283*
		B	64	3.48	.91	
		C	43	3.51	.94	
		D	52	3.54	.90	
		E	35	4.00	1.11	
		전체	206	3.58	.97	
	축제담당자의 책임성	A	16	3.19	1.28	9.648***
		B	68	3.90	.99	
		C	46	4.00	.99	
		D	53	4.25	.92	
		E	35	4.77	.43	
		전체	218	4.09	1.00	
	국제성강화	A	4	5.00	.00	1.410
		B	53	3.92	.92	
		C	40	3.88	.91	
		D	50	3.96	.92	
		E	35	3.97	.92	
		전체	182	3.96	.92	

* p<0.10, ** p<0.05, *** p<0.01

〈표 6-14〉 응답자 유형에 따른 문화축제 유형과 프로그램에 대한 흥미 차이

			N	평 균	표준편차	t
흥미 문화 축제 유형	특산품	관련자	223	4.78	1.49	1.842*
		방문객	100	4.46	1.41	
		전체	323	4.68	1.47	
	전통문화	관련자	223	5.29	1.33	1.474
		방문객	100	5.06	1.16	
		전체	323	5.22	1.28	
	자연	관련자	223	5.35	1.15	-0.247
		방문객	100	5.38	1.20	
		전체	323	5.36	1.16	
	음식	관련자	222	5.46	1.22	1.562
		방문객	100	5.20	1.48	
		전체	322	5.38	1.31	
흥미 문화 축제 프로 그램	체험	관련자	221	5.90	0.99	0.345
		방문객	100	5.86	0.94	
		전체	321	5.89	0.97	
	공연	관련자	221	5.78	0.95	-1.936*
		방문객	100	6.00	0.94	
		전체	321	5.85	0.95	
	전시	관련자	222	5.06	1.28	-3.131***
		방문객	100	5.52	1.09	
		전체	322	5.20	1.24	
	경연	관련자	221	4.99	1.41	-0.691
		방문객	100	5.10	1.26	
		전체	321	5.02	1.36	
	세미나/워크샵	관련자	222	4.24	1.52	1.098
		방문객	100	4.04	1.46	
		전체	322	4.18	1.50	

* $p<0.10$, ** $p<0.05$, *** $p<0.01$

3. 문화 거버넌스의 방향

1) 바람직한 문화축제의 비용 및 투자비율 정도

앞에서 축제의 비용 및 투자 비율정도에 대한 각 근무영역 현황에 대해서 살펴보았다. 그렇다면 실제로 문화축제 관련자들이 앞으로 축제에 있어 바람직하다고 생각하는 투자 및 지원 비율은 어느 정도일까?

〈표 6-15〉는 근무영역에 따라 바람직하다고 생각하는 투자 및 지원비율을 나타낸 것이다.

우선, 전체적으로 볼 때 정부주관 문화축제 관련자들은 정부투자 비율이 70% 이상이 바람직하다고 응답한 비율이 67.9%이며, 정부의 투자 비율이 50% 이상이어야 한다고 응답한 비율은 96.2%에 달한다. 반면 민간주관 문화축제 관련자들은 정부 50%·민간 50%이어야 한다는 비율이 36.8%로 가장 높았으며, 다음이 정부 70%·민간 30%이어야 한다는 비율이 35.5%, 정부 30%·민간 70%이어야 한다는 비율이 26.3%이다. 한편 민−관 협동 주관 문화축제 관련자들은 정부 70%·민간 30%이어야 한다는 비율이 40.0%로 가장 높았으며, 다음이 정부 50%·민간 50%이어야 한다는 비율이 38.8%, 정부 30%·민간 70%이어야 한다는 비율은 17.5%로 나타났다. 이는 정부주관 문화축제 관련자들은 정부의 투자 및 지원 비율이 높아야 한다고 생각하는 반면, 민간주관 그리고 민−관 협동주관 문화축제 관련자들은 정부와 민간의 협력적인 투자와 지원이 바람직하다고 생각하고 있음을 보여주는 결과이다.

〈표 6-15〉근무영역에 따른 바람직한 비용부담정도(단위: 빈도, %)

		A	B	C	D	E	전체	χ^2
투자해야할 축제 부담 정도	정부	7 (13.2)	29 (54.7)	15 (28.3)	1 (1.9)	1 (1.9)	53 (100.0)	$\chi^2=28.112$, p<0.001
	민간		27 (35.5)	28 (36.8)	20 (26.3)	1 (1.3)	76 (100.0)	
	민-관 협동	3 (3.8)	32 (40.0)	31 (38.8)	14 (17.5)		80 (100.0)	
	전체	10 (4.8)	88 (42.1)	74 (35.4)	35 (16.7)	2 (1.0)	209 (100.0)	
예산 지원	정부	8 (15.1)	31 (58.5)	9 (17.0)	4 (7.5)	1 (1.9)	53 (100.0)	$\chi^2=3.650$, p>0.05
	민간	12 (16.0)	43 (57.3)	16 (21.3)	4 (5.3)		75 (100.0)	
	민-관 협동	12 (15.2)	47 (59.5)	16 (20.3)	4 (5.1)		79 (100.0)	
	전체	32 (15.5)	121 (58.5)	41 (19.8)	12 (5.8)	1 (.5)	207 (100.0)	
물자 지원	정부	8 (15.7)	20 (39.2)	16 (31.4)	7 (13.7)		51 (100.0)	$\chi^2=3.602$, p>0.05
	민간	8 (10.7)	35 (46.7)	25 (33.3)	7 (9.3)		75 (100.0)	
	민-관 협동	12 (15.6)	31 (40.3)	24 (31.2)	9 (11.7)	1 (1.3)	77 (100.0)	
	전체	28 (13.8)	86 (42.4)	65 (32.0)	23 (11.3)	1 (.5)	203 (100.0)	
인력 지원	정부		14 (26.4)	18 (34.0)	18 (34.0)	3 (5.7)	53 (100.0)	$\chi^2=10.142$, p>0.05
	민간	2 (2.7)	13 (17.3)	22 (29.3)	29 (38.7)	9 (12.0)	75 (100.0)	
	민-관 협동	4 (5.1)	15 (19.2)	24 (30.8)	33 (42.3)	2 (2.6)	78 (100.0)	
	전체	6 (2.9)	42 (20.4)	64 (31.1)	80 (38.8)	14 (6.8)	206 (100.0)	
컨텐츠 개발	정부	3 (5.7)	10 (18.9)	14 (26.4)	16 (30.2)	10 (18.9)	53 (100.0)	$\chi^2=7.512$, p>0.05
	민간	5 (6.7)	4 (5.3)	25 (33.3)	27 (36.0)	14 (18.7)	75 (100.0)	
	민-관 협동	4 (5.1)	14 (17.9)	25 (32.1)	23 (29.5)	12 (15.4)	78 (100.0)	
	전체	12 (5.8)	28 (13.6)	64 (31.1)	66 (32.0)	36 (17.5)	206 (100.0)	

　　정부와 민간의 축제에 대한 전체적인 투자 및 지원정도는 정부, 시장, 시민단체의 근무여부와 유의한 관계가 있는 반면(P〈0.01), 세부적인 항목들 즉 앞으로의 축제에 있어 바람직한 예산지원, 물자지원, 인력지원, 컨텐츠 개발의 정부와 민간의 투자비율은 응답자들의 근무영역 여부와 유의한 관계를 맺지 않는 것으로 나타났다(P〉0.10). 즉, 각각의 세부항목에 대하여 정부와 민간의 투자비율에 대하여 응답자들은 정부와 민간의 투자비율에 대해 인식을 공유하는 것이다. 이는 앞에서 살펴본 기존의 문화축제에 있어서 응답자의 근무영역에 따라 정부와 민간의 투자비율현황이 다르게 나타났던 것과 비교되는 결과이다.

　　앞으로의 축제에 있어 바람직한 예산지원에 대하여 응답자들은 정부가 70% 이상 지원해야 한다고 생각하는 것으로 나타났다(74.0%). 그리고 정부와 민간이 각각 50% 지원해야 한다고 응답한 비율도 약 20%인 것으로 나타났다. 이는 기존 문화축제의 예산지원 현황과 비교하여 보았을 때, 정부주관 문화축제 관련자들의 비율은 낮아진 반면 민간주관과 민－관 협동주관 문화축제 관련자들의 비율은 높아진 것으로, 민간주관 및 민－관 협동주관 문화축제 관련자들의 정부지원을 요구하고 있음을 알 수 있는 부분이다.

　　향후 바람직한 물자지원에 대해서는 예산지원에 비해 정부에 요구하는 비율이 낮은 것을 볼 수 있다. 즉, 전체의 56.2%만이 정부가 70% 이상 지원해야 한다고 생각하는 것으로 나타났으며, 정부와 민간이 각각 50%씩 지원해야 한다고 응답한 비율이 32.0%에 이른다. 따라서 예산지원에 비하여 그 정도는 낮으나 여전히 물자지원에 있어서는 정부의 지원을 요구하는 것으로 볼 수 있다.

　　바람직한 인력지원에 대해서는 정부 30%·민간 70%의 비율로 이뤄져야 한다고 응답한 사람들이 38.8%로 가장 높았으며, 정부와 민간이 각각 50% 지원해야 한다고 응답한 사람이 31.1%였으며 정부 70%·민간 30%의 비율로 지원이 이루어져야한다고 응답한 비율이 20.4%로 나탔다. 따라서 물자지원에 있어 정부가 70% 이상 지원해야 한다고 응답한 비율은

23.3%이며, 민간이 70% 이상 지원해야 한다고 응답한 비율은 45.6%로, 인력지원에 있어서는 민간부문에서 지원이 이루어져야 한다고 생각하는 것으로 나타났다.

마지막으로 바람직한 컨텐츠 개발에 있어서는 인력지원과 비슷한 양상을 보인다. 그러나 정부가 70% 이상 지원해야 한다고 응답한 비율은 19.4%이며 민간이 70% 이상 지원해야 한다고 응답한 비율은 49.5%로, 인력지원에 비해 컨텐츠 개발은 정부보다는 민간부문에서 더 많은 지원이 이뤄지는 것이 바람직하다고 생각하는 것으로 나타났다.

이상의 결과, 앞으로 축제에 있어서 바람직한 지원형태를 요약하면 다음과 같다. 전체적으로 보았을 때, 정부와 민간의 협력적인 투자 및 지원이 이뤄지는 것이 바람직하다. 세부적인 항목에 있어서는 예산지원 및 물자지원은 정부의 지원비율이 높은 것이 바람직한 반면, 인력지원과 컨텐츠 개발은 민간의 지원 비율이 높은 것이 바람직하다고 볼 수 있다.

2) 문화 거버넌스의 방향에 대한 로지스틱 회귀분석결과

〈표 6-16〉는 정부투자와 민간투자를 구분 짓거나, 이에 영향을 미치는 요인은 무엇이며 어떻게 작용하고 있는지를 로지스틱 회귀로 분석하여 최종적으로 문화 거버넌스의 방향을 살펴보기 위한 것이다. 각 종속변인에 따른 회귀식 구성은 다음과 같다.

$$Y_1 = 14.092 + 1.423 \cdot X_1 + 0.906 \cdot X_2 + 2.188 \cdot X_3 + 0.645 \cdot X_4 + 1.785 \cdot X_5 + 1.000 \cdot X_6 + 0.277 \cdot X_7 + 0.784 \cdot X_8 + 0.403 \cdot X_9 - 0.460 \cdot X_{10} - 0.272 \cdot X_{11} + 1.282 \cdot X_{12} - 0.570 \cdot X_{13} - 3.390 \cdot X_{14} + 0.3666 \cdot X_{15}$$

$$Y_2 = -15.546 + 1.446 \cdot X_1 + 2.047 \cdot X_2 - 5.605 \cdot X_3 + 0.338 \cdot X_4 + 2.108 \cdot X_5 - 0.772 \cdot X_6 - 0.704 \cdot X_7 + 0.577 \cdot X_8 + 0.611 \cdot X_9 + 0.887 \cdot X_{10} - 0.403 \cdot X_{11} - 0.002 \cdot X_{12} + 0.610 \cdot X_{13} + 1.201 \cdot X_{14} + 0.681 \cdot X_{15}$$

$$Y_3 = -9.823 \ +0.804 \cdot X_1 \ +1.598 \cdot X_2 \ -6.447 \cdot X_3 \ +1.006 \cdot X_4 \ -0.100+ \cdot X_5$$
$$+0.981 \cdot X_6 \ -0.138 \cdot _7 \ +0.527 \cdot X_8 \ +1.965 \cdot X_9 \ -0.286 \cdot X_{10} \ -1.306 \cdot X_{11}$$
$$+0.309 \cdot X_{12} \ -0.130 \cdot X_{13} \ +0.385 \cdot X_{14} \ +0.430 \cdot X_{15}$$

$$Y_4 = 0.294 \ -0.036 \cdot X_1 \ +0.312 \cdot X_2 \ -0.137 \cdot X_3 \ +0.019 \cdot X_4 \ -0.226 \cdot X_5 \ +0.06$$
$$8 \cdot X_6 \ +0.766 \cdot X_7 \ +0.085 \cdot X_8 \ -0.269 \cdot X_9 \ -0.247 \cdot X_{10} \ -0.076 \cdot X_{11}$$
$$+0.025 \cdot X_{12} \ +0.030 \cdot X_{13} \ -0.249 \cdot X_{14} \ -0.487 \cdot X_{15}$$

$$Y_5 = -4.951 \ +0.948 \cdot X_1 \ +0.134 \cdot X_2 \ +1.047 \cdot X_3 \ +2.231 \cdot X_4 \ +0.035 \cdot X_5$$
$$+0.079 \cdot X_6 \ +0.365 \cdot X_7 \ +0.634 \cdot X_8 \ +0.273 \cdot X_{10} \ +0.118 \cdot X_{11} \ -0.063 \cdot X_{12}$$
$$+0.198 \cdot X_{13} \ +2.171 \cdot X_{14} \ +1.245 \cdot X_{15}$$

Y_1 = 바람직한 전체 투자비율	X_6 = 기존 투자비율 현황-물자지원
Y_2 = 바람직한 예산지원	X_7 = 기존 투자비율 현황-인력지원
Y_3 = 바람직한 물자지원	X_8 = 기존 투자비율 현황-컨텐츠 개발
Y_4 = 바람직한 인력지원	X_9 = 문화축제평가요소-목표달성
Y_5 = 바람직한 컨텐츠지원	X_{10} = 문화축제평가요소-효율성
X_1 = 축제개최목적-주민화합	X_{11} = 문화축제평가요소-경제성
X_2 = 축제개최목적-관광	X_{12} = 문화축제평가요소-민주성
X_3 = 축제개최목적-산업	X_{13} = 기존 문화축제성공여부
X_4 = 축제개최목적-특수목적	X_{14} = 근무영역-정부
X_5 = 기존 투자비율 현황-예산지원	X_{15} = 근무영역-시민사회

먼저 앞으로 바람직한 정부와 민간의 투자 비율이 전체적으로 어떻게 이루어져야 한다고 생각하는지 살펴보자. 먼저 위의 회귀식은 물론 〈표 6-17〉에서 알 수 있듯이 로지스틱 회귀분석 모델의 유의도는 $P\langle 0.01$의 수준에서 유의한 결과가 나왔다. 그리고 전체적인 비용부담에 있어 정부투자와 민간투자로 구분하는 데 유의미한 영향력을 보이는 변인은 모두 3개로 나타났다. 투자비율현황 중 "예산지원($P\langle 0.10$)"과 "물자지원"($P\langle 0.10$), 근무영역이 "정부($P\langle 0.10$)"가 그것이다. 즉 기존 문화축제에 있어서 예산지원과 물자지원이 민간의 비율이 높았을 때 민간투자의 비율이 높아야

한다고 생각하는 것이다. 아울러 이는 정부에 근무하는 사람들일수록 민간
에서 투자하는 비율이 낮아야 한다고 생각한 것과 연관된 결과이다.

앞으로 바람직한 예산지원의 형태에 있어서 정부지원이 바람직한가 아
니면 민간지원이 바람직한가의 문제에 있어서 로지스틱 회귀분석 모델의
유의도는 P<0.10의 수준에서 유의하였으며, 변수 중 "예산지원"만이 유의
한 영향을 미치는 것으로 나타났다. 즉 기존의 문화축제에 있어서 민간투
자의 예산지원이 높았던 축제 관련자일수록 민간투자에 대한 요구가 높다
는 사실을 말해준다.

앞으로 바람직한 물자지원의 형태에 있어서 로지스틱 회귀분석 모델의
유의도는 P<0.05의 수준에서 유의하였다. 물자지원에 있어 정부투자와 민
간투자로 구분하는데 유의미한 영향력을 보이는 변인은 분야별 투자비율
중 "물자지원(P<0.10)"과 문화축제평가 중 "목표달성(P<0.05)"과 "경제성
(P<0.10)"이었다. 즉 기존의 문화축제에 있어서 물자지원에 민간의 투자가
높았을수록 앞으로의 문화축제의 물자지원에 민간투자의 요구가 높아지며
(B=0.981), 지역단체 및 업체유지나 외국인을 포함한 관광객 유치, 관광
수입증대실적과 같은 목표달성도가 중요하게 평가될수록 민간투자에 대한
요구가 높아진다(B=1.965). 또한 산업연관, 조세수입, 고용창출, 생산유발
등과 같은 효과나 계획 집행과정의 충실도와 같은 전략적이고 고도의 행
정과정이 필요한 "경제성" 부분이 중요하게 평가될수록 정부투자에 대한
의존성이 높아진다(B=-1.306)는 사실을 보여주는 것이다.

인력지원의 경우 로지스틱 회귀분석 모델은 통계적으로 유의미한 결과
가 나타나지 않았으나(P>0.10), 분야별 투자비율 중 물자지원에 대해서 유
의도 P<0.10 수준에서 유의미한 것으로 나타났다. 즉 기존의 문화축제에
있어 물자지원에 민간투자가 높았을수록 앞으로 문화축제에 있어 민간투
자에 대한 요구가 높다.

〈표 6-16〉 바람직한 정부와 민간 투자 비율에 대한 로지스틱 회귀분석결과

종속변인[1] / 독립변인	전체	예산지원	물자지원	인력지원	컨텐츠 개발
문화축제개최목적[2]					
주민화합	1.423	1.446	0.814	-0.036	0.948
관광	0.906	2.047	1.598	0.312	0.134
산업	2.188	-5.605	-6.447	-0.137	1.047
특수목적	0.645	0.338	1.006	0.019	2.231*
분야별 투자비율 현황[3]					
예산지원	1.785***	2.108**	-0.100	-0.226	0.035
물자지원	1.000**	-0.772	0.981*	0.068*	0.079
인력지원	0.277	-0.704	-0.138	0.766	0.365
컨텐츠 개발	0.784	0.577	0.527	0.085	0.634*
문화축제평가					
목표달성	0.403	0.611	1.965**	-0.269	0.000
효율성	-0.460	0.887	-0.286	-0.247	0.273
경제성	-0.272	-0.403	-1.306*	-0.076	0.118
민주성	1.282	-0.002	0.309	0.025	-0.063
문화축제성공여부[4]	-0.570	0.610	-0.130	0.030	0.198
근무영역[5]					
정부	-3.390**	1.201	0.385	-0.249	2.171**
시민사회	0.666	0.681	0.430	-0.487	1.245**
상수	14.092	-15.546	-9.823	0.294	-4.951
Nagelkerke R^2	.785	0.389	0.376	0.197	0.359
-2 Log 우도	63.373	47.376	70.047	124.342	97.605
χ^2	116.584***	23.133*	27.275**	17.088	31.304***

* $p < 0.10$, ** $p < 0.05$, *** $p < 0.01$

각 변인의 변수값은 다음과 같다.
1) 종속변인(전체, 예산지원, 물자지원, 인력지원, 컨텐츠지원) - 0: 정부투자 / 1: 민간투자
2) 문화축제개최목적 - 1: 해당 / 0: 비해당(더미변수)
3) 그 값이 클수록 민간투자 비율이 높음
4) 문화축제성공여부 - 0: 성공적이지 않음 / 1: 성공적임
5) 근무영역 - 1: 해당 / 0: 비해당(더미변수)

바람직한 컨텐츠 개발의 방향에 대한 로지스틱 회귀분석 모델의 유의도는 $P < 0.01$의 수준에서 유의하였다. 컨텐츠 개발에 있어 정부투자와 민간투자로 구분하는데 유의미한 영향력을 보이는 변인은 4가지로, 문화축제 개최목적 중 "특수목적"($P < 0.10$)과 분야별 투자비율 현황 중 "컨텐츠 개발($P < 0.10$)" 그리고 근무영역의 "정부($P < 0.05$)"와 "시민사회($P < 0.05$)"가 그것이다. 주로 정부기관에 의존성을 보이던 특수목적 문화축제에 대해 투자분야 중 컨텐츠 개발에 한해서는 민간투자가 요구되고 있다는 점을 주목해 볼 수 있다. 그리고 정부에서 근무하건 시민사회에서 근무하건 컨텐츠 개발은 민간투자에 의해 이루어져야 한다고 나타난 결과는 의미 있는 것이다.

제4절 문화 거버넌스 담론의 통계분석결과

Q-방법론을 통해 본 문화 거버넌스에 대한 담론의 통계분석결과, 〈유형1〉은 '정부주관 문화축제에 대한 담론'으로, 정부가 문화축제를 주관하는 것이 바람직하다고 생각하는 것으로 나타났으며, 〈유형2〉는 '민간주관 문화축제에 대한 담론'으로, 문화축제를 민간에서 주관하는 것이 바람직하다고 생각하는 것으로, 〈유형3〉은 '민-관 협동주관 문화축제에 대한 담론'으로, 문화축제는 민-관이 협동하여 주관하는 것이 바람직하다고 생각하는 것으로 나타났다. 〈유형1〉의 응답자들은 정부주도의 문화축제를 바람직한 것으로 생각하지만 민-관 협동주관 문화축제에도 긍정적인 것으로 나타났다. 반면, 〈유형2〉의 응답자들은 민-관 협동주관 문화축제에 대해 부정적으로 인식하는 것으로 나타났는데, 이들이 행정적 지침 및 정부의 예산지원과 같은 문화의 하드웨어적 측면에 대하여 부정적인 반면, 문화의 소프트웨어 측면에 대해서는 긍정적이므로 제도의 개선과 정부의 예산지원이 올바르게 이뤄질 경우, 민-관 협동주관 문화축제를 수용할 가능성은 존재한다고 할 수 있다.

다음으로 축제 투자 및 지원비율 현황에 대하여 살펴본 결과 전체적으로 볼 때, 예산지원 현황과 물자지원 현황에 대해서는 정부투자비율이 높게 나타난 반면 인력지원 비율과 컨텐츠 개발에 대해서는 민간투자비율이 높게 나타났다. 그러나 세부적으로 근무영역 즉 주관기관에 따라 각 세부항목의 지원비율은 차이를 보이는데, 정부주관 문화축제의 경우에는 타 기관주관 문화축제에 비해 정부의 예산지원과 물자지원이 상당히 높은데 반해 인력지원과 컨텐츠 개발에 대한 지원정도는 낮은 것으로 나타났다. 반면, 민간주관 문화축제와 민－관 협동주관 문화축제의 경우에는 정부로부터의 받는 예산지원과 물자지원이 낮은데 반해 민간으로부터 인력지원과 컨텐츠 지원이 높은 것으로 나타났다.

정부와 민간의 축제에 대한 전체적인 투자 및 지원정도는 정부, 민간, 민－관 협동 단체의 근무여부와 유의한 관계가 있는 반면(P⟨0.01), 세부적인 항목들 즉 앞으로의 축제에 있어 바람직한 예산지원, 물자지원, 인력지원, 컨텐츠 개발의 정부와 민간의 투자비율은 응답자들의 근무영역 여부와 유의한 관계를 맺지 않는 것으로 나타났다(P⟩0.10). 즉, 각각의 세부항목에 대하여 정부와 민간의 투자비율에 대하여 응답자들은 정부와 민간의 투자비율에 대해 인식을 공유하는 것이다. 기존의 문화축제에 있어서 응답자의 근무영역에 따라 정부와 민간의 투자비율현황이 다르게 나타났던 것과 비교되는 결과이다.

그렇다면 앞으로의 축제에 있어 정부와 민간의 투자비율이 어떻게 이루어지는 것이 바람직하다고 생각하는지 살펴보자. 먼저, 전체 투자 및 지원비율에 있어서 정부주관 문화축제 관련자들은 정부의 투자 및 지원 비율이 높아야 한다고 생각하는 반면, 민간주관 그리고 민－관 협동주관 문화축제 관련자들은 정부와 민간의 협력적인 투자와 지원이 바람직하다고 생각하는 것으로 나타났다. 세부적으로 살펴보면, 축제관련자들은 앞으로의 문화축제에 있어서 예산지원 및 물자지원은 정부의 지원비율이 높은 것이 바람직하다고 생각하는 반면, 인력지원과 컨텐츠 개발에 있어서는 민간의 지원비율이 높은 것이 바람직하다고 생각하는 것으로 나타났다.

아울러 주관 문화축제의 정부와 민간투자 비율에 따른 문화평가의 항목의 중요도에 대한 집단 간 인식차이를 살펴본 결과, 문화축제를 평가하는데 있어서 그 평가요소인 목표달성도, 효율성, 경제성, 민주성에 대해 모두 중요하다고 인식하는 것으로 나타났다. 그러나 각각의 하위요소별로 살펴보면, 목표달성도의 지역단체 및 업체유지 실적, 관광객유치 실적, 관광수입 증대 실적은 집단 간에 유의미한 차이를 보이지 않는다. 효율성은 세부항목 중 조직관리만 집단 간의 차이가 유의미한 것으로 나타났으며(P<0.10), 기타 세부항목들인 인사관리, 예산관리, 정보관리의 중요성에 대해서는 모든 집단이 중요하게 인식하고 있으며, 집단 간의 차이는 통계적으로 유의하지 않은 것으로 나타났다. 따라서 '효율성' 자체에 대한 집단 간의 차이는 유의하였다(P<0.10). 다음으로 경제성의 평가항목 중 산업연관 효과와 고용창출 효과 및 생산유발 효과, 계획 집행과정의 충실도는 집단 간 유의한 차이가 있는 것으로 나타났으며(P<0.05), '경제성' 자체에 대한 항목도 집단 간의 차이는 통계적으로 유의하였다(P<0.01). 마지막으로 민주성의 세부항목 중 사업자 선정의 합리성과 법률 및 제도의 적합성 그리고 축제담당자의 책임성은 집단 간 유의한 차이가 있는 것으로 나타났다(P<0.05, P<0.10).

정부투자와 민간투자를 구분 짓거나, 이에 영향을 미치는 요인은 무엇이며 어떻게 작용하고 있는지를 로지스틱 회귀로 분석한 결과, 전체적인 비용부담에 있어 정부투자와 민간투자로 구분하는데 유의미한 영향력을 보이는 변인은 투자비율현황 중 예산지원과 물자지원, 근무영역이 정부로서, 기존 문화축제에 있어서 예산지원과 물자지원이 민간의 비율이 높았을 때 민간투자의 비율이 높아야 한다고 생각하는 것으로 나타났다. 앞으로 바람직한 예산지원의 형태에 있어서는 기존의 문화축제에 있어서 민간투자의 예산지원이 높았던 축제 관련자들 일수록 민간투자에 대한 요구가 높았으며, 바람직한 물자지원의 형태에 있어서는 기존의 문화축제에 있어서 물자지원에 민간의 투자가 높을수록 앞으로 문화축제의 물자지원에 민간투자의 요구가 높으며, 지역단체 및 업체유지나 외국인을 포함한 관광객 유치,

관광수입증대 실적과 같은 목표달성도가 중요하게 평가될수록 민간투자에 대한 요구가 높았다. 또한 산업연관, 조세수입, 고용창출, 생산유발 등과 같은 효과나 계획 집행과정의 충실도와 같은 전략적이고 고도의 행정과정이 필요한 경제성 부분이 중요하게 평가될수록 정부투자에 대한 의존성이 높은 것으로 나타났다. 인력지원의 경우에는 기존의 문화축제에 있어 물자지원에 민간투자가 높을수록 앞으로 문화축제에 있어 민간투자에 대한 요구가 높다. 앞으로의 바람직한 컨텐츠 개발의 방향에 있어 정부투자와 민간투자로 구분하는 데 유의미한 영향력을 보이는 변인은 문화축제 개최목적 중 특수목적과 분야별 투자비율 현황 중 컨텐츠 개발 그리고 근무영역의 정부주관과 민-관 협동주관 축제로, 이는 주로 정부기관에 의존성을 보이던 특수목적 문화축제에 대해 투자분야 중 컨텐츠 개발에 한해서는 민간투자가 요구되고 있다는 점을 주목해 볼 수 있다. 그리고 정부에서 근무하건 시민사회에서 근무하건 컨텐츠 개발은 민간투자에 의해 이루어져야 한다고 나타난 결과가 의미 있다.

본 장을 정리하면 담론의 통계분석과 제도적 요인들에 대한 다양한 이해관계자들이 가진 갈등을 효과적으로 해결하면서 자발적인 협력을 이끌어 내어 민-관이 상호 협력하는 네트워크형 문화축제가 이상적이라고 나타났다. 이것은 제5장에서 살펴보았듯이 민-관 협동주관의 축제를 도출하여 네트워크형의 새로운 문화 거버넌스를 통한 문화 복지를 구현하는 방법이라 할 수 있다. 이러한 점을 기초로 본장 및 제5장의 결론을 종합해보면 문화(축제)정책사례 및 문화담론과 문화 거버넌스의 메커니즘의 관계를 살펴보면 〈그림 6-3〉과 같다.

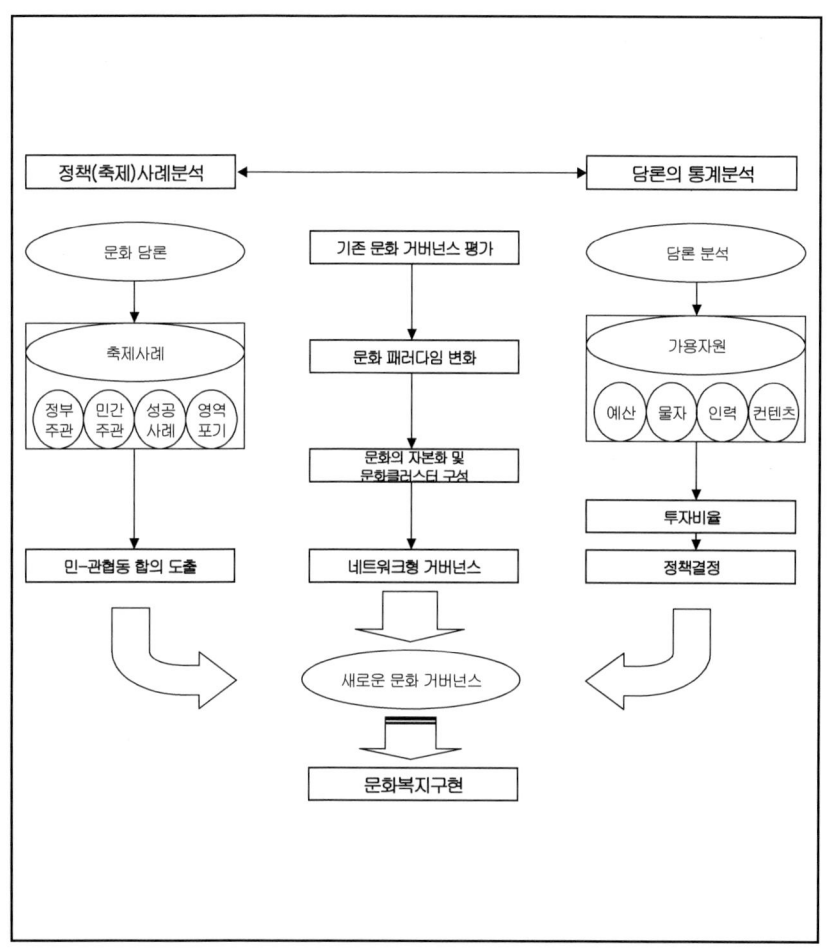

〈그림 6-3〉 문화담론과 문화 거버넌스의 메커니즘

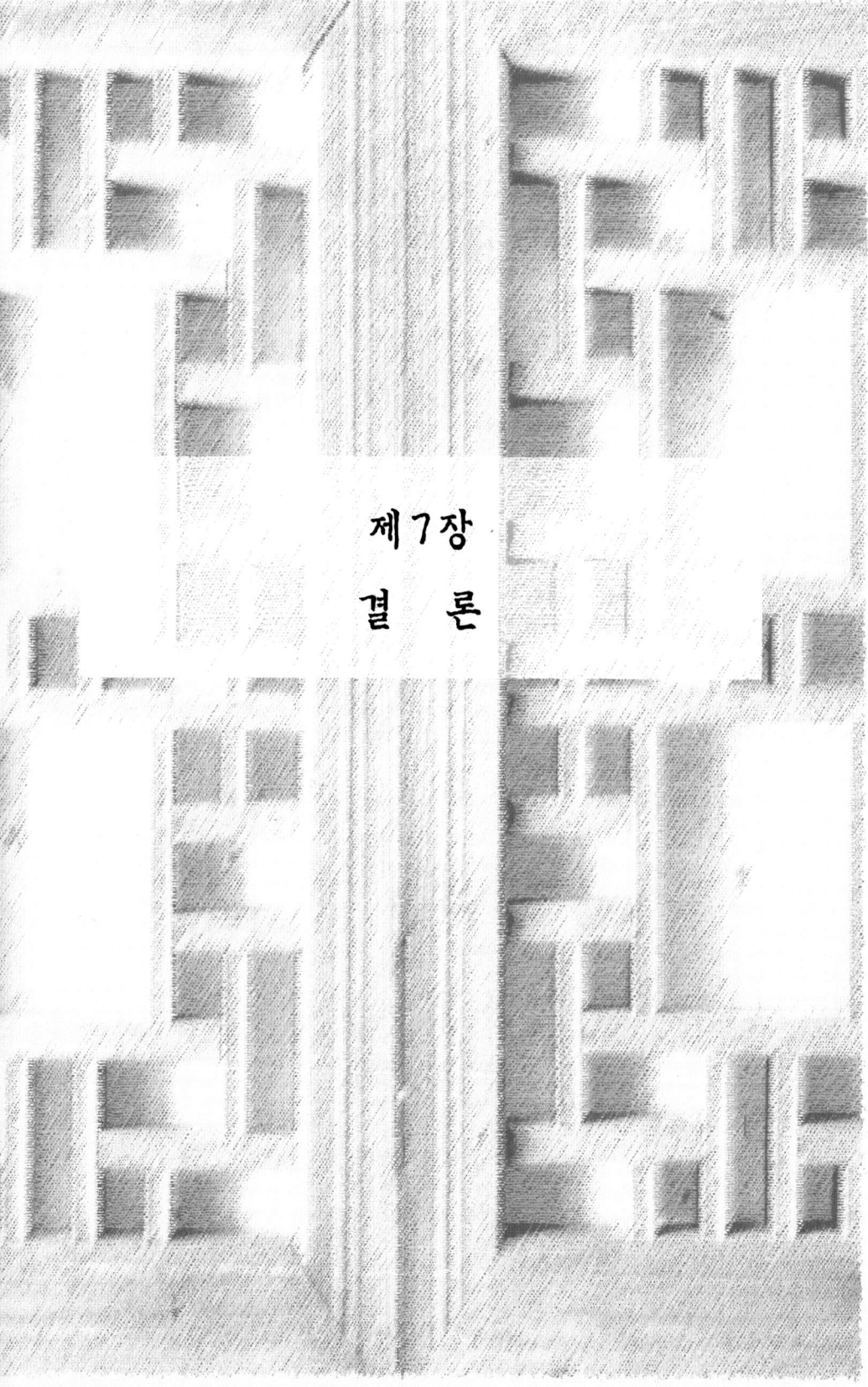

제 7 장
결 론

제1절 연구의 요약

이상과 같이 이 책은 문화 거버넌스 모형을 연구하기 위한 목적으로 거버넌스 이론, 문화정책 이론 및 선진국 문화 거버넌스 모형 등을 고찰하여 보았으며, 문화적 담론들의 내용을 유형화하여 현행 우리나라 문화정책 모형을 평가·분석하였다. 또한 외국의 선진사례들을 벤치마킹한 후 기존 문화 거버넌스 모형을 평가하는 한편 문화축제를 분석모델로 하여 기존 문화 거버넌스의 내용을 알아보았다. 그리고 정책(축제)사례의 선정이유와 기준을 설정한 후 정책결정과 집행에 대한 평가를 통해 분석한 결과를 토대로 하여 새로운 문화 거버넌스 모형에 어떠한 것이 적실한 가를 모색하였으며, 새로운 모형이 도출된 경우 제도적 여건과 관련된 내용으로 문화정책에 대한 평가와 향후 문화축제의 방향성 및 문화와 문화축제에 대한 인식의 정도를 실증적 방식이 통계분석으로 알아본 후 문화의 자본화와 문화 클러스터 구축을 기초로 문화산업을 육성함으로써 문화 복지국가의 실현을 구현해야 함을 살펴보았다.

이와 같이 이 연구는 문화담론들 중 기존 문화 거버넌스의 내용을 평가하며 기존 '계층적 거버넌스'에 관한 문제점을 지적하고, 현대 시민사회 영역 확대에 조응하는 새로운 모형인 '네트워크형 거버넌스'를 통하여 우리나라 문화정책이 향후 나갈 바를 정책(축제)사례와 통계분석을 활용하여 알아보고 개선방안을 제시하였다. 이에 대한 각 장별 내용을 정리하면 다음과 같다.

1. 문화 거버넌스 담론의 사례분석결과

1) 시민사회 확대에 근거한 문화 거버넌스 모형 분석결과

먼저 현대 시민사회의 네트워크적 거버넌스에 대하여 정리한 후, 이를 토대로 합리적인 문화영역에서의 거버넌스 모형에 대하여 고찰하였다. 이를 위하여 먼저 거버넌스의 의미와 변천과정, 그리고 형태에 대해 알아보고 문화영역 거버넌스의 모형에 대한 연구를 요약하였다.

'문화영역의 거버넌스'에 대한 선행연구를 보면 사회일반에 적용될 수 있는 거버넌스의 모형이 많지만 문화영역에 있어 문화정책과 문화행정의 상위 개념이라고 할 수 있는 문화 거버넌스에 대한 연구는 매우 미흡한 실정이다. 하지만 문화영역이 사회일반 영역과 대립되는 것이 아니라 그 내부에 포함되는 일부영역임을 감안한다면, 문화영역에 대한 네트워크 거버넌스의 모형은 문화영역의 특수성을 반영하는 것으로 대체 가능하다고 판단하였다.

이를 정리하면 구체적인 형태로서 '시민사회의 네트워크 거버넌스'의 모형을 상정하였다. 우리사회는 이미 정부(행정)의 통제와 지배에 따라 시민과 시장(기업) 등 사회 전체가 조절되고 움직이는 '계층적 거버넌스'에서 정부와 시민, 그리고 시장이 동등한 3주체로 자리 잡고 상호유기적인 소통과 교류를 수평적으로 수행하는 네트워크형 거버넌스로 그 변화를 가속화하고 있다. 또한 정부-시민-시장(기업) 등 거버넌스의 세 주체는 문화영역에 있어 정부-관객-예술인단체(문화생산 주체)로 대체 가능할 것으로 여겨진다.

문화영역에 있어 정부의 역할은 크게 다르지 않은 것으로 이해되며 사회적 재화를 생산하는 시장(기업)의 역할은 예술인 또는 예술인단체로 대체할 수 있고, 관객은 문화영역에서 문화정책의 최종 수혜자이자 예술인단체가 생산한 예술적 재화를 소비한다는 측면에서 시민의 대체 개념으로 충분히 이해될 수 있다.

2) 현 문화영역의 거버넌스와 이에 따른 기형적 문화정책 분석결과

시민사회 네트워크형 거버넌스의 영역별 거버넌스로서 문화 거버넌스는 이제 '계층적'에서 '수평적·유기적 결합'으로 변화가 촉구되고 있다. 이러한 변화는 문화 일반으로 자리잡고 있으며 문화영역에 있어 거버넌스 또한 네크워크형 형태로 변화하였다. 더 이상 정부 및 행정기관이 정책과 집행을 주도하는 형식이 아니라 예술인단체와 민간 전문가집단에게 상당부분의 권한과 집행권을 이양하고 정부가 이를 후원 및 지원하는 형태로 변화하고 있는 것이다. 그러나 문화영역에 있어서 거버넌스의 변화는 사회전반의 거시적 영역에 있어서의 변화와는 달리 매우 독특한 문제가 있다.

이러한 이유는 첫째, 비정부기구인 예술인단체와 민간전문가 집단에게 정책결정은 물론 행정집행권까지 전면 위임하는 형태를 보이고 있다는 것이며, 이와 같은 사례는 정부 및 사회 전반의 거버넌스에서는 찾아보기 힘든 것으로, 공공성과 투명성, 그리고 책임성이 미흡한 민간단체에게 과도한 권한이 위임됨으로서 국가예산의 불투명한 집행은 물론 비합리적, 비효율적 정책 및 집행의 양산, 민간단체 내 파벌 및 대립의 조장 등 우려할 만한 문제를 야기하고 있다.

둘째, 사회 전반 영역의 거버넌스에서 시민(NGO)의 영역에 해당한다고 할 수 있는 관객 또는 일반 참가자(이하 관객)의 위치와 역할이 부재하거나 상대적으로 미흡하다는 것이다. 관객은 생산된 문화 및 예술을 소비하고 정부의 '문화 복지' 정책의 최종 대상이 된다. 그리고 실제 관객의 절대 다수는 정부 및 사회 전반의 거시적 거버넌스에서의 시민 개개인이다. 따라서 문화영역의 거버넌스에서 관객의 역할이 제한되거나 미흡하다는 것은 문화영역에 있어 시민사회의 영역이 불완전하다는 것을 나타내며 정부, 시민, 시장의 상호 유기적 결합을 전제하는 네트워크가 왜곡되어 있거나 불완전함을 의미한다. 이와 같은 문제는 다시 문화정책 및 행정의 집행에 있어 광범위한 대중적 참여에 장애가 되고 있으며 국가예산 및 행정력이 소수 전문 예술인단체에만 혜택이 집중된다는 비판을 야기하고 나아가 국가문화정책의 최종 목적인 '문화 복지'가 지향하는 '문화생활에 광범위한 국민 참여'라는 과제 달성에 걸림돌이 되고 있다.

결국 이와 같은 문제점은 시민사회 영역에 대한 이해 부재와 네트워크 관계망에 근거하는 새로운 거버넌스에 대한 담론의 이해 부족으로 인하여 정부(문화 행정기관) - 시민(관객) - 시장(전문 예술가단체)의 자리 정립과 고유의 독자영역 구축에 실패하고 시민(관객)영역의 지위와 역할을 소외시키는 불완전한 구조로 성장하고 있음을 반증하고 있는 것이다.

3) 한국 문화정책의 변천과정과 선진국 문화 거버넌스의 분석결과

한국의 문화정책은 전술한 바와 같이 시기적으로 문화정책에 새로운 변환기를 맞은 사건을 구분하여 시기별로 그 단계를 나눌 수 있다. 초기에는 문화에 대한 인식의 부족으로 인해 전통문화 시설이나 규정 마련에 그쳤다. 또한 국가주도의 경제개발로 인해 문화정책은 부차적인 것으로 여겨졌고, 그나마 시행된 문화정책도 독재정권유지에 도움이 되는 방향으로 시행되었다. 1990년대 들어 문화에 대한 중요성을 인식하기 시작하면서 국가주도의 문화정책에서 벗어나 민간영역이 확대되고 민간영역의 역할과 지위가 크게 신장되면서 시민사회 거버넌스가 시작됐다고 할 수 있다.

한편 외국의 문화 거버넌스에서 미국의 '독립위원회모형'은 '민간자율론'의 관점에서 문화정책을 추진한다는 점에서 문화민주주의를 구현하고 있다는 시사점이 있다. 프랑스와 일본의 '문화부모형'에서는 국가와 민간의 파트너 관계 모색이라는 점에서 우리나라의 문화정책에 참고할 만하며 특히 일본은 우리나라의 비슷한 실정에 있으므로 많은 도움이 될 것이다. 독일의 '부처분산모형'에서는 분권화가 책임 공동화나 문화행정의 집행력이 저하될 수 있다는 점에서 주의해야 할 점으로 보여 진다. '혼합모형'인 영국형은 한국이 지향해야 할 모델로 보여 지나 국내의 열악한 상황으로 즉시 도입은 어려울 것으로 판단된다.

4) 한국 문화정책의 기본 방향 분석결과

우리나라 문화정책의 기본방향은 크게 네 가지 영역으로 구분할 수 있다. 그것은 ① 문화중시 분위기조성 ② 생활 속 문화영역 확대 ③ 문화 컨텐츠 적극 개발 ④ 문화지평의 확대다. 이러한 문화정책의 기본방향은 현재 우리사회에 자리 잡고 있는 시민사회 거버넌스의 반영으로 평등, 상호호혜, 네트워크, 신뢰와 협력 등을 기반으로 인프라 구축, 문화의 질과 전문성의 향상 및 문화산업으로의 도약 등을 목적으로 하고 있다.

그러나 한국의 문화정책은 과거 권위주의의 잔재를 청산하지 못하고 합리적 대안의 제시도 하지 못하고 있음은 전술하였다. 뿐만 아니라 현행 한국의 문화정책은 문화영역에 있어 정부의 역할과 기능에 대해 구체적인 언급이 전혀 없어 '새로운 변화에 조응하는 문화정책'이라는 평가를 받기에는 많은 부족함이 있음을 살펴보았다. 추상적으로 문화주체로서 정부의 역할과 문화 협력의 네트워크 확대 등의 기조가 제시되고 있기는 하지만 그 구체적인 항목과 방법은 부재하다. 시민사회적 네트워크 거버넌스가 표방하고 있는 지향점이 시민사회 영역과 민간영역의 확대라고 하더라도 이것은 국가의 기능과 역할의 중단을 의미하는 것이 아니다. 제6장에서 서술하였듯이 정부는 행정지원과 인력지원의 필요성과 당위성을 가지고 있는 것이다. 이것은 다만 문화영역에 있어 합리적 거버넌스의 구현과 이에 조응하는 정부의 역할과 기능에 대한 구체적 설정이 반드시 필요함을 논증한 것이다.

5) 문화축제 정책의 문제점 분석결과

앞에서는 문화정책에 대하여 문화예술인을 대상으로 한 설문조사와 그 분석을 통해 현재 문화정책의 문제점을 고찰하였다. 문화예술인은 정부(행정기관) 주도의 문화정책에 대한 개선을 1차적으로 요구하고 있다. 이는 '민간자율론'이라는 이름으로 '정부의 역할 배제'로 이어지고 있으며 정부

는 문화예술에 필요한 재정만 지원하고 이에 대한 집행권을 포기하라는
주장으로까지 하고 있다.

하지만 이와 같은 요구는 반대로 문화행정 및 정책에 대해 비정부기관
은 과연 문화정책 및 행정을 담당할만한 투명성과 전문성을 확보하였는가
라는 의문을 선 해결해야 함을 살펴보았다. 이를 위해 시민사회의 '네트워
크형 거버넌스' 모형도에 따르면 문화예술인 또는 그 단체는 문화적 재화
를 생산한다는 의미에서 사회적 재화를 창출하는 기업에 해당한다고 정의
하고, 정부와 문화예술인단체와의 관계 및 역할의 문제는 국가-시민의 구
도로 이해되어서는 안 되며 국가-시장(기업)의 구도로 이해되어야 함을
고찰하였다.

또한 국가-시장(기업)의 구도 속에서 정부는 국가-시민의 구도와는
달리 지원과 감독을 동시에 수행하고 있다. 그럼에도 불구하고 '민간자율
론'에 입각한 주장은 정부가 기업(예술인단체)에 지원은 하되 감독 및 행
정집행권의 포기를 요구하고 있는 것이다. 이것은 분명 국가-시장(기업)
의 구도를 국가-시민의 구도로 잘못 이해하여 발생한 문제이다.

이런 잘못된 이해는 아직까지 문화 거버넌스 내에서 비정부영역인 시민
과 기업의 영역이 아직 미분화되었음을 의미하는 것이며, 다시 이것은 이
제까지의 문화 거버넌스 내에는 시민의 영역이 배제되어 있고 또 다른 비
정부영역인 기업이 시민의 영역까지 점유하고 있는 시장 거버넌스의 요소
가 잔존하고 있음을 반증하고 있다. 결국 한국 사회의 문화 거버넌스는 아
직까지 국가-시민(관객)-기업(예술인단체) 등 세 주체가 명확히 정립되
지 못한, 국가-시장(기업)만의 두주체로 구성된 시장 거버넌스의 요소가
가미된 불완전한 거버넌스임을 고찰하였다.

2. 문화 거버넌스 담론의 통계 분석결과

1) 정부주관 축제에 대한 담론 유형 분석결과

이 유형은 정부공무원(중앙정부, 지방정부)이 대상인 유형이다. 이 유형은 문화축제가 국민의 정서적 요구를 충족시키며, 정신적 쾌락과 즐거움을 제공해 주고, 주변 비즈니스에 경제적 이익을 발생시키는 동시에 문화축제는 문화발전을 가져온다고 생각하는 것으로 나타났다.

그러나 문화축제 조직자들의 전문성에 대하여서는 회의적이며, 문화의 고급인력 육성이 시급하다고 생각한다. 한편 이들은 행정적 지침 및 법적 규정은 충분하지 않은 것으로 인식하고 있으며, 문화축제의 장르에 따라 자원 배분이나 지원이 불균형하게 이루어질 뿐만 아니라 정부의 예산지원은 충분하지 않다고 응답하였다. 이는 정부공무원들 역시 문화축제에 관련하여 법규 및 지침마련이 필요하다고 생각하는 것을 보여주는 결과이다.

따라서 이 유형을 응답자들은 문화축제를 정부와 시장 그리고 시민이 상호 협력하는 것이 바람직하다는 견해를 갖는 것으로 나타났다. 문화축제에 정부개입은 필요하며, 나아가 정부에서 주도하는 것에도 긍정적인 견해를 갖는 것으로 나타났다.

2) 민간주관 축제에 대한 담론 유형 분석결과

이 유형은 순수예술공연전문가들의 대상 집단이다. 이 유형의 사람들은 문화축제에 대한 정보를 얻기 쉬우며, 문화축제를 통해 교육적 기능을 갖으며, 문화축제는 문화발전을 가져온다고 생각하는 것으로 나타났다.

그러나 이 유형의 사람들은 행정적 지침은 마련되어 있지 않다고 인식하는 반면, 학교 교육이나 인력양성의 문제는 없다고 인식하는 것으로 나타났다. 아울러 문화축제가 모든 사람들이 참여할 수 있도록 해야 하는 것은 아니라고 생각하는 것으로 나타났으며, 문화축제는 수익을 낼 수 있어야 한다는 의견에 대해서는 부정적인 것으로 나타났다.

한편 이들은 문화축제는 시간 및 자원의 낭비라고 생각하는 것으로 나타났는데, 이는 응답자들의 목적 및 욕구를 제대로 발산하지 못함으로 인해 갖게 된 견해가 아닌가라는 추측을 해본다.

이 유형의 사람들은 문화축제를 정부가 주도하는 것이 바람직하지 않고 민간이 주도하는 것이 바람직하다고 생각하는 것으로 나타났다. 이는 순수 예술공연전문가들이 정부의 개입에 대해 다소 부정적인 견해를 갖고 있기 때문에 나타난 결과라고 생각된다.

3) 민-관 협동주관 축제에 대한 담론 유형 분석결과

이 유형의 사람들은 시장, 대학인 등이 대상이 된 집단이다. 이들은 문화축제에 대해 긍정적으로 생각하는 경향이 높다고 할 수 있다. 즉, 문화축제는 국민들의 예술복지수준을 높여 주며, 문화축제를 통해 창조성, 수용력, 심미력 등을 배양할 수 있으며, 문화축제는 정신적 쾌락과 즐거움을 제공한다고 생각하는 것으로 나타났다. 아울러 해당지역의 매력을 증대시킬 뿐만 아니라 주변 비즈니스에 경제적 이익을 발생시킨다. 문화행사는 다양하며, 문화축제 관련자들은 축제 운영에 적극적으로 참여한다. 따라서 문화축제는 독창성이고, 행사에 참여하는 사람들의 만족도를 충족시킨다고 생각하는 것으로 나타났다.

문화축제는 사회변화에 느리게 적응하지도 않으며, 시간 및 자원의 낭비가 아니며, 정부의 재정과 정책지원이 부족하고 불합리하다고 생각하지 않으며, 문화축제에 대한 객관적인 평가가 이루어진다고 생각하고 있는 것으로 나타났다.

이러한 결과를 종합하여 볼 때, 해당 유형의 사람들은 문화 및 문화축제에 대하여 대체로 긍정적인 견해를 가지고 있다고 할 수 있다.

4) 문화축제 제도적 관련 분석결과

축제 비용 및 투자비율은 정부투자비율이 높게 나타난 반면 인력지원과 컨텐츠 개발에 대해서는 민간투자비율이 높게 나타났다. 응답자의 근무영역에 따른 투자비율 및 지원현황에 있어서 정부기관은 예산지원과 물자지원뿐만 아니라 인력지원과 컨텐츠 개발에 대해서도 정부투자의 비율이 높게 나타났다. 그러나 시장과 시민사회에서는 예산지원과 물자지원은 정부에게 많이 의존하는 한편, 인력지원과 컨텐츠 개발에 있어서는 민간지원을 적극적으로 활용하고 있음을 알 수 있다.

축제의 부담정도에 따른 평가내용의 중요도는 경제성 및 민주성 측면은 각각 하위요소에 나타난 전반적인 평가를 토대로 정부 및 민간 투자비율의 조율과 적절한 모형이 필요하다는 것을 알 수 있었다.

바람직하다고 생각하는 축제 비용 및 투자비율에 대하여 예산지원과 물자지원에 대해서는 정부투자비율이 높게 나타난 반면 인력지원과 컨텐츠 개발에 대해서는 민간투자비율이 높게 나타나고 있으며, 인력지원과 컨텐츠 개발에 대해서는 민간투자 비율의 확대를 바람직하다고 보고 있다. 아울러 예산지원이 높아질수록 민간투자에 대한 요구가 높은 점으로 볼 때 정부의 하드웨어 지원은 높아야 한다고 분석되었다. 또한 물자지원이 높을수록 민간투자에 대한 요구가 높아지며, 그리고 전략적이고 고도의 행정과정이 필요한 '경제성' 부분이 중요하게 평가될수록 정부투자에 대한 의존성이 높아진다는 것을 확인하였다. 아울러 인력지원이 높을수록 민간투자에 대한 요구가 높았으며, 소프트웨어의 측면(컨텐츠 개발)에서는 민간투자가 요구되고 있다는 점을 제시하는 결과이다. 나아가 문화축제 관련자의 근무영역이 정부기관일수록, 민간투자에 대한 요구가 적다는 분석결과는 정부기관 관련자들의 투자비율이 어느 정도 높은 상황에 있어도 예산이나 물자지원 같은 경우에는 정부투자가 좀 더 확대되어야 한다는 의견과 일치하고 있다. 이는 정부기관 외 여타 기관 및 단체와 일치하는 의견으로 바람직한 정책협력 방향에 대한 시사점을 던져준다.

이상과 같이 종합해 본 바에 의하면 새로운 문화 거버넌스는 신뢰와 협조하에서 국가, 시장, 시민사회가 상호 협력하는 네트워크형 문화 거버넌스로 가야 한다는 것이 나타났음을 알 수 있다.

3. 결 론

상호협력을 기조로 한 네트워크형 새로운 문화거버넌스의 패러다임은 지방분권에서 출발한다고 해도 무리가 없어 보인다. 이는 기존에 중앙에 집중되던 중앙집권적 문화정책 결정 시스템이 지역중심의 다원적 시스템으로 전환되는 것을 의미한다. 지방문화정책의 수립은 각 지역 실정에 맞는 정책을 수립하고 실행하므로 각 지역에 적합한 정책의 수립, 지역 수요에 대응하는 문화활동, 지역에 효율적인 재정계획의 수립과 집행, 서비스 재생산 등을 가능하게 하는 중요한 전환점이 되며 이는 문화에 관련된 중앙정부와의 인적, 물적자원의 분업화이며 문화정보의 정부 간 공유를 의미한다.

지역의 문화는 지역 역사성의 총체라고 할 수 있다. 지역의 역사와 문화 경제적 상황이 어우러져 지역의 고유하고 차별적인 특수성이 나타나는 것이다. 이와 관련하여 현 정부는 지방분권관련 정책(추진 로드맵: 2003년 7월 4일)은 정부혁신지방분권위원회(지방분권전문위원회)에서 위와 같은 내용을 제시하고 있지만, 그 내용이 지방분권화의 정치, 행정, 재정의 분권화이지 지역의 문화 분권이 중심축을 형성하고 있다고 보기는 어렵다. 상기의 내용을 분석하면 참여정부는 지역문화 분권정책의 중요성과 가치를 강조하고 있으나 실질적 추진과정에서 보면 지역분권의 하위범주 내지 사소한 부문으로 다루어지고 있는 실정이다. 문화분권의 핵심은 중심의 이동이나 권한의 분산만이 아닌 궁극적으로 개개인의 일상적, 문화적 삶에 스며들 수 있어야 한다. 그런 의미에서 지방분권은 시스템의 분산을 넘어 문화민주주의로까지 확장되어야 한다는 점에서 새로운 문화거버넌스를 통한 분권은 문화분권이 중심축이 되어야 한다.

따라서 지역축제의 경우도 문화적 가치를 지향 하고자 한다면 지역의 문화행정이 변화를 기해야 하며, 새로운 문화거버넌스 패러다임으로 전환이 필요하다..

　문화거버넌스의 패러다임을 전환하기 위해 우선 협의의 의미로 접근해보면(우선 축제를 통하여), 협의의 관점에서의 정책적 지향점은 첫째 축제의 정책적(평가) 문제이다. 현재 우리나라의 축제의 평가기준은 문화관광부의 일률적인 기준에 의하기 때문에 축제의 차별성을 올바르게 평가하기에는 한계가 있다. 문화관광 축제 선정기준 시 지역 문화자산을 지역의 문화자원으로 승화시키기 위한 별도의 평가기준을 도입해야한다. 현재의 평가기준만으로는 지역 문화자산구축, 승계, 구현에 관한 보장이 이루어지기 어렵기 때문이다. 따라서 지역 민속자원 발굴, 계승, 민속자원의 현대화, 민속자원 교육에 대한 교사들에게 Benefit 수여 등과 같은 피드백이 있는 새로운 문화평가기준제도입이 필요하다. 둘째 축제의 구조적 문제이다. 축제는 행정의 필요성이 아닌 지역의 필요성이 선행되어야 한다. 행정은 축제의 주체가 아닌 거버넌스를 하나의 축으로 유지하면서 그 역할과 기능에 충실하여야 할 것이다. 따라서 축제에 있어서 행정은 축제의 전반적인 필요성 및 문화적 가치에 대하여 중요성을 인식하여야 한다. 그러기 위해서는 담당하는 공무원의 전문성을 고도화 하여야 한다 이를 위하여 필요하다면 문화관련 지역공무원의 문화리더십을 함양 시키는 교육과 함께 전문성제고를 위해 보직순환제를 축소하고, 개방형인사 채용제도를 확대하여 축제 전문가들을 정부기관에 위촉하여야 한다. 세 번째로 축제 사업비 대한 문제이다. 다음 〈표 7-1〉[60]에서 보듯 10년간 축제의 수는 22.5배 증가했고 총사업비 역시 72배 증가되었다. 그러나 그 예산 중 대부분이 국고와 지방비에서 충당되고 있으며 자체 비용 충당의 비율은 매년 축소되고 있는 양상을 보이고 있다. 이런 불합리한 구조를 개선하기 위해서는 두 가지 문제점을 해결해야 한다. 이는 ① 지역 축제는 이미 지역 마케팅의 일환이므로 자생적으로 수익을 창출해야 하는 것이 당위가 되어버렸다.

---

60) 자료: 문화관광부 내부자료 정리,( )안은 예비축제 수

그러므로 현재의 구도 하에서는 공적 지원금 대비 수익창출이 부진한 축제는 과감하게 정리되어야하며 동시에 정부의 문화정책은 재정지원의 정도와 투자대비 효과에 대한 평가기준을 확립해야 한다. ② 계속적인 공적 지원의 확대가 필요할 경우에는 정부와 민간의 협력적인 투자 및 지원 비율의 적정선에 대한 국민적 합의와 설득을 통해 지역축제는 현재의 관광 상품적 구도로 가기보다는 지역의 문화예술진흥 지원적 구도로 방향을 전환해야 한다. 현재와 같이 수익구조도 생산해내지 못하는 지역축제를 계속 끌고 가면서 비생산적인 공적지원금의 지속적 지원은 개선해야 할 최우선 과제이다. 따라서 행정 조직을 통하여 민간 부문으로 집행되어지는 예산에 있어서는 문화거버넌스의 각 부문에 집행되어지는 예산에 대한 점검도 축제에 대한 평가 요소로 더해질 수 있다면 문화거버넌스의 올바른 위치 확립에 일조할 수 있을 것이다.

〈표 7-1〉 문화관광축제 연도별 예산 및 방문객 현황

(단위: 명/백만원)

연도		예산현황				방문객현황			경제효과
개최년	축제수	총사업비	국고	지방비	자체	계	내국인	외국인	
1995	2	250	250(공)			300,000	282,000	18,000	560+α
1996	8	251	251(공)			3,129,927	3,014,906	115,021	14,803
1997	10	340	340(공)			3,499,000	3,410,224	88,776	37,700
1998	18	4,612	350(국) 312(공)	3,950		5,533,983	5,401,223	132,760	88,500
1999	21	6,628	360(국) 360(공)	5,908		9,410,749	9,210,796	199,953	115,650
2000	25	11,255	1,580	7,831	1,844	11,699,181	11,537,338	161,843	185,200
2001	30	13,053	1,850	9,003	2,200	13,252,229	13,112,885	139,344	441,851
2002	29	13,569	1,650	10,172	1,747	13,536,915	13,407,672	129,243	413,285
2003	30(7)	14,068	1,830	9,303	2,935	16,104,595	15,945,536	159,059	596,498
2004	37(14)	11,187	2,160	8,416	1,031	22,828,123	22,598,608	229,515	835,220
2005	45(18)	17,908	2,500	13,681	1,727	32,741,486	32,402,768	338,718	1,017,175

 넷째 지역문화 인프라의 확충이다. 축제의 성격이 어떠하던 축제는 민중들의 놀이 문화적 성격에 기반을 두고 있으며 지역적 유대감을 바탕으로 오랜 시간을 통해서 축적된 문화적 형태이고 축제 기획자 시대적 흐름에 좌우되기 때문에 결론적으로는 축제는 역사성을 띤다고 할 수 있다. 하지만 대중문화의 보급은 축제가 역사성 추구하기보다는 소비적인 대중문화를 선호하게 되어 지역의 고유한 문화적 프로그램은 외면 받게 되고 지역주민에게 외면 받는 지역적 프로그램들은 보존 및 육성에 있어서도 등한시 하게 된다. 따라서 지역적 특성을 지니는 콘텐츠 및 순수 문화 예술을 지원 육성하기 위한 행정적 차원의 지원이 필요하다. 이는 지역의 상황에 걸맞지 않는 하드웨어적인 측면을 위미하는 것이 아니라 문화의 창조와 그를 위한 체계적 교육 시스템을 의미한다. 교육의 문화 예술의 가장 기본적인 기능은 인간 생활의 전 부분을 아우르는 창조성을 가지는데 있다. 따라서 교육 인프라와 문화예술인들에게 다양하고 체계적인 교육의 기회를 제공하기 위한 장치로 체계적 문화교육 시스템인 특별기구를(일부 민간단체 위임하는 제도 고려) 만들어 인재 육성과 함께 축제 자료의 D/B화 및 전국 단위의 축제 기획 실무자의 네트웍 주선 등의 다양한 기능을 수행하도록 해주어야한다. 이러한 문화정책들은 단기간의 성과에 급급하지 말고 장기적 측면에서 지역의 문화적 체질을 강화 시키면서 문화의 저변을 넓혀서 문화적 전통을 만들어 가야하고 이러한 문화적 전통이 축제의 전면에 등장하였을 때 비로소 지역적 축제의 완성이 이루어질 수 있다.

 이상과 같은 여러 가지 문제점에도 불구하고 지역축제는 지역이미지 제고, 신산업창출, 조직의 활력, 주민 소득증대, 주민 문화의식제고 등 지자체가 창의력을 주도해야 하는 패러다임 전환기에 적절한 문화마케팅 대안이며 달라진 사회 환경과 정부기능 변화에 따라 운영체계를 새롭게 정립해야 한다. 문화거버넌스 관점에서 살펴본다면 문화정책이란 정부가 문화를 주도하고 시민이 시책을 수동적으로 받아들이는 활동이 아니라 관-민-예술가 그룹이 서로의 전문성을 존중하고 상호 네트워크를 형성하면서 능동적인 조화를 살려나가는 것이라고 말할 수 있다. 행정은 이를 위해 상부

하달식 지원체계를 유지하는 것이 아니라 '지원하되 간섭하지 않는다'(팔거리 원칙(arms length principle)는 원칙을 지켜나가야 할 것이다. 즉, 문화정책은 예술을 지원하는 좁은 의미의 시책이 아니라 시민이 중심이 되고 경쟁적 시장기제를 보장해 주며 협력적 네트워크를 구현하게 지원해주어 시민의 삶의 질을 증진시키는 종합행정임을 인식해야 할 것이다. 특히 문화행정은 '비산업형 축제의 수익성'[61]을 고민하는 문화관광부의 인식이 문화를 통해 국민의 삶을 증진시키는 종합행정으로 변화할 때 진정한 한국형 문화거버넌스가 완성된다.

이 연구는 시민사회의 발달에 따른 문화 거버넌스 모형에 따른 평가와 함께 문화거버넌스가 앞으로 나아가야 할 방향을 제시하는 노력을 했다고 할 수 있다. 필자는 이 연구를 하면서 시민사회 문화 거버넌스를 위한 지역문화 분권에서 보다 더 중요한 의미를 부여할 수 있는 것은 형식적인 분권 이양이 아니라 지역문화의 정체성을 확립하고 자율성과 자생력을 강화하며 지역(민)의 참여와 자율을 이끌어내는 것에 더 큰 의미가 두고 있다.

한편 광의의 의미에서 볼 때, 지역축제는 지방정부의 주도적인 역할뿐만 아니라 지역민의 자발적이고 적극적인 문화 참여, 지역 예술인들의 창의적 참여와 예술 연계, 문화공유가 절대 필요하다 이를 어떻게 제도화하여 이끌어낼 것인지 그리고 지역사회의 여론을 어떻게 수렴할 것인지에 대해 시스템화하는 것이 보다 중요하다고 강조하고 싶다. 예를들어 지역문화 축제를 통한 시민사회의 지역분권 정도와 정부-시장-예술가그룹의 문화적 행정적, 지원적 형태의 정도를 계량화한 축제평가표에서의 민간주관, 민-관 협동주관(자기영역 포기 사례) 축제의 낮은 점수 역시 지역분권화는 정치, 행정, 재정과 관련한 관의 협조와 시스템의 전반적 흐름이 개선되지 않는 문화만의 분권은 매우 힘들다는 것을 보여주고 있다. 그러므로 각 지자체는 지자체별 특성에 맞는 정치, 행정, 재정적 시스템을 구축해 나가는 동시에 시민-예술가그룹의 협조를 순차적으로 진행해야 하며 상대적으로 중장기

---

61) 문화관광부 - 년도별 소비지출 내역 참조

적인 계획 속에서 지속적으로 추진되어야 할 필요가 있다.

시민사회 문화 거버넌스를 책임 있게 진행할 수 있기 위해서는 각 지역별로 독립적 지역분권위원회 혹은 지역문화예술위원회 등의 기구를 설립할 필요성이 있으며 향후 이 기구에서는 지역별 특수성과 각 주체들 정부 - 시장 - 예술가그룹의 우위요소의 발현과 행정, 시설, 인력, 재정 등의 공공재원 분배 등을 다룰 수 있겠다.

또한 지역축제를 위해서는 지역의 문화자원개발과 문화지원을 목적으로 하는 독립적인 지역문화재단의 설립이 고려되어야 하고 민간주관의 지역문화네트워크에 대한 적극적인 지원을 통해 문화 분권과 지역문화활성화를 위한 다각적인 연계, 공유 프로그램을 만들어 나가는 것이 중요하다고 하겠다.

그리고 가장 중요한 것은 문화행정의 결정권을 정부 - 시장 - 예술가그룹의 상호이해를 통한 자율권의 주체형성과 운영시스템의 민간이양이라고 말할 수 있겠다.

민간자율로 이관하는 일에 있어서 누가, 어떻게 민간자율권을 통해 지역문화를 활성화시킬 수 있는가가 매우 중요한 의미를 갖는다고 할 수 있다. 즉 정부의 협조를 통한 문화 거버넌스 시스템 활용이 시민사회 문화 거버넌스의 성공을 위한 길로 들어가는 열쇠가 된다.

시민사회 문화 거버넌스는 기본적으로 신뢰와 협동 그리고 참여와 자율을 전제로 하며 이런 토대가 마련되지 못한 상황에서는 최대한 위로부터의 간섭과 참견은 지양되어야 하며 아래로부터 자발적으로 추진되는 정책제안과 실질적 집행권의 자율성과 독립성이 보장받는 네트워크형 문화 거버넌스 시스템의 확립을 위해 각자의 노력이 뒤따라야 하겠다.

제2절 정책적 함의(개선방안)

이 책은 지금까지 문화영역에 있어서 문화정책과 문화 거버넌스 모형을 축제를 통하여 분석하고 문화 영역의 담론들을 통계 분석한 결과 현재 한국사회가 지향해야 할 문화 거버넌스를 진단·평가하여 그 방향성을 제시하였으며 우리나라가 문화발전과 함께 문화강국으로 가는 지름길이 곧 '네트워크형 문화 거버넌스'를 구축하는 일임을 주장하면서 정부, 시장 그리고 시민사회가 서로 신뢰와 협력을 기저로 한 '문화 네트워크'의 구축을 조속히 정립해야함을 설명하였다.

과거와 달리 문화영역에 있어서의 거버넌스는 시민사회의 역량 확대에 따라 '수평적·유기적' 연관관계로 변화하고 있다. 그러나 극단적으로 시민사회단체는 '민간자율론'의 기치 아래 정부에게 문화정책을 포함한 재정운영권 등의 전반적 위임을 주장하고 있지만 이러한 현상은 '계층적 거버넌스'의 폐해에 너무 집착한 결과 국가 본연의 의무 포기라는 '우'를 범하는 문제점이 도출된다. 왜냐하면 전술한 바와 같이 정부 역시 문화주체로서 수행해야만 하는 역할이 도외시되면 안 되기 때문이다.

따라서 문화정책에 있어 민-관이 상호 신뢰와 협동하는 네트워크형 결합과 신뢰·협동이 체계적으로 운영될 수 있는 새로운 모형이 필요하게 되는 것이다. 이러한 모형을 모색하기 위하여 현재 모범적으로 운영되고 있는 미국, 일본, 프랑스 등의 사례를 보고 이에 대한 교훈을 얻을 수 있을 것이다.

우선 미국은 NEA(National Endowment for Arts)라는 문화행정조직을 바탕으로 연방수준에서 전국을 관장하며 독립된 기관이다. 이곳의 비전은 '모든 미국인의 삶에서 예술이 중요한 위치를 차지하도록 문화예술국가를 건설하는 것'이다.[62] 우리나라도 네트워크형 거버넌스의 형태를 가진 독립기구인 문화청(가칭)을 만들어 시민들의 자발적 참여를 독려하고, 지역, 단체와 파트너십 형태를 구축하고, 국민에게 예술에 대한 접근성을 부여해

---

62) 이종열, 2003년 미국의 문화 거버넌스 연구: NEA를 중심으로.

주는 역할을 해야 한다.

이러한 활동은 일반 국민들에게 우수하고 다양한 예술에 대한 접근성을 재고하고, 예술적으로 우수한 작품을 창조하고 보존하는 기회의 증진, 평생 예술교육을 장려하고, 지역사회의 예술개발에 대한 관심을 고취시킨다. 특히 가장 핵심이 되는 것은 파트너십을 형성하는 것이다. 이것은 정부가 예술인에 대한 예술적 우수성과 가치에 대하여 정부가 인정하는 것으로 민간의 전문성을 활용하여 국가 경쟁력을 확보할 수 있는 제도이다.

이런 점에 주목하여 개선방안으로 네트워크형 문화 거버넌스를 모색하고 그 방법으로 첫째, 정부조직 설계에 있어 기존 부처와 다르게 독립된 문화·예술기관(독립기관)을 설립하여 문화정책의 주된 활동을 장려할 수 있도록 해야 한다고 주장하였다. 그리고 이를 통한 문화 민주주의(Cultural democracy)를 구현하여 문화예술 서비스 공급에 있어서의 민주성을 확보할 수 있도록 하여야 할 것이다.

둘째, 문화지원을 위한 구체적·장기적 계획을 추진하여야 한다. 위에서 살펴본 바와 같이 문화담론들은 정책의 부재나 혼재에서 오는 경우가 대부분이다. 문화에 대한 비전과 미션을 분명히 하기 위해서는 정부 차원의 장기적 프로젝트가 있어야 한다. 외국의 사례를 보면 일본은 시스템의 개혁 작업을 추진 중에 있고(채원호, 2003: 352) '문화입국의 실현'을 위해 관계부처, 지방공공단체, 민간의 역할분담을 명확히 하여 유기적인 연계협력 체제를 구축하고, 지방자치단체와 함께 사회에 내재하는 다양한 자원을 활용하여, 「교육개혁프로그램」을 진행하고 있다. 그 예로서 지방분권의 흐름 속에 지방과 중앙간의 역할분담과 긴밀한 협력체계를 추진하고 있고 정보 제공이나 긴밀한 연계협력을 위해서 이를 담당할 전문 인력을 지원하는 점은 우리가 받아들여야 할 점으로 생각된다.

셋째, 중앙정부와 지방정부 그리고 (문화)시장, 시민사회는 각기 문화에 대한 폭넓은 이해를 통한 파트너십으로 행정의 효율성을 높이고 대응성을 향상시킨다. 예를 들면 프랑스의 경우는 문화를 관장하는 정부 부처로서 '문화통신부'가 있다. 하지만 1959년 이래 많은 갈등을 겪어 왔고, 그것을

해결하기 위해 많은 노력을 기울이고 있고 앞으로 무엇을 지향해야 할 것
인가를 논의하고 있다. 우선, 그동안 갈등의 불씨로 작용했던 요인으로는
문화통신부 활동영역의 한계성, 과학·기술 분야의 문화에 대한 소홀, 신
세대의 존재에 대한 문화와의 괴리, 문화중심이동의 변화에 대한 미숙함
등을 들 수 있다. 이러한 문제점을 해결하기 위한 방안으로 문화의 대중문
화화, 지방중심 문화로의 토대 구축 등 사회적 소외계층의 문화적 관심,
지역과 세계와의 문화연계, 정보통신기술 문화와의 융합 등을 제시하여 기
존에 존재하였던 갈등을 해소하려 노력하고 있다. 위의 좋은 사례는 우리
나라 문화정책 및 행정의 발전을 위한 좋은 시사점을 제시해 주고 있다고
본다.

넷째, 문화산업의 육성을 위하여 문화의 자본화는 필수적인 것으로 이를
위해 노력해야 하며, 이는 철저한 교육을 통하여 이루어져야 한다. 따라서
훌륭한 예술인과 문화전문가를 육성해야 하는 교육적, 제도적 장치를 갖춰
야 한다.

그 외에도 대중예술기회의 확대, 문화의 비전·목표·목적·전략 등의
상호연계방안, 정책결정과 집행에서의 팀워크 접근 등을 연구해 볼 수 있
을 것이다.

여기서 필자가 강조하고 싶은 또 하나는 〈그림 7-1〉과 같이 새로움 문
화 거버넌스를 통한 문화의 융합을 통하여 문화국가를 구현해야 한다는
것이다. 이를 위해서는 첫째, 다양한 가치 속에 행위가 이루어져야 한다.
즉 사회적으로 시민사회가 성숙되어야 하고, 예술적으로는 예술 공연이 활
성화되어야 하며 둘째, 경제적으로 문화산업이 육성되어야 하고 교육적으
로는 창조적인 문화 인재육성을 하여야 하며 셋째, 역사적으로 전통문화를
되살려야 하고 정신적·윤리적으로는 공정한 룰을 형성하여야 한다. 이러
한 가치에 따른 행위로 문화의 패러다임이 전환되어 문화의 융합이 이루
어지고, 네트워크형 문화 거버넌스를 구축한다면 국가경쟁력이 강화되어
'문화강국'을 지향할 수 있을 것이다. 부연하여 설명하면 문화의 자본화는
굳건한 분화조정 시스템과 자본의 토대에서 이루어지는 매끄러운 흐름이

270

있을 때만이 가능하다. 전술한 바와 같이 우리는 문화를 제도적 관점에서 보아왔다. 그러나 문화의 시대에 살면서도 문화를 자본화하려는 노력이 없었다. 문화의 자본화 토대를 굳건히 하는 일, 그것이 바로 정부 혹은 문화 정책이 가야할 길인 것이다.

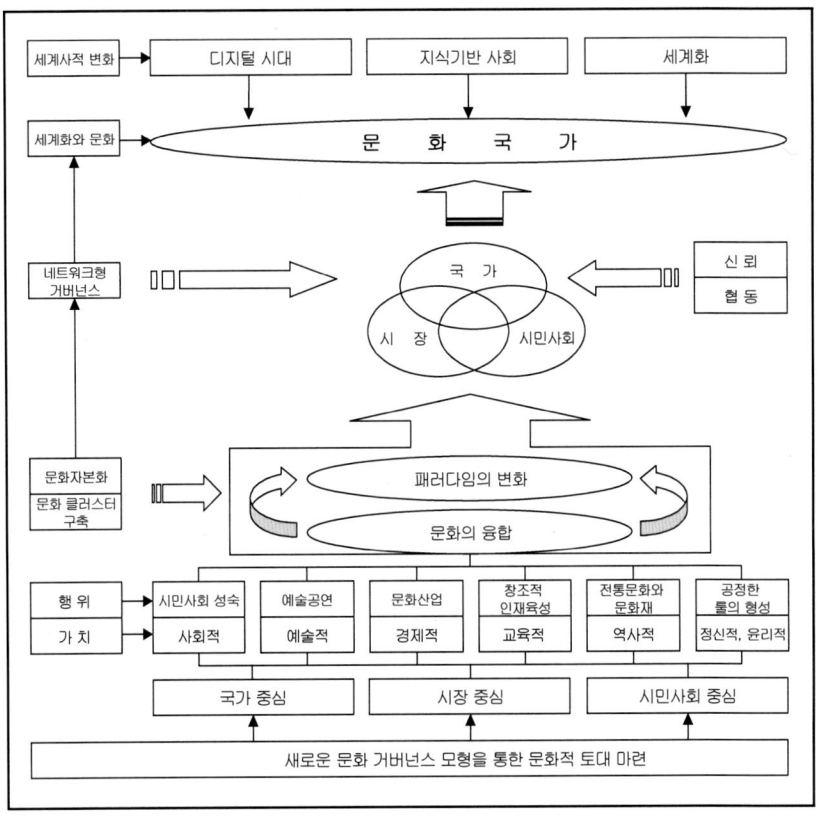

〈그림 7-1〉 새로운 문화 거버넌스를 통한 문화의 융합

앞으로 새로운 문화 거버넌스를 구축한 후 우리가 해야 할 일은 크게 두 가지로 요약할 수 있을 것이다. 하나는 자산을 생산해 낼 수 있는 문화적 인 프라를 갖추는 길이고, 다른 하나는 문화를 그 자본의 토대에서 가치창출을

할 수 있도록 하는 교육을 강화하는 길이다. 이 책은 이러한 점을 고려하여 우리나라에서 적실한 새로운 '문화 거버넌스'를 모색하려고 했던 것이다. 필자는 향후 이 과제에 대하여 더욱 깊이 연구할 것이다.

끝으로 이상의 논의된 내용을 정리하면 앞으로 우리나라의 문화정책은 어느 일 주체가 문화계 전체를 이끌어 가는 모습이 아닌 국가, 시장, 그리고 시민사회가 함께 국외의 문화교류 대상 국가와도 전략적으로 협력하여 이끌어가는 모형인 '네트워크형 문화 거버넌스' 체계를 구축하여야 한다.

이와 같은 모형은 첫째, 문화정책을 새로운 패러다임으로 전환하고 이를 실천하기 위한 사회조정의 틀을 만드는 것(예. 정부−시민−시장이 공존·협력하는 문화기구 신설). 둘째, 민간 자율성 강화를 위한 문화행정시스템을 구축하되 국가의 기능과 역할(행정지원, 감사 등의 역할)을 민간재단으로 이양하는 것. 셋째, 질 높은 문화의 향유권을 위하여 문화정책의 영역과 대상을 확대할 것(문화의 자본화, 산업화)으로 정리 할 수 있다. 이제는 시민들의 시민문화, 일상문화의 영역이 점차 넓어지고 '고급 대 저급', '순수예술 대 문화산업'의 경계가 갈수록 모호해지는 현 상황에서 정부는 문화정책을 새로운 패러다임으로 전환해야 할 필요성이 분명히 존재하고, 그에 걸 맞는 새로운 문화정책을 구현할 수 있는 네트워크형 문화 거버넌스를 구축해야 한다. 이것은 향후 우리나라의 문화영역에 대한 발전 방향에 크게 도움이 될 것으로 확신한다.

제3절 연구의 한계

이 책은 '계층적 거버넌스'의 소산으로 이해되는 정부주관형 문화정책 및 행정의 문제점을 지적하였고, 기존 거버넌스에 대한 문제점을 살펴본 후, 새로운 사회현상에 맞게 자연스레 논의되고 있는 뉴 패러다임 모델로서 '네트워크형 거버넌스'의 모형을 제시하였다. 이 과정에서 나타난 연구의 한계는 다음과 같다.

첫째, 문화 거버넌스에 관한 구체적 자료를 구하기가 어려웠다. 연구자는 관련 자료를 수집하기 위하여 각종 국내외 문헌들, 각 언론사의 보도자료, 논설내용 등을 살펴보았으나 문화 거버넌스에 관한 자료는 불과 몇 편에 지나지 않았다.

둘째, 일반적인 거버넌스의 이론과 개념이 정립되지 않아서 개념 정의가 어려웠다. 현재 국내외 학자들 간에 거버넌스 이론에 대한 논의는 다양하지만 명확한 합의가 이루어지지 않은 부분이 많고, 개념 역시 많은 차이를 보이고 있다. 그 이유는 거버넌스에 대한 정의는 어느 특정학문에만 귀결되는 것이 아닌 여러 학문영역 이른바, 행정학·정치학·경제학·사회학·철학 등의 분야에서 논의되고 있기 때문이다.

셋째, 정부-시장-시민사회의 영역이 추상적인 측면이 강해서 네트워크형 문화 거버넌스를 구축하더라도 실제 현장에서 어떻게 제도화해야 할 것인지에 대한 세부적 해답은 주고 있지 못하다는 점이다. 이것은 향후 연구해야 할 과제로 남을 것이다.

넷째, 정부-시장-시민 사이의 균형점을 서술했으나 구체적 현장에서는 이를 구분하기 어렵다는 점이다. 예를 들어 시민사회와 시장영역은 서로 이중적 지위를 갖기 때문에 세 주체간의 경계가 불분명할 수 있다는 점이다. 따라서 이를 극복하기 위하여 후속 연구가 필요하다.

다섯째, 문화 거버넌스 분석을 함에 있어 분석의 선행연구가 없었고 축제의 내용을 설명하는 기준 지표는 약간 있었지만 문화 거버넌스를 측정할 수 있게 개발된 척도와 지표가 없어서 새로운 평가지표를 개발하였으며 이에 대한 어려움이 있었다.

여섯째, 문화 거버넌스로서 현재 가장 이상적이라고 연구자가 주장하고 있는 네트워크형 거버넌스가 갖는 한계에 대하여 언급하면 네트워크는 정부로부터 상당한 정도의 자율성과 상호의존적인 조직 간의 지속적인 상호작용을 의미하기 때문에 네트워크에 기초하는 새로운 문화 거버넌스의 확산은 네트워크가 아무리 유용하다 할지라도 통치적 관점에서는 여전히 조정이 필요하다. 또한 비록 정부가 국가 운영상 비효율적인 가능성이 있기는 하지만 반드시 비효율적인 것이 아니며 시장이나 시민 사회가 정부의 도움 없이 자생적으로 독립한다는 것은 결코 쉽지 않은 것이다. 따라서 정부의 역할이 달라지고 새로운 정책 수단이 필요하다고 생각하지만 여전히 정부의 힘은 필요한 것이다. 이러한 관점에서 본다면 네트워크형 문화 거버넌스도 완벽한 제도라고 할 수는 없는 것이다. 따라서 전통적인 패러다임에서 벗어난 새로운 거버넌스의 구조를 지속적으로 연구하지 못하는 한계를 느끼고 있다.

일곱째, 이 연구에 관련된 통계분석과 관련하여 설문을 하는 과정에서 핵심적 분야를 다루지 못한 한계가 있었다.

끝으로 거버넌스 이론은 현대사회의 구체적·실질적 모델이 아니고 미래상으로서의 가치를 함의하고 있기 때문에 이 연구에서 분석하고자 했던 기존 거버넌스 이론과 문화 거버넌스는 어느 정도 취약했던 문화영역의 거버넌스에 대한 가교역할을 하는 데 의의가 있다고 할 것이다. 한편 이것은 문화 거버넌스가 학문적으로 깊이 있는 개념화를 하는 데 있어서 학자들의 관심은 앞으로의 과제라고 할 수 있다.

환언하면 이 연구의 한계는 우리사회 전반이 문화 거버넌스에 대한 이해가 상당히 낮아 새로운 문화 거버넌스의 패러다임을 구축하는 데 있어 개념상 어느 정도의 모호성을 인정할 수밖에 없었고, 또한 다른 나라에서 운영하고 있는 좋은 제도들을 바로 우리나라에 도입한다는 점도 현실 사회구조의 이질적 조건상 역시 한계성을 갖는다는 것이며, 특히 이 연구에서 제시한 '네트워크형 거버넌스', 즉 정부에서는 문화예술에 대한 재정적, 물질적, 행정적 지원을 하되 시민사회부문에 대한 감시 기능을 수행하고, 시민사회부문에서는 구체적 실행을 위한 문화 컨텐츠를 개발하여 구축하는 역할을 하는 네트워크형 문화 거버넌스 모델 역시, 아직까지 미성숙한 시민사회부문에 곧바로 도입한다면 또 다른 문제점을 야기할 수 있다는 것이다.

이러한 문제점은 앞으로, 국내 학자들 간에 문화 거버넌스에 대한 학문적 연구와 논의를 필요로 하고, 시민사회부문 역시 문화정책에 대한 수립과 운영능력을 고취하려는 노력을 해야 하며 국가 역시 작금의 현실을 방관하지 말고, 새로운 문화정책 정립을 위해 학계·문화계·사회단체·지방자치단체 등 제반 단체와 상호 유기적 관련성을 맺어 새로운 시대에 요구되는 새로운 문화 거버넌스 분석을 통해 문화강국으로 갈 수 있도록 최선을 다해야 할 것이다.

참고문헌

국내문헌

강 민, 김욱경. Post-IMF 거버넌스의 정치경제론: 위기관리 거버넌스의 딜레마를 중심으로. Post-IMF Governance 한국정치학회 하계학술회의. 2000.

강명구. 정부와 NGO 관계: 국가와 시민사회의 상호강화를 위한 비교론적 정부와 NGO. 한국행정학회 기획세미나. 2000.

강현두. 「현대사회와 대중문화」. 나남. 2000.

강현두. 「현대 대중문화의 형성」. 서울대학교 출판부. 1988.

강형기. 「鄕富論」. 비봉출판사. 2001.

구문모 외. 「문화산업의 발전방향」. 을유문화사. 2000.

김경용. 「기호학이란 무엇인가」. 민음사. 1994.

김기애. 「문화비평」. 한신문화사. 2000.

김동원. 네트워크 거버넌스의 평가와 전망: 미 워싱턴 수도권의 지능형 교통 체계의 교훈. 2001.

김동현. 문화행정의 범위와 역할. 「문화정책 연구의 새로운 전망」. 한국문화정책개발원. 1997.

김명자. 축제의 기능과 앞으로의 방향. 「한국의 지역축제」. 문화관광부. 1996.

김명자. 축제의 기원. 「한국의 지역축제」. 문화관광부. 1998.

김문환 외. 「한국 문화정책 연구의 동향」. 한국문화정책개발원. 1998.

김문환, 전예환. 미국의 공연예술 지원정책-그 현황과 미래. 「문화정책논총」. 제10집. 한국문화정책 개발원. 1998.

김문환. 「문화경제론」. 서울대학교출판부. 1998.

김문환. 「문화복지의 이념과 실천방향」. 〈21세기문화복지대토론회〉. 문화체육부 문화복지기획단. 1998.

김문환. 「문화입국론」. 느티나무. 1989

김범종. Q 방법론의 이해와 소비자 연구에의 적용. 「한국마케팅 저널」. 1999.

김서중, 무화의 경제적 속성에 관한 일고. 2002.

김석준 외. 「뉴거버넌스 연구」. 대영문화사. 2000.

김석준 외. 「뉴거버넌스 이론과 사이버 거버넌스」. 이화여자대학교 BK21 뉴거버넌스 교육연구단. 2000.

김석준. 국가혁신: 21세기 세계화, 정보화와 국가재창조. 대통령자문정책기획위원회 정책자문회의 발표논문. 1997.

김석준. 범세계적 정보화시대의 정부재창조와 국가경쟁력. 1998.

김석준. 한국국가재창조와 뉴거버넌스: 새로운 패러다임 모색. 「한국행정학보」. 2000.

김석준. 「거버넌스의 개념과 전략적 내용의 변화 과정」. 대영문화사. 2002.

김승환. 지역문화의 개념과 의의. 충북대. 2001

김여수. 문화정책의 이념과 방향. 「문화예술논총」 제1집. 문화체육부. 1988.

김영식. 통합체제의 이념적 고찰과 적응문제: 코포라티즘적 접근. 평화통일문제연구소, 창간호, '평화통일연구', 「통합체계의 이념적 고찰과 적응문제: 코포라티즘적 접근」 1994.

김옥랑, 박선기. 「문화예술 공간과 문화연구」. 한울. 2004.

김용호. 「문화폭발과 문화전략」 서울: 박영률출판사. 1996

김은정. 민간주도와 관주도 축제의 차이에 대한 사례연구 - A 축제를 중심으로. 2000.

김은정. 민간주도와 관주도 축제의 차이에 대한 사례연구 - I 축제와 A 축제를 중심으로. 2001

김정렬. 거버넌스의 구현과 정부 간 관계의 미래: 지방중심 경제 발전 모형의 탐색. 「한국행정학보」. 2000.

김정렬. 정부의 미래와 거버넌스: 신공공관리와 정책네트워크. 「한국행정학보」. 2000.

김정수. 미녀와 야수: 문화행정의 새로운 패러다임 모색. 「한국행정연구」. 2002.

김정탁. 「굿바이 구텐베르크」. 중앙일보. 2000.

김준기. 한국 비영리단체(NGOs)의 사회, 경제적 역할에 대한 연구. 「행정논총」. 1999.

김지연. 거버넌스란 무엇인가. 한국인터넷기업협회. 2003.

김춘식, 남치호. 「세계축제경영」. 김영사. 2002.

김태수. 「21세기 문화이론」. 교보문고. 2004.

김현정 역. 도시와 문화경제. 「공간환경」 59호.

김홍규. Q방법론의 이해와 적용. 「언론문화연구」. 서강대언론문화연구소. 1990.

김휴종. 우리나라 문화산업의 실상과 발전전략. 「민족예술」. 한국민족예술인 총연합. 1999.

남궁근. 「행정조사방법론」법문사. 2001.

남정숙 외. 「대학문화 축제에 참가한 동아시아 3국의 대학생 태도 조사」. 제2회 대학문화축제 학술발표자료. 2002.

대구광역시. 「조직연혁」. 2002.

도정일. 문화정책은 왜 필요한가. 민예총문화정책연구소. 2001. 동아일보 1998년 10월 20일.

목진휴. Cyber-Governance의 논리와 사례: 행정자치부 사이버 민원실의 내용 분석을 중심으로. 2000.

문병기. 거버넌스의 접근 방법과 유형. 이화여자대학교 뉴거버넌스교육단. 2000.

문순홍·정규호. 「거버넌스와 젠더: 젠더친화적인 거버넌스의 조건에 대한 탐구」. 한국정치학회하계학술대회. Post-IMF Governance. 2000.

문화관광부, 한국문화예술진흥원, 한국문화정책개발원. 「문화도시 문화복지」. 2000.

문화관광부, 한국문화정책학회. 「제2의 건국을 위한 한국 문화정책의 새로운 방향 모색」. 1998.

문화관광부. 「문화산업백서」. 2000.

문화관광부. 「문화예술 통계」. 문화관광부, 한국문화정책개발원. 1998.

문화관광부. 2002년 문화산업백서. 2002.

문화관광부. 2003 문화관광축제 「종합평가보고서」. 2004.

문화 체육부. 「한국의 지역축제」. 1996

박광국, 이종열, 주효진. 문화행정조직의 개편과정 분석: 비전 - 목표 - 하위

　　　목표를 중심으로.「한국정책과학학회보」. 제7권 제1호. 2003.

박이준.「한국문화행정에 관한 연구: 지역문화를 중심으로」. 박사학위논문.
　　　1990.

박재완 외.「한국사회의 비전 21」. 경실련 비전 21 포럼. 2002.

박준식. 지역연구의 역사와 흐름. 성경륭 외.「지방자치와 지역발전」민음
　　　사. 1997.

박혜자, 이기혁. 도시문화정책과 그 결정요인에 관한 연구. 한국정책학회.
　　　1999.

박혜자. 지방자치와 문화정책: 지역문화시대를 바라보며.「지방자치정보」
　　　제115호. 2000.

박혜자. 지역문화정책에 있어 중앙정부와 지방정부 간의 관계 모형연구.
　　　1997.

배응환. 정책네트워크모형의 행정학연구에 적용탐색.「한국행정연구」. 2001.

사득환.「한국 환경정책의 이해: 환경정치, 환경행정, 중간집단」. 비봉출판
　　　사. 1997.

삼성경제연구소. 문화시장 개방의 주요이슈와 대응 전략. 2004.

서정교. 문화자본축적을 통한 성장요인별 발전 패러다임 연구. 중부대학교.
　　　2002.

소순창. 한국 로컬 거버넌스의 실태분석: 정부, 시민, 그리고 기업의 행위
　　　자 네트워크를 중심으로. 한국행정학회. 2004.

송건호. 문화와 통치.「일제하의 문화와 통치」. 민중사. 1982.

송승환. 일사일언-축제공화국. 조선일보 2001년 10월 11일.

심강민.「문화와 예술발전을 위한 제언」. 삼성경제연구소. 2002.

심상도. 축제를 새로 만드는 과정에서 나타난 문제점: 언양, 봉계 한우불
　　　고기 축제를 중심으로.「문화관광연구」.1997.

양건열 외.「창의적 문화국가 건설을 위한 정책방안」한국문화정책개발원.
　　　1998.

염재호. 글로벌 거버넌스. 2000.

영화진흥위원회.「WTO와 한국의 영상문화」. 2003.

오수길. '개방형 임용제' 인식에 대한 Q 방법론적 탐색. 한국정책학회 동계
　　　학술대회 발표논문집. 1999.

오수길. 「지방정부의 민관 파트너십 사례연구」. 성균관대학교 박사학위논
　　　문. 2002.

원용진. 「대중문화 패러다임」. 한시대. 1996.

유상인 외. 「일본을 강하게 만드는 문화코드16」. 나무와 숲.

이동연. 문화민주주의에 대한 몇 가지 구상. 「민족예술」. 1999.

이동연. 「문화연구의 새로운 토픽들」. 문화과학사. 1997.

이동연. 「대중문화 연구와 문화비평」. 문화과학사. 2002.

이명석. 거버넌스의 개념화: '사회적 조정'으로서의 거버넌스. 「한국행정학
　　　보」. 2002.

이명석. 신공공관리론, 신거버넌스론, 그리고 김대중 정부의 행정개혁. 「정부
　　　개혁과 행정학 연구」. 한국행정학회 춘계학술대회 발표논문집. 2001.

이명석. 신자유주의, 신공공관리론, 그리고 행정개혁. 「사회과학」. 2001.

이무용. 서울시 거리축제의 성격에 관한 연구. 「서울대학교 대학원.」 1996.

이상률. 「문화와 소비」. 문예출판사. 1996.

이상일. 「축제의 정신」. 성균관대학교 출판부. 1988.

이양수. 거버넌스시대 지역 NGO의 정책과정별 참여에 관한 연구: 대구지
　　　역을 중심으로. 한국행정학회. 2004.

이원태. 향토축제의 육성 및 발전방안. 「향토축제 기획 담당자 연수교재」.
　　　충청남도. 1997.

이윤아. 문화와 예술의 상관성에 관한 연구. 2003.

이재규. 「피터 드러커의 경영전략」. 4장. 기업의 사회적 책임. 사과나무.
　　　2004.

이종열. 미국의 문화 거버넌스 연구: NEA를 중심으로. 2003.

이종열외. 문화산업클러스터 형성의 전망과 과제. 한국행정학회. 2003

이종원. 레짐이론의 발전과 과제. 「정부학연구」. 1999.

이종원. Governance론과 지방정부. 2000.

이종인. 「문화행정과 국가발전: 예술과 행정」. 서울: 평민사. 1998

임학순. 「한국 문화예술 지원체제 분석」. 서울대학교 행정대학원 석사학위
　　논문. 1998.

임혁백. 「서구의 시민과 시민사회」. 2002.

전상인. 지방자치와 민주주의의 이론과 역사. 성경륭 외. 「지방자치와 지역
　　발전」. 민음사. 1997.

전주국제영화제 조직위원회. 「전주국제영화제평가보고서」. 전북문화저널사.
　　2000.

정경훈. 「문화이벤트 연출론」. 대왕사.

정규호. 「지속가능성을 위한 도시거버넌스 체제에서 합의형성에 관한 연구
　　」. 서울대학교 행정대학원 박사학위논문. 2002.

정석순. 「기업의 문화마케팅이 브랜드자산형성에 미치는 영향」. 중앙대학
　　교 석사논문. 2003.

정선희. 「축제의 담론과 지역정체성에 관한 연구 - 강릉단오제를 중심으로
　　」. 서울대학교 석사학위논문. 1999.

정용덕 외. 「신제도주의 연구」. 대영문화사. 1999.

정용덕 외 역(B. Guy Peters) 「미래의 국정관리」 법문사. 1998

정용덕 외. 「합리적 선택과 신제도주의」. 대영문화사. 1999.

정용덕. 한국의 국정관리와 국가경쟁력. 1998.

정재완. 「한국의 문화정책」. 문화운동론. 1986.

정정길. 신공공관리와 신국정관리. 2000.

정정길. 「행정학의 새로운 이해」. 대명출판사. 2000.

정철현. 「문화정책론」. 서울경제경영. 2004.

정홍익. 문화정책 연구의 영역과 접근 방법. 「문화정책 연구의 새로운 전
　　망」. 한국문화정책개발원. 1997.

조수동 외. 「문화의 이해」. 이문출판사. 2002.

주동범, 채원호. 프랑스의 문화 거버넌스 연구 - 문화정책 및 행정을 중심
　　으로. 「한국정책과학회보」. 제7권 제3호. 2003.

주동범. 프랑스의 문화 거버넌스 연구. 한국행정학회. 2002.

주재현, 김태희. 「한국사회와 행정연구」. 제14권 제4호. 2004.

주재현. 정부-기업간 파트너십: 환경규제 정책사례. 서울: 한국행정연구원. 2000

채원호, 주동범. 일본의 문화 거버넌스 연구. 「한국정책과학회보」. 제7권 제1호. 2003.

채원호. 일본의 문화 거버넌스 연구. 한국행정학회. 2002.

최샛별. 한국사회에서 문화자본의 체화 과정에 관한 연구. 「가족과 문화」. 제14집 제3호. 2002.

최영민. 인구 10만 500여 개 축제의 도시 아비뇽 한 연극인의 희생으로 일군 '내고장사랑'. 「문화도시 문화복지」. 한국문화정책개발원.

최 협. 정부의 문화개발정책. 백완기, 신유근 외 공저. 「문화와 국가경쟁력」. 박영사. 1996.

추미경. 「문화예술축제의 경영조직에 관한 연구」. 성균관대학교 석사학위논문. 1998.

한국공간환경학회. 전환기 지역경제의 도전: 네트워크와 거버넌스. 2000.

한국문화경제학회. 「문화경제학 반세기」. 김영사. 2004.

한국문화예술진흥원. 한국의 문화정책. 1992.

한국문화예술진흥원. 「문화정책」. 서라벌인쇄사. 1988.

한국문화정책개발원. 외국의 문화행정업무 영역과 행정조직에 관한 조사연구. 1997.

한국문화정책개발원. 지역문화복지정책 평가지표 및 모델에 관한 조사연구. 1997.

한국문화정책개발원. 「문화정책 연구의 새로운 전망」. 1997.

한국문화정책개발원. 「문화정책논총」 11집. 1999.

한국문화정책개발원. 「창의적 문화국가 건설을 위한 정책 제안」. 1998.

한국정치학회. Post-IMF Governance. 2000.

한국행정학회. 국정관리의 새로운 방향과 과제. 한국행정학회 하계학술대회. 2000.

한양대학교 행정문제연구소. 21세기 국정관리와 지방자치의 방향. 1999.

한양명. 중심적 연행의 구조조정과 육성방안. 남치호 외. 「안동국제탈춤페스티벌 중장기 발전계획」. 안동대학교 안동지역사회개발연구소.

행정자치부. 「지방행정조직개편백서」 2003.

홍진근 외. 「문화의 시대를 여는 문화자본 축적 전략」. 호암문화재단. 2002.

홍철희. 김승희. 「광주 김치축제의 마케팅전략에 관한 연구(방한 일본인 여행객을 중심으로)」. 한국 조리학회 학회지. 2003.

외국문헌

그랜트 매크래켄. 「문화와 소비」. 문예출판사. 1997.

반 피어슨. 「문화의 전략」. 법문사. 1981.

새뮤얼 헌팅톤 외. 「문화가 중요하다」. 김영사. 2004.

아사 베르거. 「문화 비평 주요개념의 이해」. 한신문화사. 2000.

Aaron, Raymond. Is Multinational Citizenship Possible? Brian Turner & Peter Hamilton(eds). Citizenship: Critical concepts. London: RKP. Vol. I. 1994.

Addams, H., 「Q methodology」 in H. Addams and J. proops(ed), Social Discourage and Environmental Policy, MA: Edward Elgar Adorno, T. W. and Horkheimer, M. Dialectic of Enligbtenent. London: Verso. 1979.

Alcantara, C. H. "Uses and Abuses of the Concept of Governance," International Social Science Journal. Vol. 155. 1998.

Allen, White J., "Mozart in the Metorpolis: The Art Coalition and the Urban Growth Machine". Urban Affairs Quarterly. 1987.

Barry, John & Proops, John. Seeking Sustainability Discourses with Q Methodology. Ecological Economics. 1999.

Basset, K., "Urban Cultural Strategies and Urban Regeneration: A Casestudy and Critique". Environment and Planning. 1993.

Baumol, William J. Performing arts: The economic dilemma. New York: Twuntieth Century Fund. 1966.

Beetham, D. Bureaucracy. 2nd edition. Buckingham: Open University Press. 1996.

Blom-Hansen, Jens. A 'New Institutional' Perspective on Policy Networks. Public Administration. 1997.

Brown, S. R. Q Methodology and Qualitative Research. Qualitative Health Rearch. 1996.

Brown, S. R. *Political Subjectivity: Application Qmethodology in Political Science*, New Haven, Yale University Press. 1980

Brubaker, William R. Immigration, Citizenship, and the Nation-State in France and Germany: A Comparative Historical Analysis. Brian Turner & Peter Hamilton(eds). Citizenship: Critical Concipts. London: RKP. Vol. 2. originally in International Sociology. vol. 5. 1994.

Campbell et al. 「Public Service and Democratic Accountability In Ethics in Public Service ed. R. A. Chapman」. Edinburgh: University of Edinburgh Press. 1991

Clay, J. A "public-institutional process: beyond convntional wisdom about management procsses' Administration and Society, vol. 26.2. 1994.

Cleveland, Harlan. Managing a Nobody-in-Charge World: Governing a Pluralist World. New York: Aspen Institute of Humanistic Studies. 1981.

Cleveland, Harlan. The Future Executive. New York. Harper & Row. 1972.

Cohen, j., and J. Rogers. Solidarity, Democracy, Association. Politische Vierteiljahrschrift Sonderheft. 1995.

Coleman, W. D and G Skogstad. 「Policy Communities and Policy Network: A Structural Approach.」 In W. D. Coleman and G. Skogstad(eds.), Policy Communities and Public Policy in canada. Toronto: Copp Clark Pitman. 1990

Council of Europe. The state's role vis-?-vis the culture industries. Strasboug: Council of Europe. 1982.

Cultural Policy and Culturla Administration in Europe. 42 Outlines.
    August 1996.

Cummings, M. C. Jr. & Katz, R. s. The Patron State, New York:
    Oxford Uni. Press. 1987.

Dayton, B. W. 「policy frames, policy making and the globlal climate
    change discourge」 in H. Addams and J. proops(ed), Social
    Discourage and Environmental Policy, MA: Edward Elgar
    Oiamond, P. A Framework for Docial Security Analysis. Journal
    of Public Economics 8. 1997.

Diamond, Pter A. ed. Issues in privatizing Social Security. Massachusets
    and london: the MIT Press. 1994.

Dick Netzer, The Subsidized Muse: Public Support for the Arts in the
    United States (Cambrige: Cambrige University Press). 1980.

Dimaggio, P. J. Nonprofit Enterprise in the Arts, New York: Oxford
    Univ. Press. 1986.

Dimaggio, Paul and Useem Michael, "cultural Property & Public Policy:
    Emerging Tensions in Government Support for the Atrs". Social
    Research, vol. 45. No. 2. 1978.

Dowding, K. Model or Metaphor? Critical Review of the Policy Networks
    Approach. Political Studies. 1995.

Dryzek, J. S., 「from irrationality to autonomy: two science of institutional
    denign」 in K. E. Soltan and S. L. Elkin(ed), The Condision of
    Good Socidties, Pennsylvania State Univ. Press. 1996.

Dunn Willlams N 「PUBLIC POLICY ANALYSIS: An
    Introduction」University of Pittsburgh. 1991.

Dunning, D., "the transition form traditional to postpositivist policu
    analysis: a role for Q-methodolgy" Journal of Policy Analysis and
    Management, vol.18, no.3. 1999.

Eder, K., 「the institutionalisation of environmntalilsm: ecological discoure
    and the second transformation of the public sphere」 in S. Lash,

B. Szeerszynski and B. Wynne(eds0, Risk, Envirment and
    Modernity, Sage publications. 1996.

Ellwood, J. Prospect for the Study of the Governance of public
    Organizations and Policies. In C. Heinrich and L. Lynn, Jr. (eds).
    Governance and Performance: New Perspectives. Washington
    D.C.: Georgetown University Press. 2000.

Falk, Richard. Recasting Citizenship. Roland Robertson & Kathleen E.
    White(eds). Globalization: Critical Concepts in Sociology. Vol. 3.
    London: RKP. Pp. 93-109; originally in Richard Falk. Predatory
    Golbalization: A Critique, London: Policy Press. 2003.

Francois-Xavier Merrien. Governance and modern welfare ststes.
    UNESCO 1998. Published by Blackwell Publichers.

Fukuyama, 프랜시스. 아시아적 가치와 아시아 경제위기: 위기 이후
    아시아적 가치 사라진다. 「신동아」 8월호. 1998.

Goodin, R. E. 「laundering preferences」 in J. Elster and A, Hylland(eds),
    Foundations of social Choice Theory. Cambridge: Cambridge
    University Press. 1986.

Goodin, R. E. 「Rational Politicians and Rational Bureaucrats in
    Washington and Whitehall」 Public Administrationan, 1996

Gray, Barbara. Collaborating: Finding Common Ground for Muliparty
    Problems. San Francisco: Jossey-Bass Publishers. 1989.

Griffith, Ron. "The Politics of Cultural Policy in Urban Regeneration
    Strategies". Policy and Politics. 1995.

GUY SAEZ. Modernisations et corporatismes dans ls politique culturelle
    rancaise.

Habemas, Juergun. Die Neue Unbersichtigkeit. Suhrkamp Verlag
    Frankfurt am Main. 1985.

Habemas, Juergun. Citizenship and National Identity: Some Reflections
    on the Future of Europe. Praxis International. Vol. 12. Pp. 1-19.
    In Brian Turner & Peter Hamilton(eds). Citizenship: Critical

Concepts. London: RKP. Vol. 2. 1994.

Hanf, K. Introduction. In k. Hanf and F. W. Scharpf(eds.) Interorganizational Policy: Making Limits to Coordination and Cintral Conrrol. London: Sage. 1978.

Heclo, H. Issue Networks and the Executive Establishment. In Anthony King, (ed.). The New American Political System. Washington: AEI. 1978.

Hillman-Chartrand, Harry& Claire McCaughey 「The Arm's Length Principle and the Arts: An International Perspective-Past, Present, and Future. In Milton C. Cummings, Jr, and Mark Davidson Schuster (eds). Who's to Pay for the Arts?: The international Search for Models of Arts Supports」 NY: ACA Books. 1989

Hirst, P. 「Associtiative Democracy:New Forms of Economic and Social Governance」. Cambrige,UK:Polity.1994

Hoffman, Stanley. Balance, Concert, Anarchy, or None of the Above. Gregory F. Treverton(ed). The Shape of the New Europe. Bew York: Council on Foreign Relations. 1991.

IMF. IMF Survey.

Ingraham, P. and Donahue. Dissecting the Black Box Revisited: Charcaterizing Government Management Capacity. In C. Heinrich and L. Lynn, jr. (eds). Gonernance and Performance: New Perspectives. Washington D.C.: Georgetown University Press. 2000.

J. Huizinga. 권영빈 역. 「호모 루덴스」. 홍성사. 1981.

JACQUES PALARD. Decentralisation et conduite des politiques culturelles. Le cas de l'aquitaine(1982-1984).

James Douglas. "Political Theories of Nonprofit Organization" Yale University Press: New Heaven. 1987

Jean-ClandeRAPE., 'Governance in transition:, public mangement reforms in OECD countries', Organization for economic cooperation and development OECD. 1996.

Jean-Pierre Gaudin. Modern governance, yesterday and today: some
        clarifications to be gained from French government policies.
        UNESCO 1998. Published by Blackwell Publichers.

Jennings, Jr., E. and J, Ewalt. Driving Caselosds Down: Welfare Policy
        Choice and Administrative Action in the States. E. in C. Heinrich
        and L. Lynn, Jr. (eds). Governance and Performance: New
        Perspectives. Washington D.C.: Georgetown University Press. 2000.

Jessop, B. "Governance Failure". In Stoker G. (eds.). The New Politcs of
        British Loval Governance. New York: Macmillan Press Ltd. 2000.

Jessop, B. "The Changing Governance of Welfare: Recent Trends in Its
        Primary Functions, Scale, and Mokels of Coordination". Social
        Policy and Administration. 1999.

Jessop, B. "The Social Embeddeness of the Economy and Its Implications
        for Economic Governance". F. Adaman and P. Devine(eds.). The
        Socially Embedded Economy. Montreal: Black Rose Book. 1999.

Jessop, B. The governance of complexity and the complexity of
        governance: preliminart remarks on some problems and limits of
        economec guidance. in Ash Amin and Jerzy Hausner. Beyond
        Market and Hierarchy: Interactive Governance and Social
        Complexity. Lyme, U.S.: Edward Elgar. 1997.

Johnson, R. N. and G. D. Liebcap. The Federal Civil Service System
        and the Problem of Bureaucracy. Chicago: University of Chicago
        Press. 1994.

K. Basset. "Urban Cultural Strategies and Urban Rgeneration: A
        Casestudy and Critique". Enviroment and Planning. 25(12). 1993.

Kenis, P. and V. Schneider. Policy Networks and Policy Analysis: (eds.).
        Policy Networks: Empirical Evidence and Theoretical
        Considerations. Boulder, CO: Westview Press: Blom-Hansen
        (1997)에서 재인용. 1991.

Kickert, W. Public Governance in the Netherlands: An Alternative to

Anglo-American 'Managerialism'. Public Administration. 1997.

Kleine, S. S Kleine, R. E & Allen, C. T. How is a Possession Me or Not Me? Characterizing Types and a Antecedent of Material Possession Attachment. Joural of Consumer Research. 1995.

Klosterman. Richard E. 「Community Analysis and Planning Techniques」 Rowman & Littlefield Publishers, Inc. 1990

Kooiman, J. Societal Governance: Levels, Modes, and Orders of Social-Political Interaction. In Pierre, J. (ed). Debating Governance. Oxford University Press. 2000.

Koomiman, J. Societal-Political Governance: Introduction. In J. Kooiman. ed. Modern Governance: New Government-Societh Interactions. London: Sage. 1993.

Lappe, M. and P. M. Du Bosd. The Quickening of America: Rebuilding Our Nation, Remaking Our Lives. San Francisco: Jossey-Bass. 1994.

Lawrence B. Mour 「IMPACT ANALYSIS FOR PROGRAM EVALUATION」 Pacific Grove, California. 1988

Light Richard J. and Pillemer David B. 「THE SCIENCE OF REVIEW RESEARCH」 Harvard University Press. 1984

Logsdon, Jeanne M. Interests and Interdependence in the Formation of Social Problem-Solving Collaborations. Journal of Applied Behavioral Science. 1991.

Luhmann, Niklas. Ti. Stepphen Holmes & Charles Larmore. The Differentiation of Society. New York: Columbia University Press.

Lynn Jr, L. E. "a place at the table: policy Analysis , its postpositive critics, and the future of practice" Journal of policy Analysis and Management, vol.18, no.3. 1999.

Lynn, Jr., L., C. Heinrich and C. Hill. Improving Governance: A New Logic for Empirical Research. Washington. D.C.: Georgetown University Press. 2001.

Lynn, Laurence E. Jr Carolyn J. Heinrich and Carolyn J. Hill. Studying
    Governance and Public Management: Why? How?. In Carolyn J.
    Heinrich and Laurence E. Lynn, Jr.(eds.). Governance and
    Performance: New Perspectives,. Washington, D.C.: Georgetown
    University Press. 2000.

Marsh, D. and R. A. W. Rhodes(eds.). Policy Networks in British
    Government. Oxford: Clarendon Press. 1992.

McCaffrey, David P., Faerman, Sue R., & Hart, David W. "The Appeal
    and Difficulties of participative System" Organization Science. 1995

Meadowcroft. J., 'Planning or sustainalble development: insights from
    the literatures of political science' European Journal of Political
    Resarch, vol. 31. 1997

MeKewon, B. and Thomas, D., 「Q Methodolgy」 Sage Publication. 1988

Meyer, John. W. The World Polity and the Authority of the
    Nation-State. In Albert Bergson(ed). Studies of the Modern
    World System. New York: Academic. 1980.

Midttun, A. "The Weakness of Strong Governance and the Strength of
    Soft Regulation". Innovation. 1999.

Miller Delbert C. 「Handbook of Research Design and Social Measurement」
    SAGE Publication. 1991

Milton C. Cummings Jr. & J. M. D. Schuster, " Relations between
    Government and the Arts in Western Europe and North
    America," Cummings. & Schuster. Who's to pay For Arts?
    (N.Y: ACA Books, American Council for the Arts). 1989.

Naisbitt, John. Golbal Paradox. New York: Avon Books. 1995.

Newman, J. Modernising Governance: New labour, Policy And Societh.
    Sage. 2001.

Orr, Stoker. 디트로이트에서의 난점의 분석. 1994.

Osborne, D. and J. Gaebler. Reinventing Government: How the
    Entrepreneurial Spirit is Transforming the Public Sector. New

York: Plume. 1992.

Osborne, David and Ted Gaebler. Reinventing Government: How the Entrepreneurial Spirit in Transforming the Public Sector. New York: Addison-Wesley. 삼성경제연구소 역. 「정부혁신의 길」. 1992.

Osborne, David and Victor Colon Rivera. The Reinventing Government Workbook: Introducing Frontiline Employees to Reinvention. 1998.

Ostrom, E. "A Behavioral Approach to the Rational Choice Theory of collective Action". American Political Science Review. 1998.

Ostrom, E. Governing the Commons: The Evolution of Institutions for Collective Action. Cambridge University Press. 1990.

Ostrom, E. J. Walker, and R. Gardner. "Covenants with and without a Sword: Self-Governance Is Possible". American Political Science Review. 1992.

Ostrom, V. Intellectual Crisis in American Public Administration. Tuscaloosa: University of Alabama Press. 1989.

O'Toole, L. J. "The Implications for Democracy in a Networked Bureaucratic World". Journal of Public Administration Research and Theory. 1997.

O'Toole, L. J. "Treating Networks Seriorsly: Practical and Research-Based Agendas in Public Administration". Public Administration Review. 1997.

Parsons Wayne 「Public Policy- An introduction to the theory and practice of policy analysis」 Queen Mary and Westfield College University of London. 1995.

Patton. Car V and Sawicki David S. 「Basic Methods of Policy Analysis and Planning」 PRENTICE HALL Englewood Cliffs, New Jersey. 1993.

Peirce, William Spangar. Bureaucuatic failure and public expenditure. New York: Academic Press. 1981.

Peter F. Beyer. Four Approaches to Globalization. In Roland Robertson

& Kathleen E. White(eds). Globalization: Critical Concepts in Sociology. Vol. 1. London: RKP. Pp. 155-190; originally in Peter F. beyer. Religion and Globalization. London: Sage. 1994. 2003.

Peter Flora and Arnold J. Heidenheimer. 「The Development of Welfare States in Europe and America」 New Brunswick and London. 1987.

Peters B. G. and Pierre J. "Governance without Government? Rethinking Public Administration". Journal of Public Administration Research and Theory. 1998.

Peters B. G. The Future of Governing: Four Emerging Models. Lawrence, Kansas: University Press of kansas. 고숙희 외 역. 「미래의 국정관리」. 법문사. 1995.

Peters, B. G, and Wright, V. 「The Public Bureacracy. In the New Handbook of Political Science. ed. R. E. Goodin dna H. D. Klingemann」 Oxford: Oxford University Press Peters, G. 「미래의 국정관리」. 정용덕 외 역. 법문사. The Future of Governing: Four Emerging Models. Lawrence: University Press of Kansas. 1996.

Peters, G. Glgbalization, Institutions, Governance. In G. Peters and D. Savoie. (eds). Governance in the Twenty-first Cuntury: Revitalizing the Public Service. London: McGill-Queen's University Press. 2000.

Peterson, Paul E. "The Price of Federalism" Washington D.C: Brookings Institution〉 1986.

Pierre, J. Debating Governance. Oxford University Press. 2000.

Pierre, J. Models of Urban Governance: The Institutional Dimension of Urban Politics. 1999.

Potter, J and Wetheral, M., "accomplishing attitudes: fact and evaluation in racist discourage". Text. vol. 8. 1998.

Putnam, R. Bowling Alone: Americ's Declining Social capital. Journal of Democracy. 6(Jan). 1995.

Putnman, R. D. 「Making Democracy Work: Civic Tradition in Modern

Italy」. Princeton, NJ: Princeton University press. 1993.

R. A. W. Rhodes. The New Governance: Governing without Government. Political Studies. 1996.

Rhodes, R. A. W. "The New Governance: Governing Without Government". Political Studies. 1996.

Rhodes, R. The Governance Narrative: Key Findings and Lessons from the ESRC's Whitehall Programme. Public Administration. 2000.

Rhodes, R. Understanding Governance: Policy Networks, Governance, Reflexity and Accountability. Bristrol, PA: Open University Press. 1997.

Richard Munch, Neil J. Smelser, Theory of culture, Berkely: Univ. of California Pr. 1992.

Risdon, Andra; Eccleston, Chris; Crombez, Greet; McCracken, Lance. How Can we learn to live with pain? A Q-Methodological Analysis of the Diverse Understanding of Acceptance of Chronic Pain. Social Science & Medicine. 2003.

Robertson, Roland & Jo Ann Chirico. (1985). Humanity, Globalization and Worldwide Religious Resurgence: A Theoretical Exploration. Sociological Analysis. 1985.

Robertson, Roland. Globalith, Global Culture and Images of World Order. In Hans Haferkamp & Neil Smelser(eds). Social Change and Modernity. Berkeley: University of Califonia Press. 1992.

Robertson, Roland. Globalization, Politics, and Religion. In James A. Beckford & Thomas Luckmann(eds). The Changing Face of Reoigion. Beverly Hills: Sage. 1989b.

Robertson, Roland. Internationalization and Globalization. University Cinter for International Studies. University. University of Pittsburgh. 1989a.

Roderick, M.m B. Jacob, and A. Bryk. Evaluating Chicago's Efforts to End Social Promotion. In C. Heinrich and L. Lynn, Jr. (eds). Governance and Performance: New Perspectives. Washington

D.C.: Georgetown University Press. 2000.

Roenau, J. N. and Czempeil, EO. 「Governance without Government: Order and Change in World Politics」Cambridge: Cambridge University Press Ron Griffith, "The Politics of Cultural Policy in Urban Regeneration strategies", Policy and Politics, 21(1), 1995; K. Basset, "Urban Cultural Strategies and Urban Regeneration: A Casestudy and Critique", Enviroment and Planning, 1993.

Rosenau, J. and E. Czempiel. Governance without Government: Order and Change in World Politics. Cambridge University Press. 1992.

Rosenau, J. Governance, Order, and Changes in World Politics. In Rosenau, J. and E. Czempiel. Governance without Government: Order and Change in World Politics. Cambridge University Press. 1992.

Ross, Bernard H. and Murray S. Stedman. Urban Politics. F. E. Peacock Publishers, Inc; 정덕주 역. (1995). 「도시와 지방정치」. 나남. 1985.

SAKAI, Saburo. Showa Kenkyu Kai - Aru Chisikijin Shudan no Kiseki. Chuo Koron. 1992.

Schafer. D. Paul. "Municipal Arts policy: Vision to Reality" Unpublshed paper. 1986.

Schmittr. Philippe C. Still the Century of Corporatism. Review of Politics. 1974.

Simai, Miha'ly. The Changing State System and the Future of Global Governance. In Roland Robertson & Kathleen E. White(eds). Globalization: Critical Concepts in sociology. Vol. 2. London: RKP; originally in Global Society. 11-2. 1997. 2003.

Simai, Miha'ly. The Frture of Global Governance: Managing Risk and Change in the International System. Washington, D.C.:USIP. 1994.

Simpson, John H. Globalization and Religion: Themes and Prospects. In William Garrett & Roland Robertson(eds). Religion and Global Order. New York: Paragon. 1991.

Smith, S. R. and H. Ingram. "Institutions and Policies for Democracy". a Discussion Paper. Center for the Study of Democray. UC Irvine. Sorensen, Georg. A Revesed Paradigm for International Relations: The 'Old' Images and the Postmodemist Challenge. Cooperation & Conflict. 1991.

Stenner, P. H. D, Dancey, C. P, Watts, S. The Understanding of their Illness Amongst People With Irritable Bowel Syndrome: A Q Methodological Study. Social Science & Medicine. 2000.

Stern. Paul C 「Evaluating Social Science Research」Oxford University Press. 1979.

Stillman, R. J. "Preface to Public Administration: A Search for Themes and Direction". New York: St,Martin's Stoker G. "Governance as Theory: Five Propositions". International Social Science. 1998.

Stoker G. "Introduction". In Stoker G. (ed.). The New Politics of British Local Governance. London: Macmillan Press Ltd. 2000.

Stoker, G. Governance as Theory: Five Propositions. International Social Science Journal. 1998.

Stoker, G. The New Politics of British Loval Governance. St. Martin Press. 2000.

Stoker, G. Urbam Political Science and the Challenge of Urbam Governance. In J. Pierre. Debating Governance. Oxford University Press. 2000.

Storti Edizioni, Carnival of Venice. 1999.

Thatcher, Mark. The Development of Policy Network Analyses: From Modest Origins to Overarching Frameworks. Journal of Theoretical Politics. 1998.

Thompson, Frank J. (ed). 「Revitalizing State and Local public Service: Strengthening Performance, Accountabillity, & Citizen Confidence」: San Francisco, C.A: Jossey-Bass Publishers. 1993.

Ulrich Kuhn-Hein(ed). 심희섭 역. 「유럽의 축제」. 2001.

UNDP. "Participatory Evaluation in Programmes Involving Governance Decentralization". Management Development and Governance Division, Revised 22. 1996.

UNDP. Developing Capacity for Effective Governance. A Workshop For UNDP Offices. 1997.

UNESCO. Cultural industries: A challenge for the future of cultures. Paris: UNESCO. 도정일 역(1987). 「문화산업론」. 나남. 1982.

Wallerstein, Immanuel. Culture as the Ideological Battleground of the Modern World System. Theory, Culture and Society. 1990.

Wallerstein, Immanuel. The Capitalist World-Economy. Cambrige: Cambridge Univ. Press. 1979.

Walsh, K, and J. Stewart. 「Change in the Management of Public Service」 Public Administration. 1992.

Ware, Alan, 「Between Proit and State: Intermediate Organization in Britan and the United States」 Cambridge: The Polity Press. 1989.

White, L. G., "policy analysis as discourage" Journal of Policy Analysis and Management, vol. 13. No. 3. 1994.

Williams, D. Urban Affairs Review. 2001.

Wolf, Jr., Charles. Markets of governments: Choosing between imperfect alternatives. Cambridge: The MIT Press. 1988.

World Bank. Governance and Development. World Bank, Washington. 1992.

World Bank.s Governance: the World Bank's Experience. Washington, D.C. 1994.

World Bank. 「Working Together: The World Bank's Partnership with Civil Society」. 2000.

根木昭. ʻ日本の文化政策ʼ. 東京: 勁草書房. 2001.

伊藤裕夫 외. 「예술경영과 문화정책, 이흥재(역). 서울 역사넷: 「アトマネヅソト槪論」. 東京: 水曜社. 2.

中川幾朗. 「分權時代の自治文化政策」. 東京:勁草書房. 2001.

中村順編. ʻ文化行政ʼ 東京: 勁草書房. 2001.

wed site, 기타

http://www.mct.go.kr(문화관광부)
http://www.kcpi.or.kr(한국문화정책개발원)
http://www.me.go.kr(환경부)
http://www.unesco.or.kr(유네스코 한국위원회)
http://www.cyberngo.org(사이버 NGO)
http://www.kcaf.or.kr(한국문예예술진흥원)

동아일보 1998년 10월 20일
국정신문 1998년 10월 26일
조선일보 2000년 5월 4일
전북일보 2000년 5월 5일
한겨레신문 2000년 5월 5일
조선일보 2001년 10월 11일
전북일보 2001년 10월 19일
국민일보 2002년 12월 11일
국민일보 2003년 2월 26일
중앙일보 2003년 7월 1일
국민일보 2004년 5월 4일
한겨레신문 2004년 10월 12일
전라일보 2004년 10월 23일

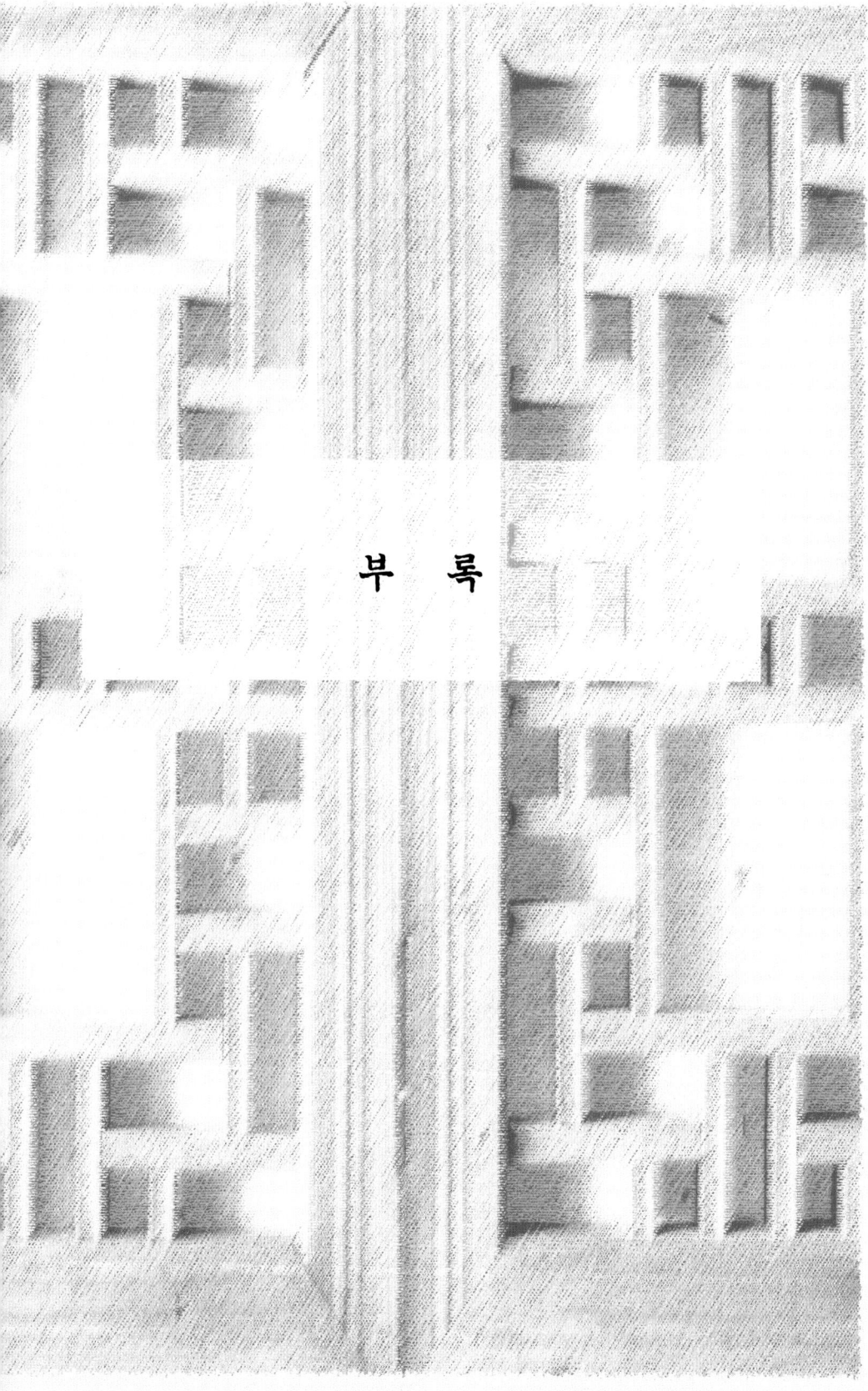

부 록

부록 1-1. 신규축제 평가표 구성(예시)

평가내용	평가항목	평가지표	조사방법
지역성 참여성 주제성 유사성 친환경성 전문성	-사회적 맥락에서 축제 개최 타당성 -법 제도 행정의 준비도 -축제 추진주체의 구성 -축제공간 프로그램 구성의 타당성 -홍보 방문객 수용태세 -문화 경제적 효과 예측	-지역의 사회 문화적 고려 시 타당성 -예산규모 배분의 적절성 -장소와 공간구성의 적절성, 환경보전 대책 -시설계획의 타당성 -기획내용의 지역성과의 부합 -지역문화 인력, 인프라 등 자원의 활용도 -축제추진주체의 구성의 민주성, 절차과정 -홍보계획과 방문객 수용태세 준비정도 -축제조례제정, 평가시스템 수용여부 -기획, 진행의 전문성 확보 여부	-기본계획서 검토 -현장방문 확인 -관계자, 지역민 인터뷰

부록 1-2. 축제평가표 구성(예시)

요소	평가항목	평가지표	세부평가지표	조사방법
맥락 Con text	지역 경제 · 사회지표	▶인구학적 특성 ▶지역의 산업구조 ▶지역의 학교 현황 ▶지역의 역사, 자연환경 ▶지역 전체 예산규모 및 재정자립도	-인구 수, 연령층 등 -지역의 산업구조, 경제적 특성 -초중고교와 대학과 학생 수, 문화예술 관련 학과 수 -유무형 역사자원, 전설, 신화 등 -생태적 특성, 자연자원 -예산규모 및 재정자립도	-2차 자료 -면접조사
	지역 문화지표 · 축제의 지역적 효과	▶지역의 주요 문화지표 ▶주요축제 및 문화행사 ▶지역의 문화자원 및 인 프라 ▶문화예술인·단체 ▶지역의 문화정책방향 및 내용	-지역 문화지표조사 시행 여부 -문화시설, 인력, 프로그램 현황 -문화정보시스템 구축 및 서비스 실태 -문화예술인·단체 현황 -예산대비 문화관련 예산비율 및 예산규모 -문화행정 체계 및 주요 문예진흥정책 -여타 축제 현황 -지역통합 및 공동체감 형성에 기여 여부 -지역에서 해당 축제가 갖는 위상 및 영향 -지역주민의 축제인지도 및 이미지 -하드웨어/소프트웨어 등 축제관련 인프라 의 양적/질적 변화 -지역문화발전 기여도(지역문화전문인력 양 성효과, 문화향수 재고, 지역이미지 재고, 지역문화정체성 정립 등) -지역 주민의 행사에 대한 만족도, 참여도	-참여관찰 -설문조사 -2차 자료 -면접조사
	축제기획	▶축제 개최 취지와 목적 ▶기획의 전문성과 완결성 ▶축제 기간과 장소설정 에 대한 적절성 ▶기획의 독창성과 참신성 ▶프로그램 구성의 적절성	-목적과 기획의 부합성 -지역특성 및 예산 규모와의 조화 -기획, 실행의 일관성 -장애우 등 사회적 약자에 대한 기획 반영 -기획에의 주민참여 통로 개설 여부 -기획팀 구성 방법 및 인력운영의 적절성 -전체적인 축제의 짜임새 -주면환경과의 조화 및 환경보전 노력정도 -문제 대처 능력과 행사개선 노력정도 -유관기관과의 협조상태	-참여관찰 -2차 자료 -면접조사
법·제도·행정	축제관련조례 축제예산 축제평가제도	▶축제관련 조례제정 여부 ▶총 제정규모(변화추이) ▶축제평가시스템 ▶사후영향평가	-축제관련 조례의 민주성, 구체성, 실효성 -축제 개최 전 사회적 합의과정 시행여부 -축제 재원 규모 및 구성의 적정성 -평가 시스템 존재 여부(평가주체) -평가방법과 평가항목의 적정성 -축제 재원 규모 및 구성(비) -세부예산항목 구성(비) -축제 후 평가 토론회 개최 여부 -평가 보고서 발간 여부 -조직위원회와 행정간의 협력 내용	-2차 자료 -면접조사
추진주체구성	축제 추진조직	▶축제추진조직 구성방법	-축제조직위의 민주성, 전문성 -축제조직체계의 적합성과 일관성 -조직운영체계의 적정성 -축제조직위 및 실무단위체계 구성 시점 -상설 사무국 존재유무 -자원봉사(인원, 구성내용, 교육 및 배치) -지역주민 참여시스템 존재 여부 -축제준비 기간(진행과정/단계별)	-2차 자료 -면접조사

내 용	문화관광축제의 속성		5	4	3	2	1
축제 행사의 구성 및 내용	독창성	-색다른 경험, 공연의 재미, 유머					
	교육성	-가족참여, 지적호기심 충족					
	매력성	-디스플레이, 심미성					
	몰입성	-강렬한 인상, 상상력 유발					
	자부심	-참가자랑기념물					
	참가성	-지역구성원의 참여, 인구 다양도					
관광수용체계	접근성	-교통체계, 안내체계, 티켓구매의 용이성					
	편의성	-주차시설, 식음료 편의와 다양성, 공연시설 , 휴게시설					
	연계성	-도요와 행사장 연결					
문화관광자원	관광지 연계 지역특산물 관광관련 문화행사	-상품의 구색 및 저렴					
경제효과	지역경제 활성화 상가 연계성 관광객유치 스폰서쉽 마케팅 달성	-티켓판매, 국내외 관광객 -기업협찬, 현물협찬 -캐릭터 개발, 특산물 판매, S					
사회, 문화	친절도 외국과의 연계 및 교류 안내서비스 질서, 범죄로부터의 안전성						
환경, 기술	환경프로그램 쓰레기처리						
기타	전문성 지자제 개최 의지 인터넷 접근성	-도자전문인력,전문가 방문도, 축제운영의 전문성					

출처: 남정숙(2003)「문화축제의 평가지표에 관한 연구」p.57

부록 1-3 문화 축제 관련자용 설문지

《축제 관련자용》

안녕하십니까?

바쁘신 중에도 귀한 시간을 내어 설문에 응해주신 데 대하여 깊은 감사를 드립니다.

본 설문지는 우리나라의 문화정책 및 문화 거버넌스의 유형에 대하여 실증적으로 연구하고자 하는 것입니다.

귀하께서 응답해주신 내용은 익명으로 통계 처리되어 연구목적으로만 사용될 것이며, 절대 비밀이 보장됩니다.

본 연구의 응답에는 맞고 틀리는 것이 없으므로 귀하가 생각하시는 의견을 솔직하게 표시하여 주십시오. 귀하의 솔직한 응답은 본 연구목적을 달성하는 데 커다란 도움이 될 것입니다.

다시 한번 설문에 응해주신 데 대하여 깊은 감사를 드립니다.

2004년 9월

성균관대학교
김홍수 드림

기타 궁금한 사항은 khs529@skku.edu로 이메일을 주시거나 011-381-1082로 연락주십시오.

> 다음은 문화 거버넌스 담론에 관한 질문입니다.

■ 다음 페이지의 진술문들을 서로 비교하시면서 다음과 같이 배치하여
주시면 됩니다. 배치순서는 다음과 같습니다.

1. 각각의 진술문들을 비교하면서 동의하는 정도가 높은 것과 낮은 것 두
그룹으로 분류하여 각각 오른쪽과 왼쪽에 배치해 주십시오.
2. 이중에서 동의정도가 '가장 높은 것'과 '가장 낮은 것' 2개씩을 선정하여
양쪽 끝에 배치해 주십시오.
3. 나머지 중에서 동의 정도가 '상당히 높은 것'과 '상당히 낮은 것' 4개씩
을 선정하여 그 다음에 배치해 주십시오.
4. 동의 정도가 '약간 높은 것'과 '약간 낮은 것'을 6개씩 선정하여 배치해
주십시오.
5. 나머지 진술문 8개를 중간에 배치해 주십시오.
6. 마지막으로 배치된 진술문들을 한번 더 검토하시면서 위치를 바꾸실 부
분이 있는지를 검토하여 주십시오.

〈다음 페이지 진술문을 보시고 검은색 빈칸에 번호를 기입해 주시기 바랍니다〉

← 왼쪽   오른쪽 →

2개	4개	6개	8개	6개	4개	2개
①	②	③	④	⑤	⑥	⑦
매우 낮다	상당히 낮다	약간 낮다	중간이다	약간 높다	상당히 높다	매우 높다
각 진술문들에 대한 동의정도						

■ 아래의 진술문들을 귀하께서 동의하시는 정도에 따라, 위의 해당하는 칸에 번호를 기입하여 주십시오.

1. 문화축제는 국민의 정서적 요구를 충족시킨다.
2. 문화축제에 대한 정보를 얻기 쉽다.
3. 문화축제는 문화전통을 승계한다.
4. 문화축제는 국민들의 예술복지수준을 높여준다.
5. 문화축제는 해당지역의 매력을 증대시킨다.
6. 문화축제의 조직자들은 전문성이 부족하다.
7. 문화축제를 통해 창조성, 수용력, 심미력 등을 배양할 수 있으므로 교육적 기능을 갖는다.
8. 문화축제에 정부개입은 필요하다.
9. 문화축제는 주변 비즈니스에 경제적 이익을 발생시킨다.
10. 문화축제에 관한 행정적 지침이 잘 마련되어 있다.
11. 문화축제는 모든 연령층의 사람들이 참여할 수 있도록 한다.
12. 문화축제는 수익을 낼 수 있어야 한다.
13. 문화축제의 장르에 따라 자원 배분이나 지원이 불균형하게 이루어진다.
14. 문화축제는 사회 변화에 느리게 적응한다.
15. 문화축제는 정부에서 주도하는 것이 바람직하다.
16. 문화축제에 대한 객관적인 평가가 이루어지지 않는다.
17. 문화축제는 정신적 쾌락과 즐거움을 제공한다.
18. 문화축제에 관한 법적 규정은 충분하다.
19. 문화축제를 민간이 주도하는 것이 바람직하다.
20. 지방의 특색을 살린 축제가 열린다.
21. 문화행사는 다양하다.
22. 문화축제 관련자들은 축제 운영에 적극적으로 참여한다.
23. 문화축제는 행사 시역 수민의 만족도를 충족시킨다.
24. 문화축제는 문화발전을 가져온다.

25. 문화축제에 대한 정부의 예산지원은 충분하다.

26. 문화의 고급인력 육성이 시급하다.

27. 문화축제를 정부와 재계 그리고 민간이 상호협력하는 것이 바람직하다.

28. 문화와 관련하여 국민의식과 학교교육에 문제가 많다.

29. 정부의 재정과 정책 지원이 부족하고 불합리하다.

30. 문화축제는 시간 및 자원의 낭비이다.

31. 문화축제는 독창성이다.

32. 문화축제는 행사에 참여하는 사람들의 만족도를 충족시킨다.

다음의 문항들은 귀하께서 주관하신 축제에 관한 것입니다.

33. 문화축제를 개최한 주된 목적은 무엇이었습니까?

① 주민화합축제: 해당지역에서 전통적으로 개최되어 온 전통문화축제를 비롯하여 구민의 말이나 군·시민의 날을 기념하여 벌이는 축제

② 관광축제: 관광산업발전과 관광객 유치를 통한 지역경제 육성을 목적으로 개최되는 축제

③ 산업축제: 관광축제를 제외한 다른 산업분야, 즉 농림축산업, 어업 등의 발전을 목적으로 하는 축제

④ 특수목적축제: 환경보호 또는 역사적 인물이나 사실을 추모하거나 재현하는 것을 목적으로 하는 축제

⑤ 기타(   )

34. 귀하께서는 문화축제를 준비하는 데 다음 중 어느 단계에서 주로 활동하셨습니까?

① 정책을 만드는 단계(기획, 목표 수립, 정책대안 탐색 등)

② 정책을 시행하는 단계(정책 집행 활동으로 운영, 관리 등 포함)

③ 정책을 평가하는 단계(정책에 대한 중간, 최종 평가 작업 등)

④ ①과 ② 단계

⑤ ②와 ③ 단계

⑥ ①과 ③ 단계

⑦ ①, ②, ③ 단계 모두

35. 관여했던 문화정책이나 행사 수행 시, 정부와 민간의 비용 부담 비율이 **어느 정도였다**고 생각하십니까?(비용에는 돈, 물자, 노력동원, 시간 투자 등이 모두 포함됩니다.)

①	②	③	④	⑤
정부 100%	정부 70% 민간 30%	정부 50% 민간 50%	정부 30% 민간 70%	민간 100%

가. 다음 사안 각각에 대한 정부 및 민간의 투자비율은 **어느 정도였다**고 생각하십니까?

	문항	정부 100 % 민간 0 %	정부 70 % 민간 30 %	정부 50 % 민간 50 %	정부 30 % 민간 70 %	정부 0 % 민간 100 %
1)	예산지원	①	②	③	④	⑤
2)	물자지원	①	②	③	④	⑤
3)	인력지원	①	②	③	④	⑤
4)	콘텐츠 개발	①	②	③	④	⑤

다음은 축제에 대한 평가내용입니다. 귀하께서는 각각의 사항이 어느 정도나 중요하다고 생각하십니까?

목표달성도	매우 중요하다	조금 중요하다	보통이다	별로 중요하지 않다	전혀 중요하지 않다
지역단체 및 업체유치 실적	①	②	③	④	⑤
관광객유치 실적	①	②	③	④	⑤
관광수입증대 실적	①	②	③	④	⑤
외국인유치 실적	①	②	③	④	⑤

효율성	매우 중요하다	조금 중요하다	보통이다	별로 중요하지 않다	전혀 중요하지 않다
조직관리	①	②	③	④	⑤
인사관리	①	②	③	④	⑤
예산관리	①	②	③	④	⑤
정보관리	①	②	③	④	⑤

경제성	매우 중요하다	조금 중요하다	보통이다	별로 중요하지 않다	전혀 중요하지 않다
산업연관효과	①	②	③	④	⑤
조세수입효과	①	②	③	④	⑤
고용창출효과	①	②	③	④	⑤
생산유발효과	①	②	③	④	⑤

민주성	매우 중요하다	조금 중요하다	보통이다	별로 중요하지 않다	전혀 중요하지 않다
계획집행과정의 충실도	①	②	③	④	⑤
사업자 선정의 합리성	①	②	③	④	⑤
법률 및 제도의 적합성	①	②	③	④	⑤
축제담당자의 책임성	①	②	③	④	⑤
국제성 강화	①	②	③	④	⑤

36. 축제를 평가하는 과정에서 다음의 속성의 중요도에 따라 우선순위를
    기입하여 주시기 바랍니다.

    목표달성도 |__| 효율성 |__| 경제성 |__| 민주성 |__|

37. 관여했던 문화정책이나 행사의 결과에 대해 어떻게 생각하십니까?

① 매우 성공적이다 ② 조금 성공적이다	③ 보통이다	④ 별로 성공적이지 않다 ⑤ 전혀 성공적이지 않다

■■
문항 40.1로 가시오

■■
문항 40.2로 가시오

가. (성공적이라고 응답하신 경우,) 그 이유는 무엇입니까?

(   )

나. (성공적이지 않다고 응답하신 경우,) 그 이유는 무엇입니까?

(   )

38. 문화정책이나 행사 수행 시, 정부와 민간의 비용 부담 비율이 <u>어느 정도이어야 한다</u>고 생각하십니까?(비용에는 돈, 물자, 노력동원, 시간투자 등이 모두 포함됩니다.)

①	②	③	④	⑤
정부 100%	정부 70% 민간 30%	정부 50% 민간 50%	정부 30% 민간 70%	민간 100%

가. 다음의 각각의 사안에 대한 정부 및 민간의 투자 정도는 <u>어느 정도이어야 한다</u>고 생각하십니까?

	문항	정부 100 % 민간 0 %	정부 70 % 민간 30 %	정부 50 % 민간 50 %	정부 30 % 민간 70 %	정부 0 % 민간 100 %
1)	예산지원	①	②	③	④	⑤
2)	물자지원	①	②	③	④	⑤
3)	인력지원	①	②	③	④	⑤
4)	콘텐츠 개발	①	②	③	④	⑤

> 다음의 문항들은 문화에 관한 일반적인 사항에 관한 것입니다.

39. 공공부분의 문화정책이 민간부분의 실적보다 저조하다는 의견에 대하여 어떻게 생각하십니까?
    ① 매우 동의함　　　　　② 조금 동의함　　　　　③ 보통
    ④ 별로 동의하지 않음　　⑤ 전혀 동의하지 않음

40. 귀하는 '문화'라는 말을 들으면 다음 중 어떤 것이 가장 먼저 떠오르십니까? 가장 먼저 떠오르는 것을 **하나**만 선택해 주십시오.
    ① 역사문화유산(유적, 고궁 등)　　　　⑥ 여행 및 관광
    ② 전통예술(전통문화, 음악, 미술 등)　　⑦ 여가생활(레저, 취미생활 등)
    ③ 현대예술(현대문학, 음악, 미술 등)　　⑧ 인간의 모든 생활방식
    ④ 일반적인 교양　　　　　　　　　　⑨ 문화관련산업(영상, 게임 등)
    ⑤ 대중문화(TV, 대중가요, 팝, 만화, 연극, 영화 등)

41. 다음 중 축제를 방문하도록 만드는 요소는 무엇이라고 생각하십니까? 가장 중요한 요소 **두 가지**만 골라 주십시오.
    ① 시간　　　　⑤ 동반자　　　⑨ 위락시설
    ② 거리　　　　⑥ 교통　　　　⑩ 축제관련정보
    ③ 비용　　　　⑦ 숙박　　　　⑪ 주변관광지
    ④ 축제이벤트　⑧ 안전성　　　⑫ 기타(　　　　　　　)

42. 다음의 축제 유형 각각이 어느 정도나 흥미롭다고 생각하십니까?

	아주 흥미롭다	흥미롭다	약간 흥미롭다	보통이다	별로 흥미롭지 않다	흥미롭지 않다	전혀 흥미롭지 않다
특산품	①	②	③	④	⑤	⑥	⑦
전통문화	①	②	③	④	⑤	⑥	⑦
자연	①	②	③	④	⑤	⑥	⑦
음식	①	②	③	④	⑤	⑥	⑦

43. 다음의 축제 프로그램 각각이 어느 정도나 흥미롭다고 생각하십니까?

	아주 흥미롭다	흥미롭다	약간 흥미롭다	보통이다	별로 흥미롭지 않다	흥미롭지 않다	전혀 흥미롭지 않다
체험	①	②	③	④	⑤	⑥	⑦
공연	①	②	③	④	⑤	⑥	⑦
전시	①	②	③	④	⑤	⑥	⑦
경연	①	②	③	④	⑤	⑥	⑦
세미나/워크샵	①	②	③	④	⑤	⑥	⑦

다음의 문항들은 귀하께서 참여한 축제에 관한 의견을 묻는 질문입니다.

44. 가장 최근에 참여했던 축제는 무엇입니까?(   )

45. 최근 참여했던 축제에 관한 정보는 어디에서 얻으셨습니까?

    ① 친구/친지 및 주변 사람들의 권유와 이야기

    ② 신무, 잡지 등의 기사

    ③ TV, 라디오 등의 방송프로그램 및 방송광고

    ④ PC통신, 인터넷

    ⑤ 관련 전단 및 현수막, 홍보 포스터

    ⑥ 기타

46. 다음 중 축제를 방문하도록 한 중요한 요소는 무엇입니까? 두 가지만 골라 주십시오.

① 시간	⑤ 동반자	⑨ 위락시설
② 거리	⑥ 교통	⑩ 축제관련정보
③ 비용	⑦ 숙박	⑪ 주변관광지
④ 축제이벤트	⑧ 안전성	⑫ 기타(　　　　　　　)

47. 다음은 축제행사에 대한 일반적인 사항입니다. 귀하께서는 각각의 사항에 대해 어느 정도나 만족하십니까?

행사프로그램 구성항목	매우 그렇다	조금 그렇다	그저 그렇다	별로 그렇지 않다	전혀 그렇지 않다
체험프로그램이 다양함	①	②	③	④	⑤
체험프로그램이 유익함	①	②	③	④	⑤
참여형 프로그램이 양호함	①	②	③	④	⑤
교통이 편리함	①	②	③	④	⑤
주차공간이 양호함	①	②	③	④	⑤
편의시설(화장실 등)이 양호함	①	②	③	④	⑤
숙박시설이 편리함	①	②	③	④	⑤
축제 음식이 양호함	①	②	③	④	⑤
축제의 정보 및 안내체계가 양호함	①	②	③	④	⑤
행사안내가 정확하고 풍부함	①	②	③	④	⑤
한내행사요원 등이 친절하고 성실함	①	②	③	④	⑤
축제행사가 다양함	①	②	③	④	⑤
축제행사가 유익함	①	②	③	④	⑤
행사프로그램 간 연계가 있음	①	②	③	④	⑤

다음의 문항들은 축제와 문화에 대한 귀하의 의견을 묻는 질문입니다.

48. 다음의 축제 유형 각각이 어느 정도나 흥미롭다고 생각하십니까?

	아주 흥미롭다	흥미롭다	약간 흥미롭다	보통이다	별로 흥미롭지 않다	흥미롭지 않다	전혀 흥미롭지 않다
특산품	①	②	③	④	⑤	⑥	⑦
전통문화	①	②	③	④	⑤	⑥	⑦
자연	①	②	③	④	⑤	⑥	⑦
음식	①	②	③	④	⑤	⑥	⑦

49. 다음의 축제 프로그램 각각이 어느 정도나 흥미롭다고 생각하십니까?

	아주 흥미롭다	흥미롭다	약간 흥미롭다	보통이다	별로 흥미롭지 않다	흥미롭지 않다	전혀 흥미롭지 않다
체험	①	②	③	④	⑤	⑥	⑦
공연	①	②	③	④	⑤	⑥	⑦
전시	①	②	③	④	⑤	⑥	⑦
경연	①	②	③	④	⑤	⑥	⑦
세미나/워크샵	①	②	③	④	⑤	⑥	⑦

50. 귀하는 '문화'라는 말을 들으면 다음 중 어떤 것이 가장 먼저 떠오르십니까? 가장 먼저 떠오르는 것을 <u>하나</u>만 선택해 주십시오.

① 역사문화유산(유적, 고궁 등)   ⑥ 여행 및 관광

② 전통예술(전통문화, 음악, 미술 등)   ⑦ 여가생활(레저, 취미생활 등)

③ 현대예술(현대문학, 음악, 미술 등)   ⑧ 인간의 모든 생활방식

④ 일반적인 교양   ⑨ 문화관련산업(영상, 게임 등)

⑤ 대중문화(TV, 대중가요, 팝, 만화, 연극, 영화 등)

다음의 문항들은 개인적 배경에 관한 것입니다.

■ **다음의 문항들은 개인적 배경에 관한 것입니다. 해당되는 번호에 √ 표를 하거나 내용을 기입해 주십시오.**

1	성별	① 남성　　② 여성	
2	연령	만＿＿＿＿＿＿＿＿세	
3	혼인 상태	① 미혼　② 기혼　③ 이혼　④ 사별　⑤ 별거	
4	최종 학력	① 고등학교 이하 ② 2년제 대학 ③ 4년제 대학교 ④ 대학원 이상	
5	월수입	① 100만 원 미만　　　　　④ 300만 원 이상-400만 원 미만 ② 100만 원 이상-200만 원 미만　⑤ 400만 원 이상-500만 원 미만 ③ 200만 원 이상-300만 원 미만　⑥ 500만 원 이상	
6	거주지	① 서울　② 경기·인천　③ 충청　④ 경상 ⑤ 전라　⑥ 강원　　　⑦ 제주	
7	근무지	① 정부기관 (중앙) ② 지방정부 ③ 시민단체(NGO포함) ④ 재계(일반기업)　⑤ 순수예술공연전문가(배우, 연출, 연주 등) ⑥ 문화관련 단체(법인 포함)　⑦ 학계(교수, 대학생 포함)	

• 저자 •

김흥수
(金興洙)

• 약 력 •

세종대학교 대학원 행정학과 행정학박사(행정학전공)
성균관대학교 행정대학원 행정학석사(감사행정학 전공)
성균관대학교 경영대학원 경영학석사(부동산학 전공)
청주대학교 법과대학 법학과(법학사)

(현)성균관대학교 경력개발센터장
(현)성균관대학교, 세종대학교 외 강사 & KLC 전문교수
(현)대학교육협의회 초빙강사(2001-2006)
(현)서울문화재단 SINSFO 실행위원
(주)KCM 컨설팅 대표이사 (2005)
(전)대구하계 유니버시아드 대회 성화채화 자문위원(2003)
(현)대학로문화축제 사무처장(2002-2006)
(전)제2회 US 오픈 태권도대회 선수단 감독(1993)
(전)대한태권도협회 연구분과위원(1986)
(전)성균관대학교 태권도부 감독(1984-1993)

• 주요논문 •

「문화축제 담론의 Q- 분석 결과 연구」(2006)
「문화 거버넌스 모형 평가에 관한 연구」(2005)
「대학행정직 인사제도 개선에 관한 연구」(2004)
「동아사아 3국 대학생 의식조사에 관한 연구」(2003)
「정책감사에서 정책활용에 관한 연구」(1990)
「부동산 등기제도 개선에 관한 연구」(1984)
외 다수

• 주요저서 •

『경영학에 여성은 없다』 청록출판사 (공역, 2007)
『경력개발과 적응』 바람 (공저, 2006)
『부동산 감정평가론』 사법행정고시회 (1986)
『부동산학 개론』 사법행정고시회 (1986)

축제와 문화 거버넌스

• 초판 인쇄	2007년 5월 31일
• 초판 발행	2007년 5월 31일
• 지 은 이	김흥수
• 펴 낸 이	채종준
• 펴 낸 곳	한국학술정보㈜
	경기도 파주시 교하읍 문발리 526-2
	파주출판문화정보산업단지
	전화 031) 908-3181(대표) · 팩스 031) 908-3189
	홈페이지 http://www.kstudy.com
	e-mail(출판사업부) publish@kstudy.com
• 등 록	제일산-115호(2000. 6. 19)
• 가 격	30,000원

ISBN   978-89-534-5826-0 98350 (Paper Book)
       978-89-534-5827-7 98350 (e-Book)